El español y su estructura:

Lectura y escritura para bilingües

El español y su estructura:

Lectura y escritura para bilingües

Silvia Burunat / Elizabeth Starčević

Department of Romance Languages
The City College of New York

Harcourt Brace Jovanovich College Publishers

Fort Worth   Philadelphia   San Diego
New York   Orlando   Austin   San Antonio
Toronto   Montreal   London   Sydney   Tokyo

Publisher: Rita Pérez
Acquisitions Editor: Karen Misler
Project Editor: Marina Barrios
Production Manager: Lula Schwartz
Design Supervisor: Robert F. Kopelman

Permissions appear on page 317.

Library of Congress Cataloging in Publication Data
Burunat, Silvia.
    El español y su estructura.

    English and Spanish.
    Includes index.
    1. Spanish language—Grammar—1950–   . I. Star-
čević, Elizabeth.   II. Title.
PC4112.B87   1982   468.2′421   82-15415
ISBN 0-03-060052-9

Address correspondence to:
301 Commerce Street
Fort Worth, Texas 76102

Printed in the United States of America
Published simultaneously in Canada

    6   016   15

Harcourt Brace Jovanovich, Inc.
The Dryden Press
Saunders College Publishing

CONTENTS

PREFACE ᘰᘰᘰᘰᘰᘰᘰᘰᘰᘰᘰᘰᘰᘰ

El español y su estructura is a comprehensive, structural review of the Spanish language for bilingual college students. It can be used as either an elementary or an intermediate textbook depending on students' level of linguistic competency.

While these bilingual students are usually effective in oral communication in Spanish within their communities, they often have little knowledge of the written forms. This book uses their linguistic ability in both English and Spanish as a base for increasing their vocabulary, introducing reading and writing skills through short stories, essays, and guided compositions, and focusing on the grammatical structures of the Spanish language.

We have chosen to use a structuralist approach to grammar, as our experience in teaching Hispanics has shown that the use of grammatical terminology need not be considered an obstacle for the learner. The method has also dictated an innovative introduction of concepts leading to a different sequencing of chapters from that of the more traditional textbooks. For instance, a discussion of verbal structures does not appear until Lesson 9. We think that Hispanics are already familiar with the use of verbs and, therefore, do not need to study them at the very beginning.

El español y su estructura is a general book in the sense that it can be used with any group of Spanish speakers regardless of their origin: Chicanos, Puerto Ricans, Cubans, etc. The vocabulary employed in the exercises as well as that of the readings, reflects a variety of idioms from the various Spanish-speaking countries. This is definitely not a self-teaching textbook, since it requires a cooperative, combined effort from both the instructor and the student.

The book contains the following: (a) A preliminary introductory lesson, (b) 25 regular lessons, each containing a "sección de ortografía, (c) 5 "repasos generales", one after each 5 lessons, and (d) 16 "lecturas" placed throughout the text. The book can be divided into two parts, each of which may be covered in one semester of Spanish for Native Speakers. Lessons 1 through 15 make up part one, and lessons 16 through 25 part two.

The preliminary lesson. We believe that it is important for the Hispanic student in the United States to have a clear idea of the place Spanish occupies among world languages, and of the history of Spanish on the North American continent. Maps are included which show the Spanish-speaking countries of the world, as well as the distribution of Hispanics throughout the United States, according to the latest figures.

The 25 regular lessons. Following a structuralist approach, the text introduces phonology, morphology, and syntax. The instructor should present, read, and explain the first three lessons to the students, especially to those whose reading comprehension in Spanish is not at the level of this material. We have used an inductive approach for the grammatical explanations: using the examples in the textbook and applying their own linguistic ability, the learners, wherever possible, are guided to find or "guess" the principles which rule the various grammatical aspects of Spanish. The exercises in all lessons are intended to be done collectively during class periods rather than as homework.

For simplification's sake, many generalizations have been used in describing vowel and consonant sounds. The Spanish accent mark is presented in a rather traditional fashion, and explanation of its use is spread throughout the first ten lessons. Our years of experience teaching such classes have shown this to be the best way to approach such an important feature of Spanish.

The teaching of verbal forms does not follow a traditional sequence. Hispanic students usually know how to use verbs effectively in conversation although they may not know the verbal systems in a "formal" fashion. Thus a descriptive methodology is employed throughout the textbook. The future and the conditional, which are traditionally taught together, have been separated in our book. Since the present is normally used to express future actions, these two tenses are treated in the same lesson. The endings of the conditional, and those of the imperfect of second and third conjugation verbs, are the same; and thus these two tenses are also placed together. Irregular verbs appear in the second half of the textbook because, while most bilingual students use them correctly, the difficulties they present are better studied after the regular verbs have been mastered.

Lesson 25, which deals with anglicisms, has been arbitrarily placed at the end of the book. We feel that the topic may be introduced at any point, ideally at a moment when the students become interested in discussing the interference of English in the Spanish language.

Finally, we have chosen to include error correcting or proofreading exercises, as we have used them for the past seven years in our Spanish for Native Speakers classes with very good results. Although not appropriate in Spanish as a Second Language classes, these exercises are quite suitable for natives. The Hispanic learners are capable of spotting, correcting, and even analyzing most written mistakes, and such a practice has proved to be helpful.

The "secciones de ortografía." Each lesson is followed by a "sección de ortografía." These cover most of the spelling problems that tend to cause difficulties for Hispanics. The sections are presented following a loose alphabetical order, especially in the first lessons: "La confusión entre *a, ah* y *ha*", "El uso de la *b* y la *v*", "El uso de la *c (ce, ci),* de la *s* y de la *z*", etc. The dictations are included in the *Instructor's Manual.* The focal point of these "secciones" is the importance of a standard, universal written code for the Spanish language.

The 5 "repasos generales." There is a practical, general review of grammatical principles after each group of five lessons, starting right after lesson 5. The first two exercises deal with orthography: placement of accent marks, and a dictation. Again, all dictations are included in the *Instructor's Manual.* The rest of the exercises should be assigned as homework and corrected collectively in class under the supervision of the instructor.

The 16 "lecturas." There are 16 readings in our textbook, mostly short stories with a few essays. The authors included are well-known Hispanic writers from many different Spanish-speaking regions and countries. Short biographical notes about these authors are found in the back of the book. The reading selections have been sequenced according to lexical and syntactical difficulties, and not according to their length. We have avoided the use of a glossary, preferring to challenge the students with new words that must be understood with the help of their peers, their instructor, and a dictionary. Since the exercises will be done collectively in class, it is expected that, working together as a team, the learners will assist each other in finding synonyms, and the like. The readings will enrich the students' vocabulary, and will develop their reading and comprehension ability. Writing skills will be developed through guided composition topics that will lead students to express their ideas in an orderly, logical fashion.

As with the first 3 lessons, it is recommended that the instructor read at least the first two "lecturas" to the students aloud while they read along silently. If there are comprehension difficulties, they should be clarified during those first readings. Some teachers like the students to read aloud in class, and they can follow that practice if they wish.

Finally, the "lecturas" have also been chosen for their Hispanic content. We believe that it is important to instill a sense of pride in the students toward their cultural heritage as well as toward their mother tongue.

As the authors of *El español y su estructura*, we respect the students' spoken dialects, celebrate their linguistic variety, and admire the ability they show in being bilingual. It is also important to remember that we all use a number of different spoken codes, from the informal to the formal. It is expected that once the students have been presented with the more formal varieties of Spanish, they will use them as the occasion requires. What this textbook emphasizes is the students' acquisition of the standardized written code of a language that is already theirs.

We are grateful to the following reviewers whose comments, both positive and critical, were instrumental in the creation of this text:

William Clarkson, *San Antonio College;* Fidel De León, *El Paso Community College;* Trisha Dvorak, *University of Michigan;* Catherine Guzmán, *John Jay College;* Jaime Montesinos, *Borough of Manhattan Community College;* Irma Pearlman, *University of Wisconsin–Milwaukee;* John Staczek, *Florida International University;* Guadalupe Valdés, *New Mexico State University;* Hildebrando Villarreal, *California State University–Los Angeles.*

We would particularly like to thank our editors at Holt, Rinehart and Winston, Karen Misler and Marina Barrios, and our copyeditor Helen Greer for their help in this endeavor. Our sincere appreciation also goes to our typist, Jitka Salaquarda. Finally, very special thanks are due to Julio Burunat who read the manuscript at its various stages and gave his help and encouragement.

Silvia Burunat
Elizabeth Starčević

For my aunt Aida who inspired my work.
For Maia and Edward who saw me through.

Lección preliminar

El español en Estados Unidos

El español es una de las lenguas neolatinas: esto quiere decir que se formó como resultado de una derivación del latín que se hablaba en el Imperio Romano. La Península Ibérica (España y Portugal) formaba parte de ese imperio; el latín que se hablaba allí evolucionó hasta convertirse finalmente en varias lenguas, entre ellas el castellano, nuestra lengua española. En 1492, cuando Cristóbal Colón descubrió el Nuevo Mundo, el idioma de España llegó a América. Como resultado de la colonización española, el español se convirtió en la lengua de una gran parte de este continente: Chile, Argentina, Uruguay, Paraguay, Bolivia, Perú, Ecuador, Colombia, Venezuela, Panamá, Costa Rica, Nicaragua, Honduras, El Salvador, Guatemala, México, Cuba, República Dominicana y Puerto Rico. Asimismo se habla español en partes de África y de las Islas Filipinas.

El inglés también tiene numerosísimas palabras derivadas del latín. Casi se puede decir que cada vocablo inglés de origen germánico tiene otro paralelo de origen latino. Algunos ejemplos: **freedom—liberty, loving—amorous, storm—tempest, to wish—to desire,** etc. Este paralelismo facilita, en muchos casos, el aprendizaje de la ortografía española para una persona bilingüe que sabe «deletrear» bien en inglés. El uso de la *b* opuesto al de la *v*, de la *c* opuesto al de la *s* y otros muchos ejemplos más se puede deducir, en español, a través del conocimiento que se tenga del inglés, en la mayoría de los casos.

El francés, el italiano, el portugués y el rumano son también lenguas romances o románicas (de Roma, el centro del Imperio Romano). El español es, hoy día, la cuarta lengua que más se habla en el mundo, después del chino, el inglés y el ruso. Se espera que ocupe un lugar aún más prominente durante el siglo XXI y no sería imposible que, en los propios Estados Unidos, se llegara a hablar casi tanto como el inglés. Esto dependerá de diversos factores, entre ellos la continuación de la ola migratoria hispanohablante y el interés de nosotros mismos en conservar nuestra lengua y nuestra cultura.

1

Los estudiantes bilingües que van a leer y estudiar este texto deben entender plenamente la ventaja de su bilingüismo y la importancia del español en el mundo contemporáneo. Se calcula que cuando se termine este siglo habrá más de 300 millones de hispanohablantes en este planeta. Solamente en México se espera que la población aumente a 254 millones hacia el año 2070. La ciudad de México, la capital, tendrá más de 31 millones de habitantes y será la ciudad más populosa del mundo.

Estados Unidos es el quinto país de habla española del mundo. El grupo hispanohablante es, en estos momentos, el tercero en número, después de los caucásicos y los negros de habla inglesa. Para fines de este siglo será el segundo grupo. Hay actualmente más de 20 millones de hispanos aquí. Éste es un cálculo que se hace partiendo de los 15 millones que se admiten oficialmente. Se agrega el número aproximado de inmigrantes indocumentados, y otros que, por diversos motivos, no aparecen en el censo: más de tres millones. Finalmente, contamos los 3.5 millones de personas que viven en Puerto Rico.

De todos los hispanohablantes en Estados Unidos, el número mayor está constituido por los chicanos o méxico-americanos que son unos 8 millones. Los siguen, en este orden, los puertorriqueños, los cubanos, los dominicanos y otros procedentes del resto de los países de habla española. La población hispana en Estados Unidos es más joven que la de habla inglesa monolingüe. La edad media del hispano es veintidós años comparada con treinta para la población estadounidense en general.

La aparición de la lengua española en el territorio que hoy día ocupan los Estados Unidos de América se remonta al siglo XVI. Juan Ponce de León fundó San Juan de Puerto Rico en 1521. Alrededor de la misma época Francisco de Vázquez Coronado y Hernando de Soto se aventuraban, respectivamente, en las áreas de Nuevo México y el Mississippi. Recordemos estas fechas cruciales en la historia del español en Estados Unidos:

1542. Los españoles llegaron a la actual bahía de San Diego en California.
1565. Pedro Menéndez de Avilés estableció la que se considera como la ciudad más antigua de Estados Unidos, San Agustín en la Florida.
1609. Juan de Oñate fundó la ciudad de Santa Fe en Nuevo México.

El español fue, pues, la primera lengua europea que se habló en este país. Jamestown, el primer poblado de habla inglesa, se estableció en Virginia en el año 1607 y el barco Mayflower, cuyos tripulantes fundaron la colonia inglesa de Plymouth en Massachusetts, llegó a las costas del Atlántico norte en 1620.

PREGUNTAS

1. ¿Cuál es el origen de la lengua española?
2. ¿Cuándo y cómo llegó el español a América?
3. ¿Puede Ud. nombrar diez países de lengua española?
4. ¿Qué tienen en común el inglés y el español?
5. ¿Puede Ud. nombrar otras tres lenguas románicas?

6. ¿Qué posición ocupa el español entre las lenguas del mundo?
7. ¿Cuál se espera que sea la ciudad más populosa del mundo en el siglo XXI?
8. ¿Cuántos hispanohablantes hay en Estados Unidos y cómo están agrupados?
9. ¿Cuándo se fundó San Juan de Puerto Rico y quién la fundó?
10. ¿Cuál es la ciudad más antigua de Estados Unidos y quién la fundó?
11. ¿Qué sucedió en 1609?
12. ¿Cómo se sabe que el español es la lengua europea que primero se habló en Estados Unidos?

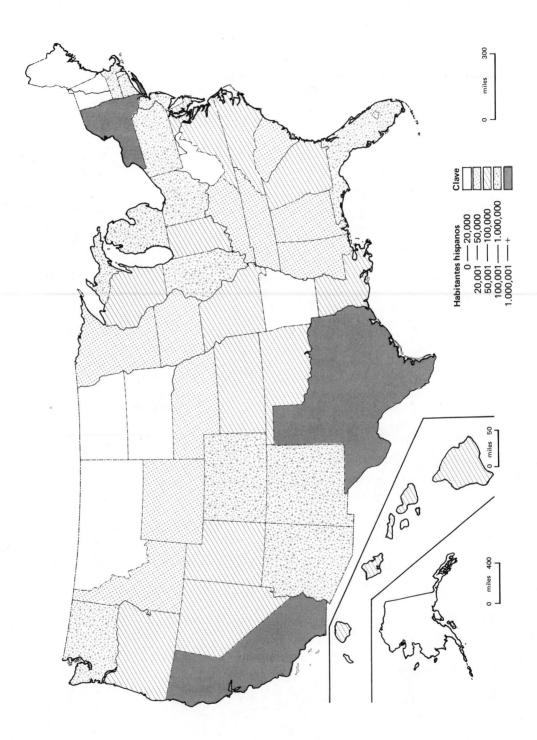

Clave

Habitantes hispanos

0 — 20,000
20,001 — 50,000
50,001 — 100,000
100,001 — 1,000,000
1.000,001 — +

0   miles   300

0   miles   50

0   miles   400

U.S. Department of Commerce. Bureau of the Census. 1980 Census of Population. Spanish Origin Population.

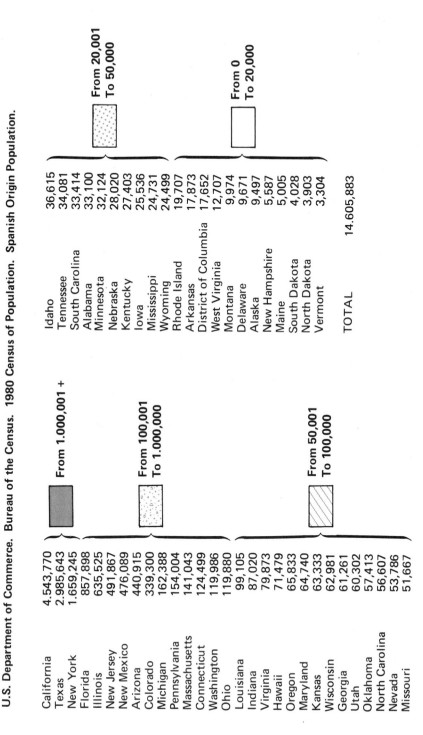

From 1.000,001 +

From 100,001 To 1.000,000

From 50,001 To 100,000

From 20,001 To 50,000

From 0 To 20,000

State	Population	State	Population
California	4.543,770	Idaho	36,615
Texas	2.985,643	Tennessee	34,081
New York	1.659,245	South Carolina	33,414
Florida	857,898	Alabama	33,100
Illinois	635,525	Minnesota	32,124
New Jersey	491,867	Nebraska	28,020
New Mexico	476,089	Kentucky	27,403
Arizona	440,915	Iowa	25,536
Colorado	339,300	Mississippi	24,731
Michigan	162,388	Wyoming	24,499
Pennsylvania	154,004	Rhode Island	19,707
Massachusetts	141,043	Arkansas	17,873
Connecticut	124,499	District of Columbia	17,652
Washington	119,986	West Virginia	12,707
Ohio	119,880	Montana	9,974
Louisiana	99,105	Delaware	9,671
Indiana	87,020	Alaska	9,497
Virginia	79,873	New Hampshire	5,587
Hawaii	71,479	Maine	5,005
Oregon	65,833	South Dakota	4,028
Maryland	64,740	North Dakota	3,903
Kansas	63,333	Vermont	3,304
Wisconsin	62,981		
Georgia	61,261	TOTAL	14.605,883
Utah	60,302		
Oklahoma	57,413		
North Carolina	56,607		
Nevada	53,786		
Missouri	51,667		

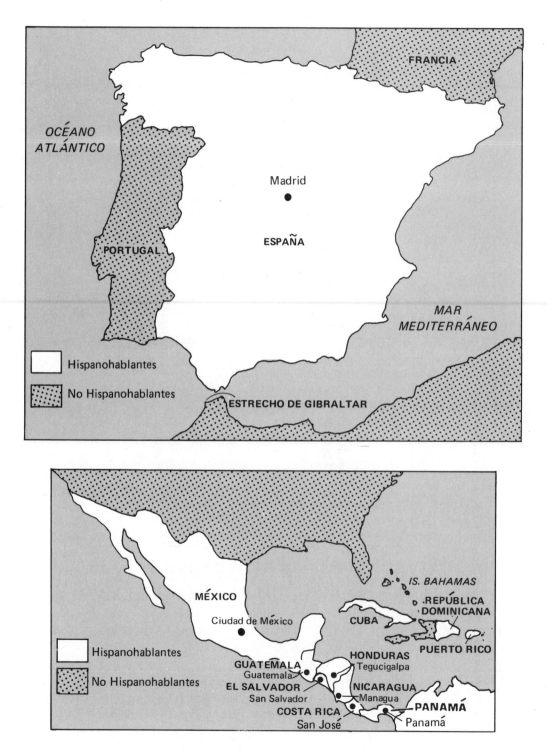

1

El alfabeto.
Letras y sonidos.
Diptongos
y vocales en hiato

El alfabeto

El alfabeto español tiene 30 letras.
Cinco son vocales: *a e i o u.*
Veinticinco son consonantes: *b c ch d f g h j k l ll m n ñ p q r rr s t v w x y z.*

a	h *(hache)*	ñ *(eñe)*	t *(te)*
b *(be)*	i	o	u
c *(ce)*	j *(jota)*	p *(pe)*	v *(ve, uve)*
ch *(che)*	k *(ka, ca)*	q *(cu)*	w *(doble ve, doble uve,*
d *(de)*	l *(ele)*	r *(ere, erre)*	*doble u)*
e	ll *(elle)*	rr *(erre)*	x *(equis)*
f *(efe)*	m *(eme)*	s *(ese)*	y *(i griega)*
g *(ge)*	n *(ene)*		z *(zeta, zeda, ceta)*

Los sonidos de las letras

Cada vocal representa un sonido diferente. Vamos a repetir:

/a/   /e/   /i/   /o/   /u/

En cuanto a las consonantes, hay más letras que sonidos.

La *b* y la *v* tienen igual sonido /b/.

barco, abdomen, brazo, bonito, blanco, vaca, volar, vela, vivo, avivar

La *c (ce, ci)*, la *s* y la *z* tienen el mismo sonido en la pronunciación hispanoamericana /s/.*

cena, cine, sábana, asar, sumo, azorado, Zoila, zumo, zebra

La *c (ca, co, cu, cl, cr* y final de sílaba), la *k* y la *q* (siempre seguida de *u* que no suena) tienen el mismo sonido /k/.

*casa, cosa, cubo, clavo, cruzar, acné, kilómetro, aquí, quemar***

La *ch* tiene igual sonido que en inglés /ch/.

chula, achacoso, chamorra, muchacho, chino, achicharrar

La *d* tiene el mismo sonido que en inglés, como en la palabra **door** /d/.

dado, dedo, decidido, adorada, doctor, Diosdada

La *f* suena igual que **f** y **ph** en inglés /f/.

filósofo, Filadelfia, fósforo, fanfarrón, Fefa

La *g, (ge, gi)* y la *j* tienen el mismo sonido que la **h** en inglés /h/.

generoso, girar, José, ajo, mejorar, jira, Jerez, jamás, juntar

La *g (ga, go, gu, gl, gr* y final de sílaba) y *gue, gui* (la *u* no suena) tiene el mismo sonido que el inglés **get, go** /g/.

gato, gota, gasa, goma, gusano, globo, gracias, agnóstico, guerra, guisar

La *h* no tiene ningún sonido en español.

alcohol, hermano, ahora, herido, harina, hijo

La *l* suena igual que en inglés /l/.

lindo, lado, Lola, Lalo, Elena, luna, lelo, alto, caldo

La *ll* y la *y* generalmente tienen el mismo sonido /y/ que el inglés **yes,** un poco más cerrado.

calle, bello, allí, llave, lluvia, cayo, oye, ayuda, ya

La *m* y la *n* suenan igual que en inglés /m/ /n/.

mamá, América, moderno, música, nene, anillo, noveno, anuncio

La *ñ* suena como *ny* en inglés /ñ/.

niño, cuñada, niñera, año, Núñez, aniñada, ñoñería

---

*En varias regiones de España, la *c (ce, ci)* y la *z* se pronuncian con el mismo sonido de *th* en la palabra **thin** en inglés.

**Hay poquísimas palabras en español que llevan la letra *k*. Ver la sección de ortografía de la lección 5.

La *p* tiene igual sonido que en inglés /p/.

 papa, Pepito, pote, puro, apurar, apto, rapto

La *r* tiene dos sonidos /r/ /r̄/; en algunas gramáticas, la *rr* se cuenta como una letra más del alfabeto.*

 /r/ *arena, portal, abrir, París***

 /r̄/ *rosa, perro, arriba, rima, arruga*

La *t* tiene el mismo sonido del inglés /t/.

 tonto, Tata, atún, Tito, tomate, tintorería, titiritero

La *w* no es una letra propia del alfabeto español; cuando se usa en palabras de origen extranjero como **Wenceslao**, generalmente se pronuncia /u/.

La *x* representa tres sonidos que pueden ser /s/ /gs/ /ks/.

 /s/ *explorador, explosión*

 /gs/ /ks/ *examen, tóxico, exagerar, exigente*

Algunas aclaraciones

1. La consonante *y* también puede tener el sonido de la vocal *i* en posición final de sílaba y en la palabra *y* (**and**).

 muy, buey, rey, convoy, maguey, Eloy

2. Ninguna palabra lleva la combinación *ph* en español; las palabras que tienen *ph* en inglés se escriben con *f* en español.

  física (**physics**)   fonética (**phonetics**)

3. Muchas palabras que llevan la combinación *mm* en inglés, se escriben en español con *nm*.

  inmediato (**immediate**) conmoción (**commotion**)

Algunas palabras inglesas con *mm* se escriben con una sola *m* en español.

  recomendar (**to recommend**) comandante (**commander**)

4. Muchas palabras que llevan en inglés la combinación ch pronunciada /k/, se escriben con *c* o *qu* en español.

  química (**chemistry**)   arquitecto (**architect**)

  carácter (**character**)   cristiano (**Christian**)

---

*Ver la sección de ortografía de la lección 21.

**El sonido /r/ no puede escribirse con *d*. Escuche atentamente: *cada, cara, mida, mira, pida, pira, codo, coro,* etc. Los sonidos /r/ /d/ son diferentes; estas parejas de palabras tienen distinto significado también.

La palabra **archive,** sin embargo, es **archivo** en español.

También algunas palabras inglesas que llevan *ch* pronunciada /*ch*/ se escriben con *c* o *qu* en español.

campeón (**champion**)   querube (**cherub**)

5. Las consonantes *ll* y *rr*, aunque son dobles, representan un solo sonido. Vamos a repetir más ejemplos:

    calla, valle, villa, carro, arroz, arriba

    En español no es común usar consonantes dobles, como en inglés. Las combinaciones *bb, dd, ff, gg, ss, mm, pp* y *tt* nunca se emplean en la lengua española. (Tenemos una excepción con *mm* en el nombre propio *Emma*.) Sólo se usan *cc* y *nn: acción, perenne*.

6. Cuando decimos que *d, f, t,* etc. tienen igual sonido en español que en inglés, estamos generalizando para facilitar el aprendizaje. Sería mejor decir que tienen sonido parecido.

7. Fíjese que las letras *ch, ll* y *ñ* no existen en inglés. Además, observe que **la letra** es una palabra femenina, por lo tanto hablamos de la *a*, la *b*, la *c*, etc.

8. La *u*, como hemos visto, no representa sonido en las combinaciones *gue, gui, que, qui,* como en Águeda, *guijarro, aquel, aquí.**

9. La combinación *hie* de *hierba, hiena, hiedra,* etc. se pronuncia /*yerba*/ /*yena*/ /*yedra*/. *Yerba* y *yedra* también se admiten en la escritura.

Más sobre las vocales: los diptongos

Las vocales se dividen en **abiertas** (o fuertes) y **cerradas** (o débiles). Esta clasificación se basa en el punto de articulación de cada vocal en los órganos de fonación. Las vocales *e, a, o* son abiertas (fuertes). Las vocales *i, u* son cerradas (débiles).

Cuando tenemos dos vocales que se pronuncian juntas, en un solo golpe de voz, decimos que forman un **diptongo:**

aire, jaula, peine, feudal, piano, cualidad, tiene, boina, pues, violín, Zoila, viuda, cuidado

Cuando tenemos tres vocales que también se pronuncian sin separar sus sonidos, se dice que constituyen un **triptongo:**

b*ue*y, m*ia*u, Parag*ua*y, Urug*ua*y

---

*Para los casos en que la *u* en las combinaciones *gue, gui* sí suena, ver la sección de ortografía de la lección 10.

Los diptongos son mucho más frecuentes que los triptongos.

Si se observan los diptongos, se verá que siempre están formados por una vocal abierta y una cerrada (*ai*re, p*ei*ne) o viceversa (*vio*lín, p*ues*) o por dos vocales cerradas (c*iu*dad, r*ui*na). Los triptongos están formados generalmente por una vocal abierta entre dos cerradas. No vamos a tratar de los triptongos ya que son pocos los casos en que aparecen en nuestra lengua.

Resumen de los diptongos

ai: baile, paisano, fraile, maicena
(también puede aparecer como *ay* en posición final de palabra como *hay*)

au: aula, Paula, aunque, autor, pausa

ei: aceite, peineta, afeite
(también puede aparecer como *ey* en posición final de palabra como *mamey*, *ley*)

eu: Eulogio, deuda, Eulalia, seudónimo

oi: oiga, heroicidad
(también puede aparecer como *oy* en posición final de palabra como *hoy*, *voy*)

ou: poquísimas palabras de uso limitado en español (estadounidense)

ia: anciano, aliado, familiar, farmacia

ua: Guanabo, ruana, actualidad, agua

ie: cielo, miel, piel, siento, quiero

ue: hueso, hueco, abuelo, suelo, cuento

io: ración, indio, rosario, Emilio

uo: cuota, antiguo, asiduo, respetuoso

iu: ciudadanía, ciudadela, viudez, viudita

ui: cuido, ruido, fui, fuimos, fuiste
(también puede aparecer como *uy* en posición final de palabra como *muy*)*

Cuando encontramos dos vocales abiertas (fuertes) una junto a la otra, decimos que están en **hiato.** Un **hiato** es una separación: por lo tanto, esas vocales se pronuncian en dos golpes de voz:

faena, ahora, real, veo, héroe, boa, Aarón, lees, coordinar

Estas combinaciones—*ae ao ea eo oe oa aa ee oo*—nunca forman diptongo por ser ambas vocales abiertas.**

---

*¡**Atención**! Cuidado con la *u* muda en las combinaciones *que*, *qui*, *gue*, *qui* que se pronuncian /ke/ /ki/ /ge/ /gi/. Como esa *u* no tiene sonido, no puede formar diptongo con la vocal que le sigue. Sobre el caso especial en que esa *u* sí tiene sonido, ver la sección de ortografía, de la lección 10.

**Ver la sección de ortografía de la lección 22.

EJERCICIOS

   I. *Conteste brevemente las siguientes preguntas.*

   1. ¿Cuántas letras tiene el alfabeto español?
   2. ¿Qué letras hay en español que no existen en inglés?
   3. ¿Qué les sucede a la *b* y a la *v*?
   4. ¿Qué les sucede a la *c (ce, ci)*, la *s* y la *z*?
   5. ¿Qué le pasa a la *u* en *que, qui, gue, gui*?
   6. ¿A qué sonido del inglés se parece el de la *g (ge, gi)* y la *j* en español?
   7. ¿Cómo suena la letra *h* en español?
   8. ¿Qué sucede con la *ll* y la *y*?
   9. ¿Qué dos letras son de muy poco uso en español?
   10. ¿Qué tres sonidos representa la letra *x*?
   11. ¿Qué sonido tiene la *y* en palabras como *muy* y *rey*?
   12. ¿Cuáles son las consonantes dobles que nunca se usan en español y sí en inglés?
   13. ¿Cómo se dividen las vocales según su punto de articulación?
   14. ¿Qué es un diptongo y de qué vocales está compuesto?
   15. ¿Qué significa que dos vocales están en hiato?
   16. ¿Cuáles son las vocales que nunca forman diptongo entre ellas?
   17. ¿Por qué no hay diptongo en la palabra *queso*?
   18. ¿En cuál de estas dos palabras hay diptongo: *Aguedita, aguacero*? Explique su respuesta.

   II. *Practique los cinco sonidos vocálicos, repitiendo en voz alta estas palabras.*

   a. /a/   aman   casa   alma   sábana   carta   Marta   barata   amada   alabada   acabada
   b. /e/   Elena   elefante   elegante   pereza   crema   melena   celeste   cené   Belén   decente
   c. /i/   Mimí   minifalda   Titicaca   silbidito   vivir   Tribilín   Pimpinela   tiritar   acidito   Lilita
   d. /o/   ojo   pomo   rojo   como   lomo   otoño   oso   horroroso   primoroso   molestoso
   e. /u/   Lulú   mulo   rudo   usurero   último   cura   apura   Zulema   puro   acudo   zulú

   III. *Practique estos sonidos consonánticos, repitiendo cada palabra en voz alta.*

   a. /b/   bala   vida   boca   evoca   vino   beso   vaso   abre   verbena   bebida   Blas
   b. /s/   Cecilia   cesar   zapato   zafar   asesorar   celestial   pez   peces   sal   Salcedo   expresivo   extenso   extremo
   c. /k/   casa   queso   quiso   cosa   Cusa   Cuquita   clama   quema   quita   coloca   pacto   Cuca

d. /ch/ chango chévere chica chola chula chucho chaqueta leche chícharo muchacha

e. /h/ gente ají jícara agitada jengibre comején general trajín gitano jamón

f. /g/ gotera gala gato guitarra Agustín goloso gula aguja pegue guisado agnosticismo

g. (sin sonido: *h*) alcohol honor ahijado hijo hermana hermoso Herminia almohada harina heredero

h. /y/ llana yema allí llora ayuda yerba calle rayo maya canalla hielo

i. /ñ/ niño ñoño roña aniñado roñoso leña ñandú año cuño añejo

j. /r/ pero aro para corto arete Aruba arte criterio brisa trae pronto

k. /r̄/ perro rosa carrito rama parra risa arriba remo ruso arrullo

l. /ks/ /gs/ examinar exonerar axioma exilio taxi coxis exento

    IV. *Todas las palabras de esta lista tienen dos vocales, una junto a la otra. Escriba* **D** *o* **H** *junto a cada palabra, según esas vocales formen diptongo o estén en hiato. Léalas en voz alta.*

1. taimado	6. cuita	11. roedor	16. aula
2. paisaje	7. cuota	12. maestro	17. traemos
3. peleadas	8. cuesta	13. caoba	18. boa
4. pianista	9. oigo	14. Aleida	19. caos
5. mareado	10. Boada	15. miel	20. suave

    V. *Dictado de palabras con diptongos y vocales en hiato. Escuche con atención y tenga cuidado de no invertir las vocales de los diptongos (en el manual del profesor).*

¡Atención! Si oye *seis*, fíjese que el sonido /e/ precede al sonido /i/. Por lo tanto, no se puede escribir *sies*. En la palabra *ciudad*, el sonido /i/ precede al sonido /u/, así que no se puede escribir *cuidad*.

    VI. *Dictado de palabras con sonidos* /**d**/ *y* /**r**/ *(en el manual del profesor).*

Sección de ortografía
La confusión entre a, ah y ha

Escuche y después lea Ud. las siguientes oraciones.

    Enrique llama a su amigo que ha llegado de Panamá.
    ¡Ah! ¡La Sra. Ramos le ha comprado un carro nuevo a su hija!

Como se puede oír, el sonido /a/ es el mismo en los tres casos (*ah, ha, a*). ¿Cómo se sabe entonces de qué manera debe escribirse?

Tenemos que ver varios ejemplos y memorizar un poco.

1. *a*

Voy *a* Cuba en el invierno. (expresa dirección o lugar)
Te veo *a* las cinco. (expresa tiempo)
Vemos *a* Ricardo todos los días. (delante de una persona que recibe directamente la acción de un verbo)
Les di un regalo *a* mis abuelos. Le pusimos una cerradura nueva *a* la puerta. (delante de personas o cosas que reciben indirectamente el daño o el beneficio de la acción del verbo)
Aprendemos *a* nadar en el río. (después de algunos verbos)
Busco el libro *a* ciegas. *A* lo mejor te compro algo. Él vive *a* la buena de Dios. (en frases que se refieren al modo en que se hace algo)

2. *ah*

¡*Ah*, me sospechaba que había sido ella la culpable! (expresa asombro o sorpresa)

3. *ha*

¿Ud. *ha* visto ese programa de televisión? Ella *ha* de encontrar lo que busca. (forma del verbo *haber*)

Si todavía hay duda sobre cómo escribir el sonido /a/, se puede acudir al inglés. *Ah*, exclamación, se escribe igual en inglés que en español. El verbo *haber* (*to have* en inglés) lleva *h* en ambas lenguas. Compare *he has* con *él ha* y le resultará más fácil recordar la *h*.

EJERCICIOS

I. *Escriba **a, ah** o **ha** en los espacios en blanco.*

1. _____ las cuatro empieza mi clase.
2. ¡_____, esto sí que es un problema!
3. Ramoncito _____ estudiado poco para el examen.
4. ¿Ud. no _____ enviado el paquete _____ Nicaragua?
5. ¡Vamos _____ ver qué _____ pasado en la esquina!

II. *Corrija los errores en las oraciones siguientes. Vuelva a escribir cada oración.*

1. Marta va ha Puerto Rico en marzo.
2. Ella a ido ha casa de su amiga.

3. ¡Ha! Ya comprendo lo que me dices.
4. Ah Pepe lo mandaron ha estudiar más.
5. ¿Ud. no a visto esa película?

III. *Escriba una oración larga y emplee **a, ah** y **ha** en la misma.*

IV. *Escuche con cuidado y escriba el siguiente dictado (en el manual del profesor).**

*For a copy of the Teacher's Manual, contact the College Foreign Language Editorial department at Holt, Rinehart & Winston.

2

La sílaba. División de las palabras en sílabas

La sílaba

Cuando hablamos, las palabras no «salen» como el agua de una pila, en chorros continuos; emitimos o decimos las palabras en forma intermitente. Cada emisión de la voz constituye una sílaba. Según el número de sílabas, las palabras pueden ser:

    a. **monosílabas** (una sílaba): ay, muy, miau, buey, no, es, fui, dio, miel

    b. **bisílabas** (dos sílabas): to-rre, tran-car, ro-sa, Pe-dro, a-tar, huer-ta

    c. **trisílabas** (tres sílabas): es-tre-lla, Ro-sa-rio, tor-men-ta, re-sol-ver

    d. **polisílabas** (cuatro sílabas o más): cons-ti-tu-ción, e-fer-ves-cen-te, a-trac-ti-va, ge-ne-ra-li-za-ción, e-lec-tro-en-ce-fa-lo-gra-fí-a

División en sílabas

La división de una palabra en sílabas es un proceso fonético; por eso la sílaba carece de significación. Las palabras en español se dividen en sílabas de modo muy distinto del que se usa en inglés. Hay reglas para esas separaciones y las presentamos aquí.

1.   En general, la sílaba empieza con una consonante. Es decir, una palabra como *patinar* se divide *pa-ti-nar*.

     Ejemplos: *co-lo-ca-da ra-ci-mo sa-bia boi-na di-je-ron to-ca-ras*

Si la palabra empieza con una vocal, entonces la primera sílaba no tendrá una consonante delante, por supuesto. Una palabra como *adivinar* se divide *a-di-vi-nar*.

> *Ejemplos:* *a-ba-ni-car   i-dio-ta   U-li-ses*

2. En general, cuando hay dos consonantes juntas, éstas se dividen como sucede en la palabra *Carlos*, que se separa *Car-los*. La primera consonante del grupo es la última letra de una sílaba (*Car*), y la segunda consonante es la primera letra de la próxima sílaba (*los*).

> *Ejemplos:* *ar-tis-ta   en-fer-me-dad   a-dic-to   Con-cep-ción   pan-ta-lla   per-der   es-ta-tua   par-do   ac-ción   do-min-go   ob-te-ner   in-te-re-san-te   in-na-to*

¡Atención!

Recuerde que *ch*, *ll* y *rr* son letras del alfabeto español y como tales nunca pueden dividirse, como sucede en *a-cha-co-so*, *re-lle-nar*, *a-rri-ba*.

3. Hay grupos de consonantes que no se dividen y ambas consonantes van juntas dentro de la misma sílaba. Estos grupos son *bl cl fl gl pl br cr dr fr gr pr tr*.

> *Ejemplos:* *a-blan-dar   a-cla-rar   a-flo-jar   a-glu-ti-na-ción   a-pla-car   a-brir   a-cre-cen-tar   hi-dra-tar   re-fres-car   a-gra-de-ci-da   re-cí-pro-co   a-tre-vi-do*

4. En una palabra puede haber tres y hasta cuatro consonantes juntas, como en las palabras *constitución*, *extraño* y *construcción*. La división en sílabas se hace de acuerdo con las reglas 1, 2 y 3; es decir, que los grupos de la regla 3 nunca se separan. Los demás grupos (regla 2) se separan. Note que ninguna sílaba en español puede empezar por *s* seguida de consonante.

> *Ejemplos:* *cons-ti-tu-ción   ex-tra-ño   cons-truc-ción   ins-tan-te   cons-pi-cuo   subs-tan-cio-so   ins-truc-tor   obs-ce-no   obs-truc-cio-na-do . ex-pli-ca-ción   es-truc-tu-ra   cons-tan-cia   cons-tre-ñi-do*

Como se explicó en la lección 1, las vocales que forman diptongos y triptongos van todas juntas dentro de una misma sílaba. Diptongos: *sa-bia, rei-na, con-cien-cia, i-dio-tez, es-ta-tues-ca, Zoi-li-ta*, etc. Triptongos: *Pa-ra-guay, buey,* etc.

Vamos a repasar la definición de vocales en hiato: se trata de las vocales que están colocadas una junto a otra en una palabra pero que van en sílabas diferentes. No se emiten dentro de la misma sílaba. Estas son las vocales abiertas o fuertes *a e o*.

Ejemplos: *a-or-ta   fa-e-na   po-e-ta   Bo-a-da**

Nota importante: el grupo vocálico *ui* no forma diptongo en la palabra *je-su-i-ta* y en los verbos terminados en *-uir* y sus derivados como *hu-ir, hu-i-da, cons-tru-ir, des-tru-i-do, cons-ti-tu-ir,* etc.

EJERCICIOS

I. *Conteste brevemente las siguientes preguntas.*

1. ¿Con qué empieza la sílaba española generalmente?
2. Al dividir en sílabas, ¿qué sucede con las consonantes dobles como *ch, ll* y *rr*?
3. ¿Cuáles son los grupos de consonantes que nunca se separan?
4. ¿Puede Ud. escribir una palabra en la que haya cuatro consonantes juntas?
5. ¿Cómo separa Ud. en sílabas esa palabra?
6. ¿Cómo se separa en sílabas una palabra que contiene uno o más diptongos, como *paciencia*?
7. ¿Recuerda Ud. qué significa *vocales en hiato*? Escriba dos palabras que contengan vocales en hiato y sepárelas en sílabas.
8. ¿Cómo se separa en sílabas la palabra *instruida*?
9. ¿Cuántas sílabas tiene una palabra monosílaba? Dé tres ejemplos.
10. ¿Puede Ud. dar tres ejemplos de palabras polisílabas? Escríbalas y divídalas en sílabas.

II. *Escuche atentamente y divida en sílabas cada palabra. Clasifíquelas según el número de sílabas (monosílaba, bisílaba, etc.).*

A.

1. zapatos	11. microscopio	21. piedra
2. ese	12. experiencia	22. hombre
3. perros	13. bastante	23. juzgar
4. leche	14. reacción	24. ciencia
5. suben	15. aeropuerto	25. farmacia
6. usted	16. adquirir	26. mientras
7. anunciar	17. constructivo	27. continuar
8. población	18. extraordinario	28. continuado
9. acompañar	19. sueño	29. consecuencia
10. describir	20. madre	30. alegre

B.

1. viaje	11. emplear	21. álbum
2. instante	12. afín	22. buey
3. observación	13. carácter	23. bueyes
4. maestro	14. mamey	24. atardecer

---

*Otros casos de vocales en hiato que se relacionan con la colocación de una tilde sobre la vocal cerrada de un diptongo, separando ambas vocales, se estudiarán en la lección 4.

5. contemporáneo	15. aritmética	25. apóstol
6. diarrea	16. América	26. Paraguay
7. matrimonio	17. casi	27. miau
8. construido	18. llanura	28. sábado
9. serpiente	19. azúcar	29. mar
10. daremos	20. ocasión	30. con

C.

1. pícaro	11. cantante	21. abstracción
2. reclaman	12. ordinario	22. transferencia
3. aprestarse	13. carnicero	23. ruana
4. campestre	14. pájaro	24. colegiales
5. moderno	15. martirio	25. allanar
6. achaques	16. cuatro	26. maguey
7. aquella	17. cuarto	27. arrastrar
8. aguerrido	18. álgebra	28. patriotismo
9. constreñir	19. patria	29. innoble
10. habilidoso	20. principiar	30. contratista

III. *Escriba cinco palabras bisílabas y cinco trisílabas que no aparezcan en los ejemplos de la lección ni en el ejercicio II. Divida cada palabra en sílabas.*

Sección de ortografía
La confusión entre ay, hay y ahí

Escuche Ud. esta oración:

¡Ay! ¡Parece que hay varios heridos ahí en ese accidente!

Podemos oír tres palabras que tienen prácticamente el mismo sonido: *ay, hay* y *ahí*. Si escuchamos atentamente, notaremos que la última palabra, *ahí*, tiene una /i/ tónica* y dos sílabas *a-hí*, mientras que las otras, *ay* y *hay*, son ambas monosílabas. Aun con esa diferencia, las tres se pronuncian de modo muy semejante y al escribirlas, se puede presentar una confusión en cuanto a su ortografía o escritura correcta.

1. *Ay*, exclamación que indica sorpresa mezclada con dolor, físico o moral

¡*Ay*, qué golpe me he dado!
¡*Ay*, Dios mío; qué pena me da ese pobre enfermo!

2. *Hay*, forma del verbo *haber*; en inglés **there is, there are** o **one has to**

Hay un tesoro escondido en el barco.
Hay muchos hispanos en Estados Unidos.
Hay que estudiar bastante en esta clase.

---

*Ver la lección 3.

3. *Ahí*, palabra que indica lugar

Ahí vienen mis estudiantes.
El Sr. González no está *ahí*, sino allá.

EJERCICIOS

I. *Escriba* **ay, hay** *o* **ahí** *en los espacios en blanco.*

1. Encontramos al perrito _____, en ese rincón.
2. ¡_____, qué triste noticia me das!
3. _____ en esa tienda _____ productos hispanos.
4. _____ más hombres que mujeres en el salón.
5. Por desgracia, _____ que pasar por _____.

II. *Corrija los errores en las oraciones siguientes. Vuelva a escribir cada oración.*

1. ¡Hay, Filomena, qué frío hace hoy!
2. Ay tienes el resultado de tus errores.
3. Verdaderamente, no ahí más remedio que esperar.
4. Ay que prepararse para el invierno.
5. ¿Lo encontraste hay, donde te dije?

III. *Escuche con cuidado y escriba el siguiente dictado. (en el manual del profesor).*

3

La sílaba tónica

Lea Ud. la siguiente oración:

La mamá de Víctor le compró un sillón lindísimo la semana pasada.

Como ya se habrá notado, muchas palabras en español llevan un signo así (´) sobre una de las vocales. Este signo se llama *tilde* o *acento*.

Lo primero que se debe hacer para colocar la tilde en una palabra es identificar su *sílaba tónica.* En toda palabra (con la excepción de los monosílabos)* hay una sílaba que se pronuncia con mayor fuerza o intensidad y que se llama *tónica.*

A veces no percibimos con suficiente claridad cuál es la sílaba tónica de una palabra. Para facilitar esto, podemos practicar así:

Ejemplo: 1. <u>co</u>rredor   2. co<u>rre</u>dor   3. corre<u>dor</u>

Pronunciamos cada sílaba señalada con mayor fuerza que las otras. Notaremos que las formas 1 y 2 no nos suenan bien; sin embargo, la forma 3 sí tiene el sonido correcto. De ahí podremos determinar que la sílaba tónica de corredor es **dor.** Más ejemplos: en la palabra *cantar,* se pronuncia **tar** con más fuerza. Cuando se pronuncia la palabra *bodega* se puede oír que **de** es la sílaba más fuerte. Cuando se pronuncia la palabra *árbol,* la sílaba tónica es **ar.** Cuando las palabras tienen tres sílabas o más, resulta bastante difícil a veces distinguir la sílaba tónica. Por ejemplo, en *Candelaria,* la sílaba tónica es **la.**

---

*Para el uso de la tilde en algunos monosílabos, ver la lección 10.

Clasificación de las palabras según su sílaba tónica

Cuando se ha aprendido a distinguir la sílaba tónica en una palabra, resulta muy fácil clasificarla.

En español, según su acentuación, las palabras pueden ser *agudas, llanas, esdrújulas,* o *sobresdrújulas.* A las palabras llanas también se les llama *graves* o *breves.* Para clasificar una palabra española según el acento, las sílabas se cuentan de derecha a izquierda.

	Ejemplo:	LIN	**DÍ**	SI	MO
		4	3	2	1

En una palabra aguda, la sílaba tónica es la número 1.

MO	**TOR**		CA	**ÑÓN**		CO	ME	**RÁS**
2	1		2	1		3	2	1

En una palabra llana, la sílaba tónica es la número 2.

SI	LLA		**ÁR**	BOL		PA	JA	**RI**	TO
2	1		2	1		4	3	2	1

En una palabra esdrújula la sílaba tónica es la número 3.

LIN	**DÍ**	SI	MO		**PÁ**	JA	RO		**DÁ**	ME	LAS
4	3	2	1		3	2	1		3	2	1

En una palabra sobresdrújula la sílaba tónica es la número 4 o un número más alto.

CÓM	PRA	SE	LO		E	CO	**NÓ**	MI	CA	MEN	TE
4	3	2	1		7	6	5	4	3	2	1

¿Puede Ud. obtener reglas de los ejemplos anteriores? ¿Qué sucede con las palabras esdrújulas y sobresdrújulas? Seguramente Ud. ha contestado: que *siempre* llevan tilde. ¿Qué diremos de las palabras agudas y llanas? Vamos a observar más ejemplos.

Palabras agudas: *comedor, mamá, bondad, girasol, café, feliz, reloj, ají, llamó, sillón, detrás, revolú*

¿A qué conclusión ha llegado Ud.? ¿Qué palabras agudas llevan tilde? *Las que terminan en vocal, n y s.*

Palabras llanas: *lápiz, Víctor, árbol, álbum, saben, discuten, rifle, sorpresa, pongo, gentileza, Lolita*

¿Qué ha notado Ud.? Precisamente lo opuesto a la regla sobre las palabras agudas. ¿Qué palabras llanas llevan tilde? *Las que terminan en* consonantes *menos* n y s. (Y nunca la llevan cuando terminan en vocal.)

Si Ud. duda de la importancia de colocar la tilde cuando es necesario y en forma correcta, piense en oraciones como éstas.

Mis papás no quieren papas.
La secretaria trabaja en la secretaría.*
El pajarito continuó con su continuo trinar.
Quiero que ella celebre una fiesta como la que yo celebré con el célebre Tomás.

¿Cómo las leeríamos sin tilde? ¿Podríamos entender su sentido?

¡Atención!

Recuerde una vez más que la tilde siempre se coloca sobre la vocal de la sílaba tónica.

EJERCICIOS

I. *Rellene los espacios que están en blanco.*

1. La palabra *estudiar* es aguda porque su sílaba tónica es la número _____.
2. La palabra *excelente* es _____ porque su sílaba tónica es la número 2.
3. La palabra aguda *ciclón* se acentúa porque _____.
4. Las palabras agudas llevan tilde cuando terminan en _____.
5. Las palabras llanas se acentúan cuando terminan en _____
6. Las palabras esdrújulas y sobresdrújulas se acentúan _____.

II. *Lea cada palabra, pronunciando con mayor fuerza la sílaba señalada en cada caso. Encierre en un círculo la palabra que tiene, a su juicio, el sonido correcto.*

MODELO: **Car**mencita   Car**men**cita   (Carmen**ci**ta)   Carmenci**ta**

A.
1. amables   amables   amables
2. rosa   rosa
3. rosal   rosal
4. rosario   rosario   rosario
5. rosarito   rosarito   rosarito   rosarito
6. reunidos   reunidos   reunidos
7. atrevimiento   atrevimiento   atrevimiento   atrevimiento
   atrevimiento
8. toman   toman

---

*La acentuación de palabras que contienen diptongos aparece explicada en la lección 4.

9. **pre**ci**samente**	**pre**ci**samente**	**pre**ci**samente**	**pre**ci**samente**
preci**samente**			
10. **año**	**año**		
11. **enseña**	**enseña**	**enseña**	
12. **enseñanza**	**enseñanza**	**enseñanza**	**enseñanza**

B.

1. **ra**pi**dez**	**ra**pi**dez**	**ra**pi**dez**
2. **tempestad**	**tempestad**	**tempestad**
3. **crea**	**crea**	
4. **creemos**	**creemos**	**creemos**
5. **creencia**	**creencia**	**creencia**
6. **cria**tura	**cria**tura	**cria**tura
7. **hos**pital	**hos**pital	**hos**pital
8. **empequeñecer**	**empequeñecer**	**empequeñecer**	**empequeñecer**
empequeñecer			
9. **fre**sca	**fre**sca	
10. **fres**quita	**fres**quita	**fres**quita
11. **refrescar**	**refrescar**	**refrescar**
12. **re**fre**sca**	**re**fre**sca**	**re**fre**sca**
13. **ape**nas	**ape**nas	**ape**nas

III. *A continuación aparece una lista de palabras. Ninguna de ellas necesita tilde. ¿Cuáles son agudas y cuáles llanas? Identifique con una **A** las agudas y con una **LL** las llanas.*

1. cantar	3. reloj	5. Isabel	7. belleza	9. pared
2. Ramona	4. mermelada	6. aroma	8. relojito	10. nariz

IV. *Aquí hay una lista de palabras agudas. Algunas necesitan tilde, otras no. Coloque las tildes necesarias. Explique junto a cada palabra por qué (por qué no) lleva tilde.*

MODELO: *cartel*—termina en *l*
cartelón—termina en *n*

1. ojala	5. roncar	9. piedad	13. limon	17. Jose
2. abril	6. violin	10. reloj	14. sabras	18. Rafael
3. amanecer	7. violar	11. sofa	15. atras	19. almacen
4. jabali	8. avestruz	12. Paris	16. mitad	20. pared

V. *Aquí hay una lista de palabras llanas. Algunas necesitan tilde y otras no. Coloque las tildes necesarias. Explique, junto a cada palabra, por qué lleva (o no) tilde.*

MODELO: *amable*—termina en *vocal*
Jiménez—termina en *z*

1. distraje	5. examen	9. Velazquez	13. instrumento	17. supe
2. Hector	6. tesis	10. util	14. marmol	18. supimos
3. masa	7. Perez	11. crimen	15. pelota	19. inutil
4. masas	8. Felix	12. album	16. pelotero	20. Victor

VI. *Escuche Ud. las palabras siguientes y coloque las tildes correspondientes. Todas estas palabras son esdrújulas y sobresdrújulas; por lo tanto, todas llevan tilde.*

1. vendaselos	3. autentico	5. heroe	7. compratelo	9. aerea
2. fabricandolo	4. republica	6. aristocratico	8. rapida	10. cometela

VII. *Divida cada palabra en sílabas. Después escuche atentamente y subraye la sílaba tónica en cada una. A continuación, clasifíquelas en aguda (a), llana (ll), esdrújula (e) o sobresdrújula (s). Coloque las tildes necesarias, aplicando las reglas que ha aprendido.*

A.

1. apostol	8. campana	15. casi	22. Parana
2. angeles	9. salud	16. resolvio	23. habil
3. rubor	10. zangano	17. Martin	24. kilometro
4. estupido	11. regimenes	18. caminan	25. empirico
5. mani	12. America	19. vertebra	
6. particular	13. detras	20. azucar	
7. picaro	14. bajar	21. aritmetica	

B.

1. cañon	8. caracteres	15. sutil	22. telefono
2. viviras	9. corazones	16. Martinez	23. telefonea
3. llanura	10. sutileza	17. caiman	24. aca
4. corazon	11. entreguenselo	18. dandole	25. asa
5. Cadiz	12. cesped	19. dandoselo	
6. extasis	13. imbecil	20. democracia	
7. caracter	14. noble	21. presentamelas	

Sección de ortografía
El uso de la b y la v

En el idioma inglés, las letras *b* y *v* tienen sonidos diferentes. No ocurre así en español. Ambas letras se pronuncian generalmente con el mismo sonido /b/. Esto hace que la escritura de palabras con *b* y *v* resulte difícil porque a veces no se sabe cuál de las dos debe usarse.

La letra *b* es más frecuente que la *v* en la lengua española. Además, muchísimas palabras que en inglés llevan esas letras, también las llevan en español:

combinación, obstáculo, probable *(combination, obstacle, probable)* y divino, evidente, severo *(divine, evident, severe)*, etc.

¡Atención!

Hay excepciones como automóvil, gobierno, taberna *(automobile, government, tavern)*, etc. Hay algunas reglas de ortografía que ayudan en la escritura de palabras con *b* y/o *v*; pero lo mejor para aprender a escribir correctamente, en éste y otros casos, es la práctica constante a través de la lectura y de la composición.

Se escribe b.

1. En las combinaciones *bl* y *br: blanco, blusa, hablar, brazo, abrir, broche*
2. Después de la letra *m: ambición, embuste, cambio*
3. En las sílabas *bu, bur, bus: buque, burgués, burla, combustible, busto*
4. En los verbos que terminan en *-bir* y todas sus formas derivadas (menos *hervir, servir* y *vivir*): *escribir, escribo, escribías; recibir, recibimiento, recibiremos*

Se escribe v.

1. Después de la sílaba *di* (menos *dibujo* y sus derivados: *dibujar, dibujante*, etc.; y *mandíbula*): *divertir, dividir, divino, divisar, adivinar*
2. Después de *ad: adverbial, adverbio, advertir*
3. Después de la letra *n: convento, convidar, invento*
4. En las formas del verbo *ir* que empiezan con el sonido /b/: *voy, vas, vamos, vaya, ve*, etc.
5. En todas las formas verbales que terminan en *-uve, -uviste, -uvo, -uvimos, -uvieron* y *-uviera, -uvieras, -uviera, -uviéramos, -uvieran: estuve, sostuvimos, tuviera, anduviera*, etc.

EJERCICIOS

I. *Corrija los errores que aparecen en estas oraciones.*

1. El governador recivió a la viuda.
2. A las nuebe no se beían las nubes.
3. Hay varios clabos en la selba vecina.
4. Esos viejos lleban bien su bejez.
5. Todavía no han buelto del biaje.
6. El nobeno nobio tiene noventa años.
7. La llubia cae en el tranvía a trabés del vidrio.
8. No olbides la nieve del porbenir.

II. *Escriba **b** o **v** en cada espacio en blanco, según sea correcto.*

A.
1. adi__inanza
2. con__encido
3. a__isar
4. fa__or
5. in__isi__le

6. cala__era
7. in__ierno
8. __ar__a
9. go__ernadora
10. reci__ir

11. sa__or
12. ja__ón
13. la__io
14. li__eral
15. nu__e

16. conser__ador
17. en__idia
18. pre__alecer
19. __ano
20. re__ol__er

B.
1. mo__er
2. __erdad
3. __iento
4. a__ergonzar
5. cla__o

6. na__aja
7. atra__esar
8. __ela
9. __ala
10. __ola

11. __iudo
12. u__a
13. por__enir
14. de__ido
15. cara__ela

16. a__eriguar
17. __erso
18. di__ujos
19. __í__eres
20. al__a

III. *Muchas palabras de esta lista tienen cognados en inglés. Escriba cada uno identificándolo con el mismo número.*

IV. *Dictado de palabras (en el manual del profesor).*

V. *Muchas palabras del dictado tienen cognados en inglés. Escriba cada uno junto a su número correspondiente.*

VI. *Dictado de oraciones (en el manual del profesor).*

Ejercicios preliminares de lectura

A. *Subraye la palabra a la derecha que significa lo mismo.*

1. amanecer	noche madrugada amarrar atardecer
2. bonito	lindo feo encanto cariño
3. hondo	profundo onda corto bajo
4. disgusto	decisión disparate gusto desagrado
5. miedo	grito paz terror temblor
6. casa	farmacia almacén tienda vivienda
7. terminar	determinar acabar empezar tirar
8. lentes	párpados anteojos ojos armaduras
9. fiel	falso amigo flojo leal
10. venida	salida llegada comienzo vuelta
11. alegría	felicidad agradecimiento tristeza gritería
12. nunca	siempre jamás nada nadie
13. joven	señora muchacha vieja niña
14. momento	parte tiempo hora instante
15. sembrar	colectar cosechar florecer plantar
16. bastante	poco bastón suficiente mucho
17. pelear	pelar combatir cooperar gritar
18. gozar	disfrutar sufrir guisar reír
19. desanimar	animar simpatizar alentar desalentar
20. altura	alto elevador elevación alteza
21. abandonar	desertar abanicar acompañar desierto
22. despegar	pegar desaparecer separar reunir
23. asunto	sesión negocio palabra señal
24. conflicto	contacto antagonismo confección antojo
25. país	nación paisano gobierno democracia
26. estropear	dañar estrenar tropezar componer
27. habitante	hábito habitación residente ciudad
28. burro	animal asno mamífero periquito
29. descanso	actividad descaro reposo silencio
30. colgar	descolgar gancho sorprender suspender
31. viejo	querido anciano joven enfermo
32. escuela	esquela instituto colegio salón

33. empezar	dejar acabar empeñar comenzar
34. apresar	presidio soltar encerrar aprisionar
35. rapidez ˆ	prontitud progreso despacio rápido
36. comprender	aprender estudiar acertar entender
37. conversación	canto discurso charla oración
38. querer	odiar amar halagar mimar
39. delgado	débil flaco alto pequeño
40. doctor	enfermo médico doctrina doctorarse
41. ingresar	regresar regreso entrar entrada
42. componer	desarreglar arreglar composición juntar
43. dejar	llevar acabar abandonar aceptar
44. futuro	fatalidad siempre pasado porvenir
45. saltar	correr brincar subir tirar

B. *Subraye la palabra a la derecha que corresponde a cada definición.*

1. tenerle afecto a alguien	afectar desear querer recordar
2. guardar dinero	despilfarrar ocultar prestar ahorrar
3. decir "hola"	saludar despedirse irse pasar
4. pasado de moda	anticuado nuevo último primero
5. órgano con que se habla	mejilla nariz oreja boca
6. edificio histórico	escuela estatua monumento historiador
7. pegar una enfermedad	contagiar pasar contacto prestar
8. agua congelada	helado refrigerador hielo heladero
9. falta de compañía	amistad compañerismo soledad sociedad
10. metal precioso	rubí diamante plata dinero
11. echarse fresco	abanicarse bañarse lavarse enfriarse
12. lo contrario de cerrado	completo abierto amplio fresco
13. acción injusta	tragedia error injusticia crueldad
14. madera para quemar	carbón combustible árbol leña
15. insecto desagradable	rata mosquitero mosca rana
16. desaparecer lo escrito	tapar borrar copiar imprimir
17. tienda de bebidas alcohólicas	tabique lugar restaurante taberna
18. alguien que no puede oír	sordo ciego distraído tuerto
19. alguien sin cabello	manco calvo peluca caballero
20. diez y cinco	más menos cincuenta quince
21. golpe con la cabeza	codazo cabezón cabecera cabezazo
22. quitar las hojas	deshojar destruir desquitar descolgar
23. quitar la ropa	arropar desvestir vestir ropero
24. dar consejos	consejera empeñar atender aconsejar
25. emitir sonidos melodio-sos con la voz	vociferar tocar cantar decir

C. *Subraye la palabra o frase sinónima.*

1. de vez en cuando   sí y no   a veces   más o menos
2. con frecuencia   casi nunca   para siempre   a menudo
3. darse cuenta de   volver a   contar con   comprender
4. sin embargo   no obstante   al contrario   aunque
5. en seguida   algunas veces   casi nunca   de inmediato
6. ponerse triste   enojarse   no estar contento   irritarse
7. todos los años   cada año   el año pasado   el año que viene
8. tener hambre   saber comer   tener apetito   tener sed
9. con asombro   con descaro   con enojo   con sorpresa
10. tener ganas de   echar de menos   sentir deseos de   llevarse bien con
11. perder la vida   morirse   desaparecer   herirse
12. perder la vista   quedarse sordo   quedarse ciego   quedarse tuerto
13. por lo regular   por lo general   a pesar de   por lo visto
14. en vez de   en cuanto a   a la vez   en lugar de
15. por casualidad   por coincidencia   por causa de   por lo común

D. *Lea cada párrafo cuidadosamente. Señale la frase que contenga la idea principal de cada uno.*

1. La madre le dijo al niño: «Para Navidad, te voy a comprar un juguete. Iré al banco a sacar el dinero, después entraremos en una tienda y podrás escoger lo que más te guste. Estarás muy contento con tu juguete».
   a. La madre tiene mucho dinero en el banco.
   b. La madre va a comprarle un juguete al niño.
   c. La madre y el niño van a pasear.
   d. En la tienda hay muchos juguetes.
2. La vaca es uno de los animales domésticos más importantes. Nos proporciona leche y carne. De la leche se obtienen varios sub-productos como la mantequilla y el queso. Nuestra vida sería muy diferente sin la vaca.
   a. No podríamos vivir sin la vaca.
   b. La leche y el queso sólo se obtienen de la vaca.
   c. La vaca representa muchas ventajas para los seres humanos.
   d. La vaca se puede domesticar fácilmente.
3. El carro de mi padre no se encendió esta mañana. Mi padre lo empujó hasta la gasolinera y allí consultó con un mecánico. El carro no estaba roto, sólo le faltaba combustible.
   a. Mi padre tiene un carro viejo que no anda.
   b. El carro de mi padre estaba descompuesto.
   c. El carro de mi padre no tenía gasolina esta mañana.
   d. El mecánico le dijo a mi padre que al carro le hacía falta agua.
4. Los tigres y los leopardos son animales feroces. Los dos son felinos. En el África no hay tigres; éstos viven en el Asia. Los leopardos sí se encuentran en varios países africanos. Los tigres tienen rayas y los leopardos, manchas.

  a. Hay tigres y leopardos en varios continentes.
  b. Los tigres son más feroces que los leopardos.
  c. Los tigres pertenecen al grupo de los felinos.
  d. Breve comparación entre los tigres y los leopardos.
5. Nuestro salón de clase es grande y ventilado. Tiene cinco ventanas y una puerta. Hay un escritorio para la maestra y treinta pupitres para los alumnos. En el invierno hay radiadores que calientan el salón. En el verano tenemos que abrir las ventanas porque no hay aire acondicionado.
  a. Descripción de nuestra universidad.
  b. Descripción del salón de clase en que nos reunimos.
  c. La ventilación de nuestro salón de clase.
  d. Comparación entre el verano y el invierno en nuestra clase.

  E. *Lea cuidadosamente cada párrafo y después rellene los espacios en blanco.*

1. No hay muchos pajaritos tan bien conocidos en Venezuela como el turpial y el guaití. El turpial tiene muchos colores, puede vivir en jaulas y es el ave nacional de Venezuela. El guaití es más pequeño y no tan vistoso. A pesar de su tamaño, fabrica un nido enorme. Los dos son pájaros típicos de Hispanoamérica.

1. _____ son aves venezolanas.
2. _____ es menos bonito que _____.
3. El nido del _____ es muy grande.
4. Estos pájaros sólo se encuentran en _____.
5. _____ es un símbolo nacional venezolano.

2. El abuelito era de edad indefinible que sólo se delataba por algunas canas sobre su cabeza, cuadrada y bien puesta sobre los hombros anchos. Era sabio, con esa sabiduría silenciosa de muchos ancianos. El nieto lo respetaba con cierto temor; pero, por encima de todo, lo quería entrañablemente.

1. No se sabía cuántos años tenía _____.
2. La forma de su cabeza era _____.
3. No era ignorante sino _____.
4. Tenía _____ que lo quería mucho.
5. El viejo no era conversador; era _____.
6. El niño sentía por él un respeto mezclado con _____.
7. El anciano era fuerte; sus espaldas eran _____.

Instrucciones para la lectura

1. Como Ud. ya sabe leer en inglés, puede transferir ese conocimiento a la lectura en español, inclusive en el caso, muy raro, de que nunca haya leído una palabra en español.

2. Hay muchísimas palabras que tienen el mismo origen, latino o griego generalmente, en español y en inglés. Esto facilita la comprensión de lo que se lee. Esas palabras se llaman **cognados.**

3. Recuerde que lo más importante en la lectura no es leer «bonito», rápidamente, pronunciando bien, etc.; lo esencial es comprender lo que se lee.

4. A Ud. se le ayudará en sus primeras lecturas de este modo.
   a. Se leerá en voz alta el material que Ud. está siguiendo con la vista, párrafo por párrafo.
   b. Ud. repetirá en voz alta la lectura de algunas frases, después de haber oído al profesor. Este sistema se empleará solamente en las primeras lecturas.

5. La lectura fuera de la clase debe hacerse en silencio, no en voz alta.

6. Nunca debe detenerse para buscar en el diccionario una palabra que no entiende.

7. Seguramente que al terminar la lectura, Ud. habrá comprendido de lo que se trata, al menos en líneas generales.

8. Si se tiene alguna duda, deberá leerse otra vez la lectura.

9. Al leerla por segunda vez, deberá subrayar las palabras que aún no comprende.

10. Después de terminar la lectura, puede consultar el diccionario para averiguar el significado de las palabras difíciles.

Instrucciones para la composición

1. Después de leer cada lectura, Ud. escribirá composiciones.

2. Las composiciones siempre deben escribirse a doble espacio y con pluma, para facilitar la corrección de las mismas.

3. Debe evitarse el uso constante del diccionario para escribir una composición. Ud. debe usar palabras que ya conoce o que ha aprendido en su lectura. No debe tratar de expresar conceptos complicados. La sencillez es esencial en este nivel.

4. Recuerde que los títulos de composiciones, libros, etc. no se escriben con letra mayúscula en español. **Ejemplo:** «*Mi casa y mi familia*».*

5. Al escribir sus primeras composiciones, Ud. deberá hacerlo empleando frases cortas dentro de párrafos cortos también.

6. Hay dos tipos básicos de composición:
   a. Resumen de la lectura o de una parte de ésta.
   b. Temas libres relacionados con los temas de la lectura. Estas composiciones tendrán instrucciones para que Ud. las siga.

7. Para resumir una lectura, debe escribirse:
   a. Título de la misma y nombre del autor.
   b. Relato ordenado, párrafo por párrafo, del contenido de la lectura.
   c. Nunca debe citarse directamente, sólo en forma indirecta, sobre todo en los diálogos. **Ejemplo:** Andrés le dijo a su esposa que comprara un regalo para la niña. *No:* Andrés le dijo a su esposa: "Compra un regalo para la niña".
   d. Deben omitirse los detalles innecesarios, y es importante concentrarse en lo esencial de la lectura.
   e. Al terminar el resumen de la lectura, se puede hacer un comentario breve sobre su contenido. Como no se trata de un curso de literatura, no es necesario extenderse en esto.

8. Después de terminar el resumen, se debe leer todo para corregir la ortografía, la acentuación y otros puntos gramaticales.

9. Al escribir una composición de tema libre, Ud. debe tratar de pensar en español lo que quiere decir, y después escribirlo. Si piensa en inglés y traduce al español, la composición probablemente resultará poco natural. Es más fácil escribir un resumen de una lectura que una composición de tema libre. Para escribir el resumen Ud. tiene delante todo lo que debe decir. En la composición libre, Ud. debe pensar en lo que quiere decir. Por eso, al principio se le darán instrucciones para organizar su composición.

10. En la composición libre hay que tener cuidado especial con la ortografía, la acentuación, etc. ya que Ud. no tendrá todas las palabras delante, como sucede cuando resume una lectura.

---

*Ver la lección 5.

El peso falso

Pedro Henríquez Ureña

¿Por qué llora la Isabelitica?

Estaba en la puerta de su casa de la sierra, con su muñeca del Día de los Reyes Magos. Su casa de la sierra, en el pueblo donde su papá tiene la mina, es la que le gusta más entre todas sus casas. La de la capital es muy grande, y tiene muchos criados, y tres automóviles; pero la mamá se pierde en ella, y a veces sale a la calle sin avisar, y cuando Isabelitica la busca y no la encuentra, cae enferma, y la mamá tiene que pasarse la noche junto a su cama. ¡Y luego tantas salas donde no la dejan entrar! La casa del lago es muy bonita, y hay botes; pero está muy sola, hay muy pocos vecinos y no se halla nada que hacer sino pasear en bote o montar en burro. Y la casa del mar, muy chiquita: es alegre bañarse en el mar y salir en el yate del papá; pero el puerto ¡qué feo, con tantas aves negras! No, ninguna casa como la casa de la sierra. Allí pasan la Navidad y el Año Nuevo, y esperan a los Reyes Magos.

Ahora los Reyes le trajeron esta muñeca preciosa: del mismo tamaño que Isabelitica, pero no morena, sino rubia, con los ojos azules; y acostándola cierra los ojos, y si la inclinan hacia adelante llora, y si le aprietan el estómago dice ¡naturalmente! papá, y si le aprietan el corazón dice ¡naturalmente! mamá, y si le dan cuerda echa a andar; eso sí, hay que enderezarla bien, para que al andar no se caiga.

Es muy divertido estar en la puerta de la casa, porque se ven muchas cosas. Se ve la niebla fina que flota y sube y baja entre los pinos de la montaña. Se ve la nieve de las alturas, cambiando de color con el sol y con las nubes. ¡Qué tonto Martincito, el primo, creyendo que la nieve unas veces sería de fresa y otras veces sería de limón! Pero Isabelitica sabe cómo es la nieve, porque ha subido a la montaña; a veces, cuando su papá y sus dos hermanos grandes salen de caza, las llevan, a ella y a sus dos hermanas mayores, Natalia y Sofía, hasta una parte del camino. Y van con perros muy delgados, que dan aullidos muy largos. ¡Y el día que Isabelitica soltó los perros, y se fueron solos a la montaña, y ella les corría detrás, queriendo detenerlos! Todo el pueblo la llamaba: ¡Isabelitica! Los perros no le hacían caso: tuvieron que ir a traerlos los monteros del papá, tocando sus cuernos de caza, y de lejos no se distinguía cuándo tocaban ellos el cuerno y cuándo los perros ladraban.

Por delante de la casa se ve pasar mucha gente, y toda con cosas curiosas. Ahí va ese hombre con ese animal que tiene largas las patas de atrás y cortas las de adelante, y lleva cinco animalitos en la bolsa del vientre. ¡Qué cosa más rara! Da un poco de miedo. Pero los animalitos son muy graciosos.

—¿No me regala uno de sus animalitos?

—No puedo, porque se moriría. ¿No ves que todavía están mamando?

Aquí viene Magdalena, la hija del carnicero. Es muy burlona. Pero ahora está muy sorprendida de ver la muñeca. Isabelitica se la muestra, y la hace hablar, y la hace andar. Y cuenta que a Natalia, su hermana rubia, le trajeron los Magos una muñeca de pelo castaño y ojos grises, con traje verde, y a Sofía, su hermana de pelo castaño, una muñeca de pelo y ojos negros, con traje rojo.

—¿Todo cambiado?— ríe Magdalena.

—Sí, así tiene más gracia— le contesta Isabelitica. Pero le queda la inquietud de que a ella, secretamente, le gusta la muñeca de ojos grises más que la suya de ojos azules.

Magdalena mira y toca el traje azul celeste de la muñeca rubia, y el sombrerito, y las mediecitas, y los zapatitos. Y de pronto sale huyendo con uno de los zapatitos.

Isabelitica quiere ir detrás de Magdalena; pero entre que Magdalena salió huyendo muy de prisa y que no es fácil correr con una muñeca tan grande, al fin se queda en la puerta, pensando en ir a contarle a la mamá aquella maldad, para que hablen a la carnicería y devuelvan el zapatito. Pero ahí viene una mujer con unas guitarritas pintadas de muchos colores. ¡Qué lindas! Isabelitica quiere una, naturalmente; la mujer le dice que todas las tiene comprometidas, que las lleva a casa del ingeniero inglés, porque en la tarde las niñas inglesas tienen baile de muñecas, y ésas son las guitarras para los músicos de la orquesta, que son muñecos con trajes típicos. Isabelitica va a la fiesta de las niñas inglesas. Pero quiere guitarritas para sí, y la mujer se las promete para mañana.

Hay que hablarle al papá, porque con este trajín del Día de Reyes, y con la novedad de la muñeca, no se ha acordado de pedir dinero. ¡Y en estos días hay tantas cosas que comprar! En eso, ahí viene por la calle una niña que Isabelitica no conoce, una niña campesina, que viene jugando con un peso, tirándolo sobre el empedrado y recogiéndolo cuando rueda. A veces se mete entre dos piedras, da trabajo sacarlo, pero al fin lo saca, divertidísima.

—¡Qué lindo tu peso!

—Sí, es muy lindo. A cada rato parece que se me va a perder, pero siempre lo encuentro.

—¿No me lo das?

—¡Ay, no!

—Mira: te doy este zapatito de mi muñeca.

—¡Ay, qué muñeca!

Y aquí de mirar y tocar y examinar la muñeca, y de averiguar cómo anda, y cómo habla, y cómo llora, y cómo duerme.

—¿Pero qué hago yo con un zapatito?

—Te doy las mediecitas también.

Y para adentro: la muñeca trajo doble de todo.

—¿Pero para qué las quiero?

—Te doy el traje.

—Pero este traje cuesta caro. Y mi peso es falso. ¿No oyes cómo suena?

—¡Pero yo lo quiero!

—¿Pero qué hago yo con el traje, si yo no tengo muñecas de ese tamaño?

—Te doy la muñeca por el peso.

Brillaron los ojos de la campesinita. Débilmente dijo:

—Pero el peso es falso . . .

—No importa: yo lo quiero.

La campesinita desaparece con la muñeca, a todo correr, volviendo la cabeza de cuando en cuando. Isabelitica se queda jugando con el peso.

A los pocos minutos suspira por la muñeca. Al fin, entra en la casa llorando.

¿Por qué llora la Isabelitica?

—¡Qué niña ésta! ¡A quién se le ocurre! ¡Corran a ver si descubren a la chica del peso falso! ¿Cómo era? ¿Para dónde iba?

Isabelitica está enferma de llorar. No puede ir a la fiesta de las amiguitas inglesas; Natalia y Sofía se irán solas, porque la mamá se queda en casa, inventando maneras de calmar a la pequeña. Al fin, la fatiga y las promesas vencen el llanto de Isabelitica: se telegrafiará pidiendo otra muñeca igual, si no aparece la del trueque. Y hay que telegrafiar, en efecto, porque los criados vienen diciendo que anduvieron por todas partes y pudieron saber que por el camino de Chinaulingo pasó una niña campesina con una muñeca grande, pero en Chinaulingo nadie da razón de ella y nadie ha visto la muñeca.

EJERCICIOS

I. *Complete las oraciones siguientes con las palabras que faltan, de acuerdo con el cuento.*

1. La época del año en que sucede esta historia es _____.
2. Isabelitica no era pobre sino muy _____.
3. Ella había recibido como regalo _____.
4. La casa del mar no era grande; era _____.
5. De todas sus casas, ella prefería _____.
6. El primo de Isabelitica se llama _____.
7. Isabelitica tiene _____ hermanos y _____ hermanas.
8. Magdalena era la hija _____.
9. Las hermanas de Isabelitica se llaman _____.
10. La muñeca estaba vestida de color _____.
11. Magdalena se robó un _____ de la muñeca.
12. Una mujer estaba vendiendo _____.
13. Las niñas _____ tenían un baile de muñecas.
14. El peso de la chica campesina era _____.
15. Al final del cuento Isabelitica llora porque _____.

II. *Conteste brevemente estas preguntas.*

1. ¿Qué es un criado?
2. ¿Por qué la niña recibe el nombre de Isabelitica en vez de Isabel?
3. ¿Qué significa que Isabelitica es morena?
4. ¿Cuál es la diferencia entre salir de casa y salir de caza?
5. ¿Qué son los monteros? ¿De qué palabra simple se deriva *monteros*?
6. ¿Qué son los cuernos de caza? ¿Qué otros cuernos conoce usted?
7. ¿De qué animal hablan en el cuento que «tiene largas las patas de atrás y cortas las de adelante»?
8. ¿De qué palabra se derivan *carnicero* y *carnicería* y qué significan?
9. ¿Qué es un sombrerito con respecto a un sombrero?
10. ¿Cómo sabe Ud. que Isabelitica es egoísta?
11. ¿Cómo sabe Ud. que la campesinita es honrada?
12. Honrada se dice **honest** en inglés. ¿Cuál es la diferencia, en español, entre honrada y honesta?

III. *Subraye el sinónimo de la palabra que aparece a la izquierda de cada grupo.*

1. la sierra	la montaña	el valle	el caserío
2. el automóvil	la motoneta	el camión	el carro
3. preciosa	apreciada	bella	cara
4. el estómago	la barriga	la digestión	el intestino grueso
5. andar	correr	caminar	saltar
6. delgado	flaco	gordo	débil
7. rara	extraña	común	fea
8. mostrar	enseñar	revelar	rebelar
9. la chica	la chicana	la niña	la adulta
10. el trueque	el truco	el trasto	el cambio

IV. *Dé una palabra o una frase sinónima para cada una de las que aparecen en esta lista.*

1. hallar	6. los aullidos	11. aquella maldad
2. las aves	7. detener	12. el trajín
3. la niebla	8. distinguir	13. un peso
4. enderezar	9. mamar	14. el empedrado
5. tonto	10. azul celeste	15. telegrafiar

V. *Copie cuidadosamente el párrafo del cuento que empieza: «Estaba en la puerta de su casa de la sierra . . .» hasta «. . . y esperan a los Reyes Magos».¿Cuál es la idea principal de este párrafo? Señale una solamente.*

1. una descripción de Isabelita
2. una descripción de la mamá de Isabelita
3. una descripción de las casas de Isabelita
4. una descripción de la casa de la sierra
5. una descripción del día de los Reyes Magos

VI. *Copie cuidadosamente el párrafo que empieza «Isabelitica quiere ir detrás de Magdalena . . .» hasta «. . . y la mujer se las promete para mañana».¿Cuál es la idea principal de este párrafo? Señale una solamente.*

1. Las niñas inglesas tienen baile de muñecas.
2. Isabelitica no tiene dinero para comprar guitarritas.
3. Magdalena corre muy de prisa.
4. Las guitarritas son lindas.
5. Magdalena es traviesa e Isabelitica es caprichosa.

VII. *Lea cuidadosmente el párrafo que empieza «Es muy divertido estar en la puerta de la casa . . .» hasta «. . . y cuando los perros ladraban». Se trata de una descripción que no es esencial para la comprensión del cuento. Sólo hay unos detalles más importantes. ¿Cuáles son? Señale una oración solamente.*

1. Hay nieve en las montañas.
2. Martincito es tonto.
3. Isabelitica es la hija menor, tiene dos hermanos grandes y dos hermanas mayores.
4. El papá de Isabelitica es aficionado a cazar en los montes de la región.
5. Los monteros tocan los cuernos de caza mientras acompañan al papá.

VIII. *Composiciones. Todas deben incluir la información que se pide en a, b, c, etc. Cada letra representa un párrafo.*

1. Resumen del cuento «El peso falso» (unas 125 a 150 palabras)
   a. Describa a Isabelitica: su físico, su posición económica, sus casas, su familia.
   b. Describa su muñeca.
   c. Describa estos episodios: el del hombre con el canguro, el de Magdalena, el de la mujer de las guitarritas.
   d. Describa el episodio final, que es el más importante: el de la niña campesina.
   e. Explique cómo termina el cuento.
2. «Mi casa y mi familia» (unas 100 a 125 palabras)
   a. ¿Dónde vive Ud.? Describa su casa o apartamento.
   b. ¿Quiénes son los miembros de su familia? ¿Qué hace cada uno?
   c. ¿Tiene Ud. familiares en otro país? ¿En otra parte de Estados Unidos?
   d. ¿Qué opinión tiene Ud. de su familia?
3. «Los ricos» (unas 100 a 125 palabras)
   a. ¿Conoce Ud. a personas ricas a través de la televisión y las revistas?
   b. ¿Quiénes son y cómo viven?
   c. ¿Cómo cree Ud. que consiguieron su dinero?
   d. Si Ud. fuera millonario, ¿qué haría con su dinero?
4. «La pobreza» (unas 125 a 150 palabras)
   a. ¿Conoce Ud. la pobreza directamente? ¿Qué zonas de pobreza hay en la ciudad o el pueblo donde Ud. vive? ¿Y en el país de donde es Ud. o de donde procede su familia?
   b. ¿Cuáles son las causas de la pobreza en el mundo, según su opinión?
   c. ¿Qué remedios podrían usarse para terminar con la pobreza?

IX. *Dictado (en el manual del profesor).*

La acentuación española II

Repaso de los diptongos

En la lección 1 estudiamos los diptongos. Vamos a repasarlos aquí. Un diptongo es la combinación de dos vocales, una junto a la otra, que se pronuncian dentro de la misma sílaba, en una sola emisión de voz. También sabemos que los diptongos siempre están formados por una vocal abierta, *a e o* y una cerrada, *i u* (la cerrada puede ir delante de la abierta), o por dos vocales cerradas:

Raulito   Mariana   paisano   Mario   fuiste, etc.

En muchas palabras con diptongo, la sílaba tónica es, precisamente, la que contiene el diptongo:

Ma-ria-na   fui-mos

Ninguna de estas dos palabras lleva tilde porque ambas son llanas, una terminada en vocal y la otra terminada en consonante *s*.

Las tildes y los diptongos

Ahora, leamos estas palabras en voz alta:

des-pues   trai-ga-lo   tam-bien   pei-na-te

Hemos señalado la sílaba tónica. Por lo tanto, ¿qué clase de palabras son *despues* y *tambien*? Podemos ver que son palabras agudas y además, que una termina en *s* y la otra en *n*. Conocemos la regla de acentuación de las palabras agudas; así, tenemos que colocar la tilde en la sílaba tónica. La pregunta que se nos ocurrre es: ¿en cuál de las dos vocales se coloca la tilde? Vamos a observarlas con cuidado, ya con sus tildes colocadas:

des-pués   tam-bién

Las otras dos palabras que tenemos en los ejemplos son:

trai-ga-lo   *pei*-na-te

Ambas son esdrújulas y sabemos que todas las palabras esdrújulas llevan tilde. Así, tenemos:

trái-ga-lo   *péi*-na-te

¿Puede Ud. llegar a alguna conclusión?

Vamos a formular la regla: cuando hay que colocar la tilde en una sílaba que contiene un diptongo (vocal abierta y cerrada o viceversa), siempre se coloca en la vocal abierta.

Finalmente, observemos estos ejemplos:

cuí-da-lo   ben-*juí*

En el caso de diptongos que contengan dos vocales cerradas y que formen parte de la sílaba tónica de una palabra que deba recibir tilde, ésta se coloca en la última vocal del diptongo.

Acentuación de palabras con vocales en hiato

Vamos a repasar las vocales en hiato. Se trata de dos vocales abiertas *(a e o)* que van juntas dentro de una palabra. Estas vocales nunca forman parte de la misma sílaba; van en sílabas diferentes:

po-e-ta   a-e-ro-puer-to   ma-es-tro   a-or-ta

Las palabras que tienen vocales en hiato no son difíciles de acentuar. Ninguna de las palabras citadas arriba lleva tilde porque todas son llanas y terminan en vocal. Sin embargo:

po-é-ti-co   trá-e-nos-lo   Ja-én

se acentúan porque son esdrújula (poético), sobresdrújula (tráenoslo) y aguda terminada en *n* (Jaén). Como se puede comprobar, esas palabras siguen las reglas generales de la acentuación.

Tildes que «rompen» diptongos

Para terminar esta lección, nos ocuparemos de un grupo muy importante de palabras. Vamos a leer algunas:

María   Raúl   río   ríete   caída   maíz   oído   freír

Se dividen en sílabas así:

Ma-rí-a   Ra-úl   rí-o   rí-e-te   ca-í-da   ma-íz   o-í-do   fre-ír

Se nota que estas palabras no siguen las reglas generales de acentuación.

Vamos a insistir en esto y a repetir las palabras anteriores. Aquí las tenemos colocadas en una lista. Compárelas con la lista que aparece a la derecha.

María—Ma-rí-a	Mariana—Ma-ria-na
Raúl—Ra-úl	Raulito—Rau-li-to
río—rí-o	Rioja—Rio-ja
ríete—rí-e-te	grieta—grie-ta
caída—ca-í-da	caimán—cai-mán
maíz—ma-íz	maicito—mai-ci-to
oído—o-í-do	boina—boi-na
freír—fre-ír	peine—pei-ne

En las palabras de la columna a la izquierda, la vocal cerrada de lo que debiera ser un diptongo, se pronuncia como tónica, al menos en español oficial. Esto causa el «rompimiento» del diptongo puesto que ahora las dos vocales resultan abiertas. Por eso van en sílabas separadas. La tilde que se coloca sobre la vocal cerrada indica que debe pronunciarse como tónica. Decimos que esa tilde «rompe» el diptongo. Comparemos la forma en que se pronuncian las palabras de la columna a la izquierda y de la columna a la derecha y tratemos de percibir la diferencia.

El caso de ui

Como conclusión, recordemos el diptongo *ui**: *cui-dar sui-ci-da rui-do-so* que en ciertas palabras se pronuncia (en español oficial) como si no fuera tal, es decir, con las vocales en hiato: *cons-ti-tu-ir*, *hu-ir*, *je-su-i-ta*, *subs-ti-tu-i-do*, etc. En estas palabras nunca se coloca tilde en la vocal cerrada para «romper» el diptongo. Se trata de excepciones formadas por los verbos terminados en *-uir* y sus derivados en *-uido*, *-uida*, y también la palabra *jesuita* y algunas otras de uso limitado.

EJERCICIOS

   I. *Conteste brevemente estas preguntas.*

1. Si la palabra lleva tilde en una sílaba con diptongo (vocal abierta y vocal cerrada), ¿en cuál de las dos vocales se coloca la tilde? Dé un ejemplo.
2. Si la tilde va en una sílaba con diptongo (dos vocales cerradas), ¿en cuál de las dos se coloca la tilde? Dé un ejemplo.
3. ¿Son diferentes las reglas de acentuación que se usan con las palabras que tienen vocales en hiato? Dé dos ejemplos de ese tipo de palabras que lleven tilde.

---

*Ver la lección 2.

4. ¿Por qué la palabra *travesía* lleva tilde en la *i*?
5. ¿Por qué la palabra *baúl* tiene dos sílabas?
6. ¿Qué le sucede a la vocal cerrada de un diptongo cuando recibe una tilde (como en la palabra *mío*)?
7. ¿Necesita tilde la *i* de *destruir* (se pronuncia des-tru-ir)? Explique su respuesta.

II. *Aquí hay una lista de palabras agudas que tienen diptongo en la sílaba tónica. Coloque las tildes necesarias (fíjese que no todas la necesitan) en la vocal correcta. Explique junto a cada palabra por qué (por qué no) lleva tilde.*

MODELO: estudiar—termina en *r*
             también—termina en *n*

1. accion	3. efectuo	5. evacuar	7. reunion	9. ensucie
2. puntapie	4. variar	6. traspies	8. sacudio	10. ensuciar

III. *Aquí hay una lista de palabras llanas que tienen diptongo en la sílaba tónica. Coloque la tilde en las que la necesiten. Explique junto a cada palabra por qué lleva (o no) tilde.*

MODELO: hueso—termina en *vocal*
             huésped—termina en *d*

1. fuerte	3. huelga	5. afeite	7. Dieguez
2. viernes	4. estiercol	6. cielo	8. acuatil

IV. *Aquí hay una lista de palabras esdrújulas y sobresdrújulas que tienen diptongo en la sílaba tónica. Coloque la tilde en la vocal debida.*

1. atraigalo	3. santiguandose	5. cuidate	7. sueltala
2. tuercelas	4. muerdela	6. cuidanosla	8. guardamelos

V. *Todas las palabras que aparecen en esta lista contienen vocales en hiato. Subraye la sílaba tónica y coloque las tildes necesarias (no todas las palabras las necesitan). Escriba junto a cada palabra si es aguda (**a**), llana (**ll**), esdrújula (**e**) o sobresdrújula (**s**).*

1. traemelo   4. toalla   7. aereo   10. cae
2. teologo   5. oasis   8. Leandro   11. caos
3. peon   6. poetica   9. poema   12. caotico

VI. *Escuche atentamente cada palabra de esta lista. Si las vocales que debieran formar diptongos se oyen en hiato, coloque las tildes necesarias para «romper» esos diptongos. Después, divida cada palabra en sílabas.*

A. 1. tia   4. Saul   7. traido   10. baile   13. oido
        2. piano   5. Rosalia   8. sonreir   11. reir   14. oir
        3. Paula   6. Amalia   9. reinar   12. aceite   15. Zoila

B. 1. cai   4. Diana   7. continuo   10. aguar   13. transeunte
        2. bailemos 5. dias   8. continuar 11. rie   14. pseudo
        3. tendria   6. continuo 9. grua   12. Mario   15. Eloisa

Sección de ortografía
El uso de la c (ce, ci), de la s y de la z

En el español que se habla en Hispanoamérica y también en algunas regiones de España, las letras c (en las combinaciones *ce, ci*), s y z se pronuncian de la misma forma, que se representa con el sonido /s/.*
Escuche estas oraciones.

Sabino y Cecilia tienen zapatos rosados.
El dulce de zumo de ciruelas sabe bien.
Zoila está azorada, sorprendida y celosa.
La zebra y la serpiente del zoológico cesaron de silbar.

El sonido /s/ aparece varias veces en cada una. Sin embargo, ese sonido no siempre está representado por la letra s. Esto se puede observar al leerlas. En la palabra Sabino sí tenemos la s, pero en Cecilia tenemos la c *(ce, ci)*, y en zapatos vemos una z al principio. Esto crea una serie de confusiones en cuanto a la ortografía. Se pueden estudiar unas reglas que ayudan algo, pero lo que más facilita la escritura correcta es la práctica constante de la lectura y la composición.

Se escribe c

1.   en la terminación *-ancia* (menos la palabra *ansia*): *constancia, ignorancia, tolerancia, etc.*

---

*Ver la nota de la p. 8.

2. en las terminaciones *-encia, -iencia* (menos *Hortensia*): *ausencia, ocurrencia, conciencia, experiencia, etc.*
3. en los verbos que terminan en *-cer* y *-cir* y sus formas derivadas (menos *asir, coser, ser* y *toser*): *conocer, convencer, reducir, seducir, conocimiento, convencida, etc.*

Se escribe s

1. en la terminación *-ulsión: convulsión, expulsión, repulsión, etc.*

Se escribe z

1. en la terminación *-anza* (menos *gansa* y *mansa*): *alabanza, balanza, esperanza, panza, etc.*
2. en las terminaciones *-ez, -eza* solamente si se encuentran en palabras que expresan cualidades abstractas: *niñez, vejez, viudez, torpeza, tristeza, viveza, etc.*
3. en la terminación *-zar* de muchos verbos y sus formas derivadas: *amenizar, empezar, civilizar, utilizar, amenizamos, etc.* (Hay bastantes excepciones: *abusar, acusar, pensar, etc.*)

En general, las palabras que terminan en *-tion* en inglés se traducen con *-ción* en español: **nation**—*nación*, **ration**—*ración*, **adoration**—*adoración*, **emotion**—*emoción*, etc.

Las palabras que terminan en *-sion* o *-ssion* en inglés se traducen al español con *-sión*: **illusion**—*ilusión*, **conclusion**—*conclusión*, **decision**—*decisión*, **precision**—*precisión*, **admission**—*admisión*, **commission**—*comisión*, **mission**—*misión*, etc.

Hay muy pocas palabras en español que tengan las combinaciones *ze, zi; zebra* es una excepción y también *zeta,** el nombre de la letra *z*. Por lo tanto las palabras que terminan en *z* como *pez, vez, feliz,* etc. forman su plural cambiando la *z* a *c* delante de la *e: peces, veces, felices.*** Igual sucede con los diminutivos: una nariz pequeña es una *naricita* (la *z* cambia a *c* delante de la *i*).

Vamos a agregar algo más en cuanto a los verbos: los que terminan en *-zar*, cambian la *z* a *c* delante de *e: alzar—alcé, comenzar—comencemos, etc.* También se escribe *z* en varias formas de los verbos que terminan en *-ducir: conducir—conduzco, conduzcan; producir—produzco, produzcas; reducir—reduzca, reduzcamos;* igualmente hay otros como el verbo *conocer: conozco—conozcas,* etc.***

---

*También se escriben *cebra* y *ceta*.
**Más sobre esto en la lección 12
***Más sobre esto en las lecciones acerca de los verbos.

EJERCICIOS

I. *Escriba c, s o z en los espacios en blanco, según sea correcto.*

A.
1. a__ierto
2. __ielo
3. de__i__ivo
4. defi__ien__ia
5. deli__io__o

6. catoli__i__mo
7. __erte__a
8. ex__elen__ia
9. experien__ia
10. ex__itar

11. e__pe__ie
12. a__eite
13. en__errar
14. bra__o
15. __ivili__ar

B.
1. comen__ar
2. recha__ar
3. ali__ar
4. pure__a
5. __eni__a

6. prin__e__a
7. cono__camos
8. i__quierdo
9. ra__onable
10. dul__ura

11. dul__e
12. __apato
13. tro__o
14. flore__er
15. pertene__er

C.
1. mere__er
2. mere__co
3. fuer__a
4. qui__á__
5. dure__a

6. hori__onte
7. ju__gar
8. jui__io
9. go__ar
10. de__i__ión

11. lu__
12. tranquili__ar
13. cru__e__
14. pie__a
15. raí__

II. *Escriba su cognado inglés junto a cada palabra de esta lista.*

A.
1. accidente
2. acento
3. aceptar
4. antecedente
5. anunciar

6. apariencia
7. cementerio
8. ciencia
9. cigarro
10. cínico

11. comercial
12. competencia
13. concentrar
14. deficiencia
15. delicioso

B.
1. democracia
2. citar
3. ciudad
4. dependencia
5. diferencia

6. electricidad
7. elegancia
8. enciclopedia
9. facilidad
10. farmacia

11. frecuencia
12. incidente
13. inocente
14. medicina
15. merced

C.
1. oficial
2. pacífico
3. palacio
4. participar
5. policía

6. principal
7. producir
8. provincia
9. racial
10. reciente

11. reducir
12. romance
13. tendencia
14. tolerancia
15. urgencia

III. *Traduzca al español.*

1. passion	6. emotion	11. oppression
2. discussion	7. extension	12. profession
3. depression	8. continuation	13. exception
4. explosion	9. satisfaction	14. orientation
5. inflation	10. occasion	15. education

IV. *Dictado (en el manual del profesor).*

V. *Muchas palabras del dictado tienen cognados en inglés. Escriba cada uno con su número correspondiente.*

VI. *¿Conoce Ud. la diferencia de significado en estos grupos de palabras? Note que tienen el mismo sonido pero diferente ortografía. Averigüe lo que quieren decir. Después, emplee cada una en una oración.*

1. casa caza	5. losa loza	9. rosa roza
2. cerrar serrar	6. cocer coser	10. asar azar
3. abrasar abrazar	7. ciervo siervo	11. masa maza
4. ves vez	8. tasa taza	12. risa riza

5

Signos de entonación y de puntuación. El uso de las mayúsculas y las minúsculas

Los signos de entonación

Los signos que marcan, en la escritura, la entonación de una frase son los signos de interrogación y los signos de admiración o exclamación.
Lea estas oraciones:

Dime, ¿cuántos años tienes?   ¿Qué hora es, Marisa?
Oye, ¡qué calor hace hoy!   ¡Qué caro es ese traje!

¿Qué nota usted en cuanto a estos signos? Se puede ver que, en español, se usan dos signos de interrogación (¿?), uno al principio y otro al final de la frase u oración; también se usan dos signos de admiración o exclamación (¡!), uno al empezar y otro al acabar la oración.

Los signos de puntuación

Los signos de puntuación sirven, en general, para marcar las pausas que uno emplea al hablar. A continuación vamos a aprender los nombres de algunos de estos signos. Su uso es casi igual al que se les da en inglés. El estilo español casi siempre favorece las oraciones y párrafos más largos que el inglés. Cuando exista alguna diferencia en el uso de estos signos entre el español y el inglés, se señalará.

1. **La coma:** señala una pausa corta.

> Debes estudiar, José.
> En el Club Internacional se reúnen mexicanos, dominicanos, suramericanos, centroamericanos, europeos, etc.
> Cuando vayas a Corpus Christi, no dejes de visitar a tu comadre.
> María, ven aquí.
> Lupe, mi amiga favorita, terminó sus estudios el año pasado.
> Las tiendas se cierran, me parece, a las nueve.

2. **El punto y coma:** señala una pausa más larga que la coma.

> Josefina es una alumna excelente, aplicada y puntual; ella siempre saca A en los exámenes.
> Estaba vestido con un saco largo, de color estridente; los zapatos eran verdes, la corbata azul turquesa.
> No debemos desperdiciar el tiempo; hay que prepararse para la vida.

3. **El punto y seguido:** señala el final de una frase.

> Elena vive en un apartamento. Ella viene a la universidad en su carro.
> Ayer fui a visitar el Parque Central y me gustó mucho. Hoy quiero ir al Teatro Nacional.
> El policía se tiró al agua para salvar al niño. La corriente era muy fuerte y ambos se ahogaron. Las personas que los vieron, empezaron a gritar.

4. **El punto y aparte:** señala el final de un tema.

> Los signos de puntuación son importantes; debemos aprenderlos con cuidado y hacer todos los ejercicios.
> Ahora vamos a escuchar un dictado para practicar los signos de entonación.

> Los estudiantes se reunieron en la plaza para protestar del nuevo programa de estudios. Un joven que parecía ser el organizador de la protesta, pronunció el primer discurso.
> A las dos horas de haber empezado la reunión, se iniciaron unas peleas entre dos grupos opuestos. La policía universitaria intervino para separar a los que luchaban.

5. **Los dos puntos:** se ponen delante de las citas, las enumeraciones y los ejemplos.

> Ella respondió: «No me interesa».
> Fui al mercado y compré muchos comestibles: carne, huevos, leche, jugos, etc.
> Las palabras esdrújulas siempre llevan tilde: cómico, siéntate, príncipe.

¡Atención!

Cuando se escribe una carta familiar en inglés, se coloca una coma después del encabezamiento:

> ***Dear Mary,***

> En español siempre se colocan dos puntos en este caso, tanto en cartas familiares como de negocios:

> *Querida Consuelo:*   o   *Distinguido Sr. Romero:*

6. **Los puntos suspensivos:** representan una idea incompleta o interrumpida.

Creí que ibas a acompañarnos al cine, pero . . . ¿qué te pasó?
Me gustaría ir, pero . . . no tengo tiempo.
Ya sabes lo que dice la gente: «Más vale pájaro en mano . . .»
La víctima estaba a punto de morir. Tuvo tiempo de articular unas
    palabras: «Me asaltó un enmascarado; al hablar, se le notaba un . . .».
    No pudo continuar: había muerto.

¡Atención!

Por lo común, no se escriben más que tres puntos, así . . .

Otros signos de puntuación

1. **Los paréntesis y los corchetes:** encierran una frase de carácter aclaratorio. Los parentesis se usan con más frecuencia que los corchetes; estos últimos a veces se emplean con una frase entre paréntesis dentro también.

Mi fiesta de cumpleaños (no quiero que se sepa) va a ser una sorpresa.
Su vida no ha sido (y esto pocos lo saben) un modelo de virtudes.
Ricardo es el mejor estudiante de la clase [aunque no es el más inteligente
    (según opinión del profesor) ni el más agradable].

2. **Los guiones y las rayas:**
    a. Los guiones se usan para dividir una palabra en sílabas, como ya hemos visto.
con-cien-cia
    b. Las rayas pueden usarse para sustituir a los paréntesis.

María fue al baile —¡qué miedo!— vestida de fantasma.
    c. También sirven para indicar que alguien empieza a hablar en un diálogo.

María: —Buenos días, José. ¿Cómo te va?
José: —Hola, María. Así, así. ¿Y tú?

3. **Las comillas:** se usan, en general, para citar textualmente. También con títulos de composiciones, cuentos, artículos, etc.

Según el autor de esa gramática «las rayas son más largas que los guiones».
El cuento «La rata» está muy bien escrito.

Hay más ejemplos del uso de las comillas en otros párrafos anteriores.*

4. **El asterisco:** se emplea para indicar que hay una cita o una aclaración al pie de la página, al final del capítulo o al final del texto.

Hay una gran concentración de puertorriqueños en la ciudad de Nueva York.*
(Al pie de la página):
*Se calcula que el número de puertorriqueños en Nueva York es mayor que el de San Juan, Puerto Rico.

5. **La llave:** se emplea en los gráficos para agrupar una serie.

Las vocales abiertas son $\begin{cases} a \\ e \\ o \end{cases}$

EJERCICIOS

I. *Conteste brevemente las siguientes preguntas.*

1. ¿Cuántos signos de interrogación y de admiración hay en español y cómo se escriben?
2. ¿Para qué sirven, en general, los signos de puntuación?
3. Escriba los nombres de cuatro signos de puntuación.
4. ¿Qué signo representa una pausa mayor, la coma o el punto y coma?
5. Mencione los tres casos en que se usan los dos puntos (:).
6. ¿Cuándo se usan los dos puntos (:) en una carta?
7. ¿Para qué se usan los paréntesis?
8. ¿Cuántos puntos suspensivos se escriben generalmente?
9. ¿Cuál es el uso principal de las comillas?
10. ¿Para qué se emplean el asterisco y la llave?

---

*Fíjese que en español, los signos de puntuación se colocan *después* de las comillas que terminan una frase, y *no antes*, como se hace en inglés.

II. *Vuelva a escribir este párrafo con los signos de entonación y puntuación que faltan en el mismo. Emplee: punto y seguido, comas, dos puntos, rayas y comillas, interrogaciones y exclamaciones.*

La profesora como es muy exigente les pidió a los estudiantes que escribieran una composición Entonces un alumno dijo Yo no puedo escribirla he dejado la pluma en casa Qué dice Qué horror respondió la maestra.

III. *Vuelva a escribir estos párrafos, empleando: comas, punto y coma, punto y seguido, punto y aparte, dos puntos y paréntesis.*

En el mes de junio fui a la playa Allí me esperaban mis amigos Luis Esperanza Enrique y Rebeca Todos estaban reunidos en la estación de trenes para recibirme Un día y ojalá que mis padres nunca lo sepan casi me ahogo Fue una suerte que me salvara le doy gracias a Dios por ello

El empleo de las mayúsculas y las minúsculas

Probablemente, Ud. ya sabe lo que significan las palabras mayúscula y minúscula. Las letras mayúsculas se llaman **capital letters** en inglés y las minúsculas, **small letters.** El uso de las mayúsculas y minúsculas no es exactamente igual en español que en inglés. Observe Ud. los siguientes ejemplos.

Hoy es lunes.	*Today is Monday.*
Mi cumpleaños es en mayo.	*My birthday is in May.*
Elena es cubana.	*Elena is a Cuban.*
Hablo inglés y español.	*I speak English and Spanish.*
Esa mujer es católica.	*That woman is a Catholic.*
Mi padre es demócrata.	*My father is a Democrat.*
Mi composición se titula «La batalla de los sexos».	*My composition is entitled "The Battle of the Sexes."*
El verano pasado fui al oeste.	*Last summer I went to the West.*

¿A qué conclusión ha llegado Ud.? ¿Puede Ud. inferir algunas reglas? Compruebe si son las mismas que aparecen a continuación.

En español, contrariamente a lo que ocurre en inglés, se emplea la minúscula (y no la mayúscula) en los siguientes casos.

1. los nombres de los días de la semana
2. los nombres de los meses del año
3. los nombres y adjetivos que indican nacionalidad
4. los nombres de las distintas lenguas

5. los nombres y adjetivos que indican afiliaciones religiosas
6. los nombres y adjetivos que indican afiliaciones políticas
7. los títulos de libros, composiciones, etc. con excepción de la letra inicial de la primera palabra
8. los nombres de los puntos cardinales

El español sí emplea la mayúscula en los siguientes casos.

   a. muchas abreviaturas:
       La señora García es amiga del *Sr.* Zambrana.
   b. los nombres de Dios y la Virgen y los títulos que se les dan como *Todopoderoso*, *Nuestra Señora*, etc.
       Voy a rezarles a *Dios* y a la *Santísima Virgen*.
   c. Los nombres de autoridades cuando se refieren a alguien en particular:
       La *Presidenta* María Gómez habló con los representantes del pueblo.

¡Atención!

Algunas personas creen en muchos *dioses*.
En la América del Sur hay una enorme selva *virgen*.
La Presidenta María Gómez habló con otros *presidentes*.

En general, en los demás casos las mayúsculas y minúsculas se usan igual en español que en inglés. Ejemplos:

Nací en San Juan, Puerto Rico.
El Amazonas está en Suramérica
Su Excelencia llegó tarde a la reunión.
Estudio en la Facultad de Humanidades.
Me gusta la revista *Vanidades*.
Compré mi vestido en El Encanto.

EJERCICIOS

   I. *Conteste brevemente las siguientes preguntas.*

1. ¿En qué lengua se usan más las mayúsculas, en español o en inglés?
2. ¿Cómo se debe escribir el título de una composición en español?
3. ¿Con qué se escriben los días de la semana y los meses del año, con mayúscula o con minúscula?
4. ¿Cómo se escriben los nombres de ciudades y países, con mayúscula o con minúscula?
5. ¿Cuándo se escribe la palabra señorita con mayúscula?

II. *Vuelva a escribir este párrafo con las mayúsculas necesarias y los signos de puntuación que faltan.*

El sábado vamos a ir a casa de mi padrino don tomás que tiene una bodega llamada mi favorita doña ernestina su esposa es de méxico de la ciudad de guadalajara ella es muy católica y devota de la virgen de guadalupe esta señora no habla mucho inglés ella nació en el mes de octubre ahora ella es ciudadana americana y le gustan los senadores republicanos doña ernestina está leyendo una novela lo que el viento se llevó traducida al español

III. *Corrija los errores de mayúsculas y minúsculas que aparecen en el siguiente párrafo, así como los errores en los signos de entonación y puntuación.*

¿Ayer fui a hablar con un Consejero? sobre mi programa de estudios, yo quería hablarle también sobre una composición; que escribí en Francés. El Miércoles pasado ¡en la clase de la: prof. smith! «ella es Americana» pero estudió en París, francia. en el Verano «en el mes de julio» Yo también quiero ir a europa. Con mi Madre. Mi primo . . . julio ¡va a ir con nosotras! ¿ojalá que dios nos ayude para reunir el dinero suficiente para hacer el viaje? mi primo es Protestante, él va (a una Iglesia) que se llama san pablo apóstol.

IV. *Escriba una composición titulada:* **Me gusta (No me gusta) ir de tiendas.** *La composición debe tener tres párrafos principales, separados por punto y aparte.*
1.   Por qué me gusta (o no me gusta) ir de tiendas. Explique sus razones en forma ordenada y breve.
2.   Cuando voy de tiendas (aunque no me guste, tengo que ir a veces) ¿con quién voy, qué días, a dónde y qué compro, cuánto dinero gasto, compro con dinero en efectivo o con tarjetas de crédito?
3.   Conclusiones. Las ideas principales del párrafo 1 se repiten, reforzadas por lo que explicó en el párrafo 2. Diríjase al lector de la composición y déle un consejo sobre las visitas a las tiendas.

Al escribir esta composición, preste especial atención al uso de los signos de entonación y puntuación y a las mayúsculas y minúsculas.

Sección de ortografía
Las combinaciones ca, que, qui, co, cu

Vamos a escuchar con atención la lectura de esta oración:

Catalina quiso comer queso de Cuba.

Podemos oír el sonido que se representa con /k/ combinado con cada vocal:
/ka/   /ke/   /ki/   /ko/   /ku/
Ya hemos visto que la letra *c* combinada con *e* y con *i* tiene el sonido /s/: /se/ /si/. La *c* tiene el sonido de /k/ cuando aparece en las combinaciones *ca, co, cu.*

Los sonidos /ke/ /ki/ se representan en la escritura con las combinaciones *que*, *qui*. La letra *q* siempre va seguida de *u* en español, pero esa *u* no representa sonido, es muda.

> **Ejemplos:**   *La cartera color café que compró Cuca es muy cara.*
> *¿Quién quiere que Ricardo consiga un conejo?*
> *Cecilia y Enriqueta Quiñones se casaron con Cirilo y Quico Colón.*

La letra *c* tiene ese mismo sonido /k/ cuando aparece delante de otra consonante como en las palabras *cráter* y *clamor*. También cuando está en posición final de sílaba como en *acto* y *recto*. La letra *k* apenas se usa en español. Prácticamente, no la escribimos más que en palabras derivadas de *kilo: kilogramo, kilómetro, etc.* También se pueden escribir con *q: quilómetro, etc.*

Como ya vimos, la letra *c* tiene el sonido /s/ delante de *e, i*. Por lo tanto, en el caso de los verbos que terminan en *-car* como *sacar* y *tocar*, la *c* cambia a *qu* delante de *e: saco, saqué, saquemos; tocas, toques, toqué.* *

EJERCICIOS _____

I. *Escuche la lectura de cada oración y corrija los errores en la escritura. Vuelva a escribir las oraciones.*

1. Ceremos qolaborar en la revista.
2. Aqel país fue kolonizado por los ingleses.
3. Cisiera aquabar pronto el ejercicio.
4. En ese kolmado venden muy qaro.
5. Ese aktor es muy cerido por el público.

II. *Escuche cada palabra y escriba* **ca, que, qui, co, cu** *en los espacios en blanco, según sea correcto (en el manual del profesor).*

1. ra_____ta

2. chi_____to

3. _____bello

4. _____riosidad

5. sa_____ar

6. _____ _____yo

7. _____nta

8. _____ridísimo

9. _____ l_____ñal

10. _____ _____ta

III. *Dictado (en el manual del profesor).*

_____

*Más sobre estos casos en las lecciones acerca de los verbos.

Repaso general I

A. *Dictado (en el manual del profesor).*

B. *Su profesor va a leer en voz alta estas oraciones. Escuche atentamente y coloque las tildes que se necesitan.*

1. Halle a mi tia caida en el medio del salon.
2. Emilia es menos timida que Rosalia.
3. Cuando venia hacia aqui, sufrio un desmayo.
4. Hacia tiempo que no veia una pelicula tan comica.
5. Los huespedes quisieron freir la carne.
6. Felix esculpio un busto de marmol.
7. Ahi va, dandoselas de valiente y peleon.
8. Eres holgazan, muestras desinteres en el estudio.
9. Si me situo aqui, podre ver el desfile.
10. Los proximos examenes seran el sabado.
11. Algun dia veras reir a Tomas.
12. El alcoholico ya no bebera ningun alcohol.
13. Yo cante un cante de Andalucia.
14. Esperame junto a la estatua del heroe.
15. No me envies telegramas ni me llames por telefono.
16. Creetelo, que te van a ascender despues.
17. Victor no obtuvo la victoria porque llego el decimo.
18. Raul y su hijo Raulin fueron a su pais.
19. Corazon, corazoncito, ¿no quieres oir las noticias?
20. No le pongas azucar a mi cafe con leche.

C. *Conteste brevemente las siguientes preguntas.*

1. ¿Qué diferencia de pronunciación hay entre *bota* y *vota*?
2. Escriba dos palabras que empiecen con *c* (sonido /s/) y dos con *c* (sonido /k/).
3. Escriba dos palabras que empiecen con *g* (sonido /h/) y dos con *g* (sonido /g/).
4. ¿Cuáles son las vocales abiertas y cuáles son las cerradas?

5. Escriba diez palabras, cada una con un diptongo diferente.
6. Dé tres ejemplos de palabras bisílabas y tres ejemplos de palabras trisílabas.
7. Dé dos ejemplos de palabras con el grupo *ui* que no forme diptongo y dos ejemplos con *ui,* diptongo.
8. ¿Qué es una palabra aguda y cuándo se acentúa?
9. ¿Qué es una palabra llana y cuándo se acentúa?
10. ¿Cuáles son las palabras esdrújulas y sobresdrújulas y cuándo se acentúan?
11. ¿A qué se llama sílaba tónica?
12. ¿Cuál es la diferencia entre tilde y acento?
13. ¿Dónde se colocan las tildes, sobre vocales o sobre consonantes?
14. ¿Cuántas sílabas tiene la palabra *democracia* y cuántas sílabas tiene *caligrafía*? Explique su respuesta.
15. ¿Cuántas sílabas tiene la palabra *reído* y cuántas sílabas tiene *reina*? Explique su respuesta.
16. ¿Cuáles son los signos de entonación?
17. ¿Para qué sirven los signos de puntuación?
18. ¿Cuál es la diferencia entre el punto y seguido y el punto y aparte?
19. ¿Cómo se escriben los nombres de lenguas y nacionalidades, con letra mayúscula o minúscula?
20. En esta oración: «Ese *señor* es el tío de la *Srta*. Piñera», explique el uso de las letras mayúscula y minúscula en las palabras señaladas.

D. *Vuelva a escribir este párrafo con las mayúsculas necesarias y los signos de entonación y puntuación que faltan.*

la mayoría de las guías de turismo en inglés sobre hispanoamérica y el caribe están escritas por norteamericanos en general estas personas tienen más conocimiento sobre méxico y las antillas que sobre la américa del sur qué debe buscar el viajero en estas guías primeramente veamos estos puntos conceptos geográficos claros mención de las ciudades más importantes lista de monumentos y otros edificios sitios de diversión etc. a continuación el lector de estos libros espera encontrar los diferentes hoteles restaurantes y otros establecimientos en cada ciudad además los precios detallados de cuartos y comidas tal vez el lector aprecie una mención de las iglesias y templos principales de las distintas denominaciones católica protestante judía y otras qué difícil resulta incluir todos los detalles solamente las agencias de viaje más conocidas de estados unidos tienen información completa sobre los países suramericanos en cambio como ya se explicó méxico y las naciones antillanas tienen un buen servicio de información turística en ciudades como nueva york chicago san francisco y los ángeles.

Los quemaditos

Tomás Rivera

Los García eran cinco. Don Efraín, doña Chona y los tres niños, Raulito, Juan, y María de siete, seis y cinco años respectivamente. El domingo por la noche habían venido muy entusiasmados del cine porque habían visto una película de boxeo. A don Efraín le había gustado más que a todos y luego cuando habían llegado a la casa había sacado los guantes de boxear que les había comprado a los niños y luego les había hecho que se pusieran los guantes a los dos niños. Hasta les quitó la ropa y los dejó en calzoncillos y les untó un poquito de alcohol en el pechito, así como lo habían hecho en la película. A doña Chona no le gustaba que pelearan porque siempre salía alguien disgustado y luego se formaba la llorería por un buen rato.

—Ya, viejo, ¿para qué les haces que se peleen? Nada vale; a Juan siempre le sale sangre de las narices y tú sabes lo difícil que es parársela después. Ya, viejo, déjalos que se duerman.

—Hombre, vieja.

—Si no soy hombre.

—Déjalos que jueguen. Y a lo mejor aprenden siquiera a defenderse.

—Pero es que apenas cabemos parados en este gallinero y tú andas ahí correteando como si tuviéramos tanto lugar.

—Y ¿tú qué crees que hacen cuando nos vamos al trabajo? Ya quisiera que estuvieran más grandes para poder llevarlos con nosotros a la labor. Para que trabajaran o que se quedaran quietos en el carro siquiera.

—Pos sí. Pero ¿tú crees? Entre más grandes más inquietos. A mí no me gusta nada dejarlos aquí solos.

—A lo mejor uno de estos sale bueno para el guante y entonces sí nos armamos, vieja. Fíjate nomás lo que ganan los campeones. Miles y miles. A ver si les mando traer un punching bag por catálogo la semana que entra nomás que nos paguen.

—Pos sí, ¿cómo sabe uno, verdad?

—Pos sí. Es lo que digo yo.

A los tres niños los dejaban en casa cuando se iban a trabajar porque al viejo no le gustaba que anduvieran los niños en la labor haciendo travesuras o quitándoles el tiempo a los padres. Habían tratado de llevarlos con ellos y mantenerlos en el carro pero se había puesto muy caliente el día y muy bochornoso y hasta se habían puesto enfermos. Desde entonces decidieron dejarlos en casa mejor, aunque eso sí, todo el día andaban bien preocupados por ellos. En lugar de echar lonche iban a casa a comer a mediodía y así se daban cuenta de que si estaban bien o no. Ese siguiente lunes se levantaron como siempre de madrugadita y se fueron a trabajar. Los niños se quedaron bien dormiditos.

—Te ves muy contento, viejo.

—Ya sabes por qué.

—No, no solamente por eso, te ves más contento que por eso.

—Es que quiero mucho a mis hijos. Como tú. Y venía pensando en cómo a ellos también les gusta jugar con uno.

Como a las diez de la mañana divisaron, desde la labor donde andaban, una humadera que se levantaba en el rancho. Todos pararon de trabajar y se echaron en corrida a sus propios carros. A toda velocidad partieron para el rancho. Cuando llegaron hallaron al gallinero de los García envuelto en llamas. Solamente el más grande se salvó. Los otros quedaron quemaditos.

—Dicen que el más grandecito les hizo que se pusieran los guantes a Juan y a María. Andaban jugando nomás. Pero luego creo que les untó alcohol y quién sabe qué más mugrero en los cuerpecitos para hacerles igual que en la película que habían visto. Y así anduvieron jugando.

—Pero, ¿cómo se quemaron?

—Pues, nada, que el más grandecito, Raulito, se puso al mismo tiempo a guisar unos huevos y de un modo y otro se encendieron los cuerpecitos y pa' qué quiere.

—Les echaría mucho alcohol.

—Ande, usted sabe cómo tiene uno mugrero en la casa y tan reducido que está todo. Creo que les explotó el tanque de querosín de la estufa y pa' qué quiere. Les llenaría a todos de lumbre y claro que también el gallinero.

—Pos sí.

—Y ¿sabe qué?

—¿Qué?

—Que lo único que no se quemó fueron los guantes. Dicen que a la niñita la hallaron toda quemadita con los guantes puestos.

—Pero, ¿por qué no se quemarían los guantes?

—Es que esta gente sabe hacer las cosas muy bien y no les entra ni la lumbre.

—Y los García, ¿cómo siguen?

—Pues ya se les está pasando la tristeza aunque no creo que se les olvide. Dígame usted qué más puede hacer uno. Si no sabe uno cuándo le toca, ni cómo. Pobrecitos. Pero no sabe uno.

—Pos no.

EJERCICIOS

    I. *Complete las oraciones siguientes con las palabras que faltan, de acuerdo con el cuento «Los quemaditos».*

1. _____ era el padre en la familia García.
2. Los niños se llamaban _____.
3. Ellos habían ido al cine a ver _____.
4. _____ tenían guantes de boxear que su papá les había comprado.
5. Para boxear, don Efraín les untó _____.
6. A don Efraín le gustaba el boxeo pero a _____ no le gustaba.
7. Doña Chona temía que Juan echara _____ por la nariz.
8. Cuando los padres iban a _____ no podían llevar a los niños.
9. Don Efraín tenía esperanzas de que los niños llegaran a ser _____.
10. Efraín y Chona nunca _____ en el trabajo, sino que iban a casa a mediodía.
11. Al día siguiente, a las diez de la mañana, ellos vieron desde el trabajo _____.
12. Corrieron al rancho y se encontraron que había un _____.
13. _____, el mayor, fue el único que no murió.
14. El mayorcito había puesto a boxear a _____.
15. Les untó alcohol y después se puso a cocinar _____.
16. El tanque de querosín _____ y por eso se quemó todo.
17. _____ no se quemaron, estaban muy bien hechos.

    II. *Conteste brevemente estas preguntas.*

1. ¿Qué es la palabra *calzoncillos* con respecto a *calzones*?
2. ¿Qué significa la frase «se formaba la llorería por un buen rato»?
3. ¿Son muy viejos Efraín y Chona? ¿Por qué se llaman viejo, vieja uno a otro?

4. ¿Qué significa «aprenden siquiera a defenderse»?
5. ¿De qué verbo se deriva *corretear*?
6. ¿Cuál es la forma «oficial» de *pos*?
7. ¿Cuál es la forma «oficial» de la frase: «Entre más grandes más inquietos»?
8. ¿Qué significa «sale bueno para el guante»?
9. ¿Qué significa «entonces sí nos armamos»?
10. ¿Cuál es la forma normativa de la frase «Fíjate nomás»?
11. ¿Cuál es la forma normativa de la frase «nomás que nos paguen»?
12. ¿Qué sobra en esta frase «así se daban cuenta de que si estaban bien o no»?
13. ¿Qué significa «levantarse de madrugadita»?
14. ¿Qué sentido tiene la palabra «quemaditos» (diminutivo) en este cuento?
15. ¿Qué significa la frase «de un modo y otro se encendieron los cuerpecitos y pa' qué quiere»?

III. *Explique brevemente lo que significa cada frase. Emplee sinónimos en sus explicaciones.*

1. estaban *parados* en la esquina
2. es difícil *pararle* la sangre
3. *pararon* de trabajar a la una
4. el día estaba *bochornoso*
5. no querían *echar lonche* allí
6. se echaron *en corrida*

IV. *Busque un sinónimo para cada palabra.*

1. la labor	4. el rancho	7. partir *(to leave)*	10. la estufa
2. quietos	5. divisar	8. el mugrero	11. la lumbre
3. las travesuras	6. partir *(to break)*	9. guisar	12. entusiasmados
			13. inquietos

V. *Copie cuidadosamente el primer párrafo del cuento, desde «Los García eran cinco . . .» hasta «. . . se formaba la llorería por un buen rato». ¿Cuál de estas oraciones expresa algo que no aparece en el párrafo?*

1. A don Efraín le gustaba el boxeo, a doña Chona no.
2. Esta familia fue al cine un domingo.
3. Los tres niños tenían guantes de boxear nuevos.
4. A Raulito le entusiasmó la película más que a nadie.
5. En la película, los boxeadores se untaban alcohol en el pecho.

VI. *Este cuento alterna el estilo narrativo indirecto (el párrafo que Ud. acaba de copiar) con el estilo directo (el diálogo que sigue). Aquí hemos resumido este diálogo en pocas palabras y en estilo indirecto. Lea este resumen con mucho cuidado. Seguidamente, trate de resumir, de igual modo, el diálogo que aparece al final del cuento y que empieza: —«Pero, ¿cómo se quemaron?»*

Resumen: Doña Chona está opuesta a que los niños jueguen al boxeo. Es hora de dormir y esos juegos nunca terminan bien. Don Efraín opina que los niños deben aprender a defenderse. Además, si llegan a ser campeones algún día, serán ricos. Efraín y Chona también están preocupados, porque los niños se quedan solos en casa cuando ellos van a trabajar.

VII. *Al final de este cuento se nos dice que «lo único que no se quemó fueron los guantes». María estaba quemada con los guantes puestos, intactos. Un vecino dice: «Es que esta gente sabe hacer las cosas muy bien y no les entra ni la lumbre». Explique, en un párrafo de 50 a 75 palabras, el sentido de denuncia social y política que hay en esas frases.*

VIII. *Composiciones.*

1. «Los incendios» (unas 125 a 150 palabras)
   a. ¿Hay muchos incendios en su comunidad?
   b. ¿Son naturales o provocados?
   c. ¿Ha tenido Ud. una experiencia personal con un incendio?
   d. ¿Ha visto Ud. un incendio de cerca?
   e. ¿Qué opina Ud. de los bomberos?
   f. ¿Qué medidas cree Ud. que deben tomarse para evitar los incendios?
2. «Las madres que trabajan» (unas 125 a 175 palabras)
   a. Si es Ud. mujer, ¿tiene Ud. niños y trabaja fuera de su casa? ¿Trabaja su madre fuera del hogar?
   b. Si es Ud. hombre, ¿está casado y su esposa trabaja fuera de la casa? ¿Trabaja su madre fuera de la casa?
   c. ¿Conoce Ud. a alguien que esté en esa situación?
   d. ¿Cree Ud. que las madres deben trabajar fuera del hogar?
   e. Explique las ventajas y desventajas de una madre que está empleada.
   f. Explique, desde su punto de vista, cómo afecta eso a los hijos.
   g. Llegue a algunas conclusiones respecto a la situación de las madres empleadas.

IX. *Dictado (en el manual del profesor).*

La estructura
de la palabra

En la lección 2 se aprendió a dividir las palabras en sílabas. Esa división se basa en la fonética, es decir, en los sonidos que forman una palabra; por lo tanto, la sílaba carece de significado. Sin embargo, hay otra forma de dividir una palabra en partes que sí tienen significado. Observemos estas palabras.

Libro	*Flor*	*Patria*
librero	flores	repatriar
librería	florería	patriota
librito	florecer	patriotismo

La raíz y los afijos

Como se puede comprobar, hay una repetición en cada grupo o familia de palabras: **libr, flor, patri.** A esta parte, que es **la raíz** de la palabra, se le añaden otras partes, **los afijos,** generalmente al final (libr-*ero,* flor-*es*) pero también al principio (*re*-patri-*ar*). La raíz encierra el significado principal de la palabra. Los afijos sólo tienen significado de relación: es decir, cuando se le añaden a una raíz, adquieren un significado que afecta a esa raíz.

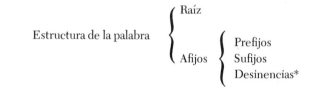

Estructura de la palabra { Raíz / Afijos { Prefijos / Sufijos / Desinencias* }

---

*Se estudiarán en las lecciones sobre los verbos.

Compárese la división en sílabas *(li-bri-to)* con la división en partes con significado *(libr-ito)*. Algunas palabras no pueden dividirse en partes con significado: *libro, flor, sol, patria, chocolate, mercurio, luna,* etc. Son **palabras–raíz** o **palabras simples.***

Los prefijos se colocan delante de la raíz; *in*-útil, *des*-contento. Los sufijos se colocan detrás de la raíz: ador-*able*, sutil-*mente*. Vamos a ver más ejemplos.

Raíz: campo

$\begin{cases} \textit{Sufijos:} \text{ camp} amento \text{ camp} i\tilde{n}a \text{ camp} esino \\ \textit{Prefijos: } a\text{campar } des\text{campado} \end{cases}$

Raíz: pecho

$\begin{cases} \textit{Sufijos:} \text{ pech} uga \text{ pech} era \\ \textit{Prefijos: } des\text{pechado } ante\text{pecho} \end{cases}$

Obsérvese que, generalmente, la palabra-raíz pierde una o varias letras cuando se le añaden sufijos: *campo—campestre.* Sin embargo, *color—colorado, colorcito.*

Los prefijos y sufijos,** al unirse a la raíz, varían su significado, como se mencionó antes.

flor: parte de una planta
flores: más de una flor
florero: recipiente para colocar flores
florería: tienda donde se venden flores
florecer: verbo que indica la aparición de flores en una planta
florecita: flor pequeña
desflorar: literalmente, quitar las flores

Principales sufijos

Es imposible escribir una lista de todos los afijos. Entre los principales sufijos tenemos:

1. los que señalan el plural: libro-*s*, español-*es*
2. los que indican si una palabra es masculina o femenina: niñ-*o*, niñ-*a*
3. los que indican que algo es pequeño (**diminutivos**)***: niñ-*ito* o niñ-*it-o* (en el segundo ejemplo se ha separado el sufijo que indica diminutivo del que indica masculino)
4. los que indican que algo es grande (**aumentativos**): hombr-*ón*, perr-*azo*, muchach-*ota*
5. los que indican desprecio: cas-*ucha*, libr-*aco*

---

*Ver también la lección 8.
**Ver también la lección 24.
***Los diminutivos también indican afecto o cariño: *amorcito, vidita, queridito,* etc.

Como se puede apreciar, el estudio de la estructura de las palabras es muy importante en el desarrollo del vocabulario.

EJERCICIOS

I. *Conteste brevemente estas preguntas.*

1. ¿Cuál es la diferencia entre las sílabas y otras partes de las palabras como la raíz y los afijos?
2. ¿Qué es la raíz de una palabra?
3. ¿En qué se dividen los afijos?
4. ¿Dónde se colocan los prefijos y dónde se colocan los sufijos?
5. ¿Cuáles son cinco de los sufijos más comunes?
6. ¿Cree Ud. que el estudio de la estructura de las palabras es importante? Explique su respuesta.

II. *Divida en sílabas cada palabra; divídala en partes con significado también.*

MODELO: descabezar
           des-ca-be-zar   des-cabez-ar

1. muralla	4. venenoso	7. aceptable	9. impuro
2. sombrilla	5. reaccionar	8. semanal	10. intranquilidad
3. dentista	6. ojeras		

III. *Escriba tres palabras relacionadas con cada una de estas raíces. Al escribirlas, separe la raíz de los prefijos y sufijos.*

MODELO: carne
           carn-icero   carn-icería   carn-es

1. vela	3. niño	5. fruta	7. nube	9. mesa
2. casa	4. caja	6. caballo	8. universo	10. pelo

IV. *Algunas palabras-raíz sufren transformaciones al añadir los prefijos y sufijos. Escriba junto a cada palabra la raíz de que proviene.*

MODELOS: orfelinato *(huérfano)*
              oval *(huevo)*
              ferocidad *(fiera)*

1. mortalidad	4. ceguera	7. febril	9. ventarrón
2. terreno	5. pernil	8. fogonazo	10. dentadura
3. cornada	6. portero		

V. *Escriba una palabra, combinando cada prefijo con la palabra-raíz que aparece al lado y añadiéndole cualquier sufijo que «pegue». Haga los cambios necesarios en la raíz.*

MODELOS: co   labor   *colaboración*
               intra   vena   *intravenosa*

1. in	tránsito	5. intra	músculo	9. multi	millón		
2. ex	patria	6. trans	forma	10. anti	común		
3. re	luz	7. en	rico	11. con	patria		
4. en	tierra	8. uni	forma	12. pre	historia		

Sección de ortografía
Las combinaciones cua, cue, cui, cuo

Como ha yemos visto, las combinaciones *que, qui* se pronuncian con el sonido /k/, sin que suene la *u,* que resulta muda en esos dos casos. Para pronunciar *cue, cui,* tenemos que escribirlas con *c,* para así poder pronunciar también la *u: cuento, acueducto, cuidadoso.*

Ya se sabe que es muy común la confusión con el inglés. Por ejemplo, una palabra como *questionnaire* se escribe en español *cuestionario.* Si la escribiéramos con *q,* entonces la *u* no sonaría; por lo tanto, no diríamos /cuestionario/ sino /kestionario/. Ya sabemos que la letra *q* sólo se usa, repetimos, en las combinaciones *que, qui.* Así, no solamente *cue, cui* se escriben con *c;* también *cua, cuo.*

Ejemplos: acuático, cuota, acuarela, inicuo.

EJERCICIOS

I. *Escuche atentamente la lectura de esta lista de palabras. De acuerdo con la forma en que se pronuncian, vuelva a escribir correctamente las que están mal escritas.*

1. questión	4. izquierdo	7. queso	10. quanto
2. quidar	5. quota	8. enquadrar	11. aquéstate
3. cualquiera	6. quitar	9. cuaderno	12. aquella

II. *Dictado (en el manual del profesor).*

7

La estructura
de la oración simple

Aquí hay varias oraciones que vamos a leer con atención.

Los niños juegan en el patio.
Te llamó Alberto a las siete y media.
Me lo ha contado José.
¿Sintieron ustedes la explosión?

El sujeto y el predicado

Llamamos **oración** a la unidad lingüística que tiene significado completo y que no depende de otra unidad lingüística mayor. En los ejemplos anteriores podemos notar que cada oración trasmite un sentido completo. En cada una de esas oraciones, vamos a señalar las partes que la componen. Podemos aislar, en cada oración, dos partes.

Los niños	juegan en el patio
Alberto	te llamó a las siete y media
José	me lo ha contado
Ustedes	sintieron la explosión

Las palabras que aparecen en la columna de la izquierda constituyen **los sujetos** de esas oraciones; en la columna de la derecha tenemos **los predicados**.

Fíjese que, en las oraciones que están al principio de la lección, el sujeto no aparece siempre en el mismo lugar. Tenemos que analizar cada oración para saber cuál es su sujeto. Repetimos: una oración se compone de un sujeto y de un predicado. El sujeto es la persona, animal, cosa, etc. de quien o de que se dice algo. El predicado es lo que se dice del sujeto.

La oración simple

Todas las oraciones que estudiamos en esta lección son *simples;* eso quiere decir que tienen solamente un verbo. La oración simple puede estar constituida por dos palabras: *Pepito corre.* O hasta por una: *Respiro* (se entiende que significa *yo respiro*). También puede ser muy larga: *Esa niña bella, de pelo y ojos negros, dientes blanquísimos, inteligencia superior y gran simpatía es mi hermanita.* Se trata de una oración simple pues tiene un solo verbo *(es*).* ¿Puede Ud. aislar el sujeto de esa oración? Probablemente ya Ud. sabe que se trata de: *Esa niña bella, de pelo y ojos negros, dientes blanquísimos, inteligencia superior y gran simpatía.*

Oraciones impersonales

Como se ha visto, toda oración está constituida por un sujeto y un predicado. Vamos a leer estas oraciones.

Llegaron cansadísimos de la excursión.
Regreso enseguida.

¿Cuál es el sujeto de cada una? Si las observamos con cuidado, llegaremos a la conclusión de que *ellos* es el sujeto de la primera oración y *yo,* el de la segunda. Se dice que una oración sin sujeto es **impersonal.** Estas oraciones que hemos leído son **aparentemente impersonales.** Veamos ahora estas oraciones.

Llueve mucho en Londres.
Hoy hace calor.
En febrero nieva, generalmente.

¿Cuál es el sujeto de cada una? Estas oraciones son impersonales: no tienen sujeto. Las oraciones que se refieren a fenómenos de la naturaleza son impersonales. Si uno se pregunta: ¿quién o qué llueve (hace calor, nieva)?, no puede hallar la respuesta.

Las oraciones según su sentido

Para terminar, vamos a referirnos nuevamente a la definición de *oración*. Habíamos visto que una oración es la unidad lingüística que trasmite un sentido completo. Según la clase de sentido que trasmiten, las oraciones pueden ser:

1. **Afirmativas** (afirman).
   Estudiamos español. Ellos almuerzan en la cafetería. Hoy es jueves. Iré a Bolivia en el otoño.

---

*Ver más sobre los verbos en la lección 9.

2. **Negativas** (niegan). (Siempre llevan las palabras *no, nada, jamás, nunca, nadie, ninguno, tampoco,* etc.)
   Nunca visita a su familia. No quiero ir al museo ahora. Jamás he estado en Chile. Nadie te llamó por teléfono. Él no lo sabe tampoco.

3. **Exclamativas** (van entre signos de admiración o exclamación en la escritura).
   ¡Qué bonita es María Luisa! ¡Cuánto trabajo tenemos que hacer! ¡Qué fresco hace en las montañas!

4. **Interrogativas** (preguntan, de forma directa o indirecta; las interrogativas directas van entre signos de interrogación).
   ¿Preparaste los ejercicios para hoy? ¿Cuánto cuesta ese sombrero? Me pregunto si vendrá a mi fiesta. Pienso en cómo salir de este apuro.

5. **Imperativas** (expresan mandatos, órdenes).
   Por favor, llámame a las cinco. Lávate las manos, Hilda. Vengan aquí, niños. Siéntate.
   (Estas oraciones también se pueden escribir entre signos de admiración).

6. **Desiderativas** (expresan deseo y generalmente llevan la palabra *ojalá* o el verbo *desear*).
   Ojalá que Ricardo encuentre su dinero. Deseo que te mejores.

7. **Dubitativas** [expresan duda y generalmente llevan las palabras *tal vez* o *quizá(s)*].
   Tal vez estudie para ingeniero. Quizá llueva esta noche.

Es posible comunicar dos y hasta más sentidos en una misma oración.

> **Ejemplos:** ¿No te da vergüenza? (negativa e interrogativa a la vez) ¡No sabía la noticia! (negativa y exclamativa a la vez) Por favor, no llegues tarde. (negativa e imperativa a la vez) ¡Niño, no hables tanto! (negativa, imperativa y exclamativa a la vez)

EJERCICIOS _____

I. *Conteste brevemente las preguntas a continuación.*

1. ¿Cuál es la definición de oración?
2. ¿Cuáles son las dos partes en que se divide una oración?
3. ¿Cuál es la definición de sujeto?
4. ¿Cuál es la definición de predicado?
5. ¿Qué quiere decir que una oración es simple?
6. ¿Qué quiere decir la frase *oración impersonal*?
7. ¿Por qué esta oración: *Recibí el cheque a tiempo* no es impersonal?

8. ¿Qué oraciones son siempre impersonales?
9. ¿Qué palabras se encuentran siempre en una oración negativa?
10. ¿Llevan signos de interrogación todas las oraciones interrogativas?
11. ¿Qué signos llevan las oraciones exclamativas?
12. ¿Qué expresan las oraciones imperativas?
13. ¿Qué expresan las oraciones desiderativas y qué expresan las dubitativas?
14. ¿Es posible que una oración sea interrogativa y negativa a la vez? Explique su respuesta con un ejemplo original.
15. ¿Es posible que una oración sea negativa, imperativa y exclamativa a la vez? Explique su respuesta con un ejemplo original.

II. *Haga una lista de los sujetos y otra de los predicados de las oraciones que aparecen a continuación.*

1. No me traigas pan del mercado.
2. Los pobres acróbatas estaban asustados.
3. Se levantó el abuelito de su silla.
4. El avión de los pilotos argentinos aterrizó sin problema alguno.
5. Allí nacieron mis padres.
6. Acuérdese de escribirle a doña Paca.
7. La mesa del salón elegante es de caoba.
8. Todos los estudiantes de la clase protestaron.
9. El florero de porcelana azul se rompió en mil pedazos.
10. Ve a la tienda, por favor.

III. *De estas oraciones, diga cuáles son aparentemente impersonales y cuáles son impersonales. De las que son aparentemente impersonales, diga cuál es su sujeto probable.*

1. Lo lavaré mañana.
2. Hay luna llena esta noche.
3. Cenaremos tarde, a las nueve y cuarto.
4. ¿Nevará mucho este invierno?
5. ¡Ven inmediatamente!
6. No sabe leer todavía.
7. Dice que no.
8. Me preguntaron por ti.
9. Está lloviendo a cántaros.
10. Hace un sol radiante.

IV. *Clasifique estas oraciones en los siguientes tipos: afirmativa, negativa, exclamativa, interrogativa, imperativa, desiderativa y dubitativa.*

1. Esta lección es un poco difícil.
2. Vendrá, quizás, el lunes.
3. Quiero saber cómo saliste en el examen.

4. ¡Ay, qué pena me causa tu accidente!
5. Jamás he visto una cosa semejante.
6. Ojalá que traigan el dinero.
7. Sírvase enviarme el libro por correo aéreo.
8. Siempre pienso en ti.
9. ¿Por qué has hecho eso?
10. Deseamos que te recuperes pronto.

V. *Escriba una oración original de cada uno de estos tipos: afirmativa, negativa, exclamativa, interrogativa, imperativa, desiderativa y dubitativa.*

Sección de ortografía
La confusión entre del y de él

La palabra **del** es una combinación o contracción de otras dos palabras: **de + el.** Ya se sabe que *él* (*he*) con tilde diacrítica* no significa lo mismo que *el* (*the*). Cuando *él* va precedido de la palabra *de*, nunca se forma una contracción.

Ejemplos: Recibí una carta *del* maestro. Venimos *del* museo de pintura.
Esa es la tía *de él*. El problema *de él* es muy serio.

EJERCICIOS

I. *En cada espacio en blanco, escriba **del** o **de él**, según sea correcto.*

1. Este es el hermano _____.
2. El cuaderno _____ muchacho es azul.
3. La prima _____ llegó anoche de San Diego.
4. Esa no es mi profesora sino la _____.
5. La esposa _____ alcalde es simpática.
6. Debo hablar con el maestro _____, no con el de ella.
7. _____ es una contracción de otras dos palabras: de y el.
8. Es culpa_____, por ser tan hablador.

II. *Lea estas oraciones y en cada una de las parejas (**del**/**de él**) tache la forma incorrecta y subraye la correcta.*

1. Esto no es asunto mío sino *del/de él*.
2. Los exámenes *del/de él* Prof. Gómez son difíciles.
3. Salimos *del/de él* gimnasio con mucha sed.
4. Aquí está la composición *del/de él*, Sr. Pérez.

*Ver la lección 10, la sección sobre la tilde diacrítica.

5. Encontré los papeles *del/de él* Sr. Pérez.
6. El padre *del/de él* es médico psiquiatra.
7. Encontramos el caballo *del/de él* en el establo.
8. Los tíos *del/de él* joven viven en San Antonio.

III. *Dictado (en el manual del profesor).*

Una caja de plomo que no se podía abrir

José Luis González

Esto sucedió hace dos años, cuando llegaron los restos de Moncho Ramírez, que murió en Corea. Bueno, eso de «los restos de Moncho Ramírez» es un decir, porque la verdad es que nadie llegó a saber nunca lo que había dentro de aquella caja de plomo que no se podía abrir. De plomo, sí señor, y que no se podía abrir; y eso fue lo que puso como loca a doña Milla, la mamá de Moncho, porque lo que ella quería era ver a su hijo antes de que lo enterraran. Pero más vale que yo empiece a contar esto desde el principio.

Seis meses después que se llevaron a Moncho Ramírez a Corea, doña Milla, recibió una carta del gobierno que decía que Moncho estaba en la lista de los desaparecidos en combate. La carta se la dio doña Milla a un vecino para que se la leyera porque venía de los Estados Unidos y estaba en inglés. Cuando doña Milla se enteró de lo que decía la carta se encerró en sus dos piezas y se pasó tres días llorando. No les abrió la puerta ni a las vecinas que fueron a llevarle guarapillos.

En el ranchón se habló muchísimo de la desaparición de Moncho Ramírez. Al principio algunos opinamos que Moncho seguramente se había perdido en algún monte y que ya aparecería cualquier día. Otros dijeron que a lo mejor los coreanos lo habían hecho prisionero y después de la guerra lo devolverían. Por las noches, después de comer, los hombres nos reuníamos en el patio del ranchón y nos poníamos a discutir sobre esas dos posibilidades, y así vinimos a llamarnos «los perdidos» y «los prisioneros», según lo que pensáramos que le había sucedido a Moncho Ramírez. Ahora que ya todo eso es un recuerdo, yo me pregunto cuántos de nosotros pensábamos, sin decirlo, que Moncho no estaba perdido en ningún monte ni era prisionero de los coreanos, sino que estaba muerto. Yo pensaba eso muchas veces pero nunca lo decía, y ahora me parece que a todos les pasaba igual. Porque no está bien eso de ponerse a dar por muerto a nadie— y menos a un buen amigo como era Moncho Ramírez, que había nacido en el ranchón— antes de saberlo uno con seguridad. Y, además, ¿cómo íbamos a discutir por las noches en el patio del ranchón si no había dos opiniones diferentes?

Dos meses después de la primera carta, llegó otra. Esta segunda carta, que le leyó a doña Milla el mismo vecino porque estaba en inglés igual que la primera, decía que Moncho Ramírez había aparecido. O, mejor dicho, lo que quedaba de Moncho Ramírez. Nosotros nos enteramos de eso por los gritos que empezó a dar doña Milla tan pronto supo lo que decía la carta. Aquella tarde todo el ranchón se vació en las dos piezas de doña Milla. Yo no sé cómo cabíamos allí pero allí estábamos toditos, y éramos unos cuantos como quien dice. A doña Milla tuvieron que acostarla las mujeres cuando todavía no era de noche porque de tanto gritar, mirando el retrato de Moncho en uniforme militar entre una bandera americana y un águila con un mazo de flechas entre las garras, se había puesto como tonta. Los hombres nos fuimos saliendo al patio poco a poco, pero aquella noche no hubo discusión porque ya todos sabíamos que Moncho estaba muerto y era imposible ponerse a imaginar.

Tres meses después llegó la caja de plomo que no se podía abrir. La trajeron una tarde, sin avisar, en un camión del Ejército, cuatro soldados de la Policía Militar armados de rifles y con guantes blancos. A los cuatro soldados los mandaba un teniente, que no traía rifle pero sí una cuarenticinco en la cintura. Ese fue el primero en bajar del camión. Se paró en el medio de la calle, con los puños en las caderas y las piernas abiertas y miró la fachada del ranchón como mira un hombre a otro cuando va a pedirle cuentas por alguna ofensa. Después volteó la cabeza y dijo a los que estaban en el camión: —Sí, aquí es. Bájense.— Los cuatro soldados se apearon, dos de ellos cargando la caja, que no era del tamaño de un ataúd sino más pequeña y estaba cubierta con una bandera americana.

El teniente tuvo que preguntar a un grupo de vecinos en la acera cuál era la pieza de la viuda de Ramírez (ustedes saben cómo son estos ranchones de Puerta de Tierra: quince o veinte puertas, cada una de las cuales da a una vivienda, y la mayoría de las puertas sin número ni nada que indique quién vive allí). Los vecinos no sólo le informaron al teniente que la puerta de doña Milla era la cuarta a mano izquierda entrando, sino que siguieron a los cinco militares dentro del ranchón sin despegar los ojos de la caja cubierta con la bandera americana. El teniente, visiblemente molesto por el acompañamiento, tocó a la puerta con la mano enguantada de blanco. Abrió doña Milla y el oficial le preguntó:

—¿La señora Emilia viuda de Ramírez?

Doña Milla no contestó en seguida. Miró sucesivamente al teniente, a los cuatro soldados, a los vecinos, a la caja.

—¿Ah?— dijo como si no hubiera oído la pregunta del oficial.

—Señora, ¿usted es doña Emilia viuda de Ramírez?

Doña Milla volvió a mirar la caja cubierta con la bandera. Levantó una mano, señaló, preguntó con la voz delgadita:

—¿Qué es eso?

El teniente repitió, con un dejo de impaciencia:

—Señora, ¿usted es . . .

—¿Qué es eso, ah?— preguntó otra vez doña Milla, en ese trémulo tono de voz con que una mujer se anticipa siempre a la confirmación de una desgracia.

—¡Dígame! ¿Qué es eso?

El teniente volteó la cabeza, miró a los vecinos. Leyó en los ojos de todos la misma interrogación. Se volvió nuevamente hacia la mujer; carraspeó; dijo al fin:

—Señora . . . El Ejército de los Estados Unidos . . .

Se interrumpió, como quien olvida de repente algo que está acostumbrado a decir de memoria.

—Señora . . .— recomenzó. —Su hijo, el cabo Ramón Ramírez . . .

Después de esas palabras dijo otras, que nadie llegó a escuchar porque ya doña Milla se había puesto a dar gritos, unos gritos tremendos que parecían desgarrarle la garganta.

Lo que sucedió inmediatamente después resultó demasiado confuso para que yo, que estaba en el grupo de vecinos detrás de los militares, pueda recordarlo bien. Alguien empujó con fuerza y en unos instantes todos nos encontramos dentro de la pieza de doña Milla. Una mujer pidió agua de azahar a voces, mientras trataba de impedir que doña Milla se clavara las uñas en el rostro. El teniente empezó a decir: —¡Calma! ¡Calma!— pero nadie le hizo caso. Más y más vecinos fueron llegando, convocados por el tumulto, hasta que resultó imposible dar un paso dentro de la pieza. Al fin varias mujeres lograron llevarse a doña Milla a la otra habitación. La hicieron tomar el agua de azahar y la acostaron en la cama. En la primera pieza quedamos sólo los hombres. El teniente se dirigió entonces a nosotros con una sonrisa forzada:

—Bueno, muchachos . . . Ustedes eran amigos del cabo Ramírez, ¿verdad?

Nadie contestó. El teniente añadió:

—Bueno, muchachos . . . En lo que las mujeres se calman, ustedes pueden ayudarme, ¿no? Pónganme aquella mesita en el medio de la pieza. Vamos a colocar la caja ahí para hacerle la guardia.

Uno de nosotros habló entonces por primera vez. Fue el viejo Sotero Valle, que había sido compañero de trabajo en los muelles del difunto Artemio Ramírez, esposo de doña Milla. Señaló la caja cubierta con la bandera americana y empezó a interrogar al teniente:

—¿Ahí . . . ahí . . .?

—Sí, señor— dijo el teniente, —esa caja contiene los restos del cabo Ramírez. ¿Usted conocía al cabo Ramírez?

—Era mi ahijado— contestó Sotero Valle, muy quedo, como si temiera no llegar a concluir la frase.

—El cabo Ramírez murió en el cumplimiento de su deber—dijo el teniente, y ya nadie volvió a hablar.

Eso fue como a las cinco de la tarde. Por la noche no cabía la gente en la pieza: habían llegado vecinos de todo el barrio, que llenaban el patio y llegaban hasta la acera. Adentro tomábamos el café que colaba de hora en hora una vecina. De otras piezas se habían traído varias sillas, pero los más de los presentes estábamos de pie; así ocupábamos menos espacio. Las mujeres seguían encerradas con doña Milla en la otra habitación. Una de ellas salía de vez en cuando a buscar cualquier cosa —agua, alcoholado, café— y aprovechaba para informarnos:

—Ya está bastante calmada. Yo creo que de aquí a un rato podrá salir.

Los cuatro soldados montaban guardia, rifle al hombro, dos a cada lado de la mesita sobre la que descansaba la caja cubierta con la bandera. El teniente se había apostado al pie de la mesita, de espaldas a ésta y a sus cuatro hombres, las piernas un poco separadas y las manos a la espalda. Al principio, cuando se coló el primer café, alguien le ofreció una taza, pero él no la aceptó. Dijo que no se podía interrumpir la guardia.

El viejo Sotero tampoco quiso tomar café. Se había sentado desde un principio frente a la mesita y no le había dirigido la palabra a nadie durante todo ese tiempo. Y durante todo ese tiempo no había despegado la mirada de la caja. Era una mirada rara la del viejo Sotero: parecía que miraba sin ver. De repente (en los momentos en que servían café por cuarta vez) se levantó de la silla y se le paró por delante al teniente.

—Oiga— le dijo, sin mirarlo, fijos siempre los ojos en la caja. —¿Dice usté que en esa caja está mi ahijado Ramón Ramírez?

—Sí, señor— contestó el oficial.

—Pero . . . pero, ¿en esa caja tan chiquita?

El teniente explicó entonces, con alguna dificultad:

—Bueno . . . mire. . . es que ahí sólo están los restos del cabo Ramírez.

—¿Quiere decir que . . . que lo único que encontraron . . .

—Solamente los restos, sí señor. Seguramente ya había muerto hacía bastante tiempo. Así sucede en la guerra, ¿ve?

El viejo no dijo nada más. Todavía de pie, miró la caja un rato; después volvió a su silla.

Unos minutos más tarde se abrió la puerta de la otra habitación y doña Milla salió apoyada en los brazos de dos vecinas. Estaba pálida y despeinada, pero su semblante reflejaba una gran serenidad. Caminó lentamente, siempre apoyada en las otras dos mujeres, hasta llegar frente al teniente. Le dijo:

—Señor . . . tenga la bondad . . . díganos cómo se abre la caja.

El teniente la miró un poco sorprendido.

—Señora, la caja no se puede abrir. Está sellada.

Doña Milla pareció no comprender de momento. Agrandó los ojos y los fijó largamente en los del oficial, hasta que éste se sintió obligado a repetir:

—La caja está sellada, señora. No se puede abrir.

La mujer movió de un lado a otro, lentamente, la cabeza:

—Pero yo quiero ver a mi hijo. Yo quiero ver a mi hijo, ¿usted me entiende? Yo no puedo dejar que lo entierren sin verlo por última vez.

El teniente nos miró entonces a nosotros; era evidente que su mirada solicitaba comprensión, pero nadie dijo una palabra. Doña Milla dio un paso hacia la caja, retiró con delicadeza una punta de la bandera, tocó levemente.

—Señor— le dijo al oficial, sin mirarlo, —esta caja no es de madera. ¿De qué es esta caja, señor?

—Es de plomo, señora. Las hacen así para que resistan mejor el viaje por mar desde Corea.

—¿De plomo?— murmuró doña Milla sin apartar la mirada de la caja. —¿Y no se puede abrir?

El teniente, mirándonos nuevamente a nosotros, repitió:

—Las hacen así para que resistan mejor el via . . .

Pero no puedo terminar; no lo dejaron terminar los gritos terribles de doña Milla, unos gritos que a mí me hicieron sentir como si repentinamente me hubieran golpeado en la boca del estómago:

—¡MONCHO! ¡MONCHO, HIJO MÍO, NADIE VA A ENTERRARTE SIN QUE YO TE VEA! ¡NADIE, HIJO MÍO, NADIE . . .!

Otra vez se me hace difícil contar con exactitud: los gritos de doña Milla produjeron una gran confusión. Las dos mujeres que la sostenían por los brazos trataron de alejarla de la caja, pero ella frustró el intento aflojando el cuerpo y dejándose ir hacia el suelo. Entonces intervinieron varios hombres. Yo no: yo todavía experimentaba aquella sensación en la boca del estómago. El viejo Sotero fue uno de los que acudieron junto a doña Emilia, y yo me senté en su silla. No, no me da vergüenza decirlo: o me sentaba o tenía que salir de la pieza. Yo no sé si a alguno de ustedes le ha sucedido eso alguna vez. Y eso no es miedo, porque ningún peligro me amenazaba en aquel momento. Pero yo sentía el estómago apretado y duro como un puño, y las piernas como si súbitamente se me hubiesen vuelto de trapo. Si a alguno de ustedes le ha sucedido eso alguna vez, sabrá lo que quiero decir. Si no . . . bueno, si no, ojalá que no le suceda nunca. O por lo menos que le suceda donde la gente no se dé cuenta.

Yo me senté. Me senté y, en medio de la terrible confusión que me rodeaba, me puse a pensar en Moncho como nunca en mi vida había pensado en él. Doña

Milla gritaba hasta enronquecer mientras la iban arrastrando lentamente hacia la otra habitación, y yo pensaba en Moncho, en Moncho que nació en aquel mismo ranchón donde también nací yo, en Moncho que fue el único que no lloró cuando nos llevaron a la escuela por primera vez, en Moncho que nadaba más lejos que nadie cuando íbamos a la playa detrás del Capitolio, en Moncho que había sido siempre cuarto bate cuando jugábamos pelota en Isla Grande, antes de que hicieran allí la base aérea . . . Doña Milla seguía gritando que a su hijo no iba a enterrarlo nadie sin que ella lo viera por última vez. Pero la caja era de plomo y no se podía abrir.

Al otro día enterramos a Moncho Ramírez. Un destacamento de soldados hizo una descarga cuando los restos de Moncho —o lo que hubiera dentro de aquella caja— descendieron al húmedo y hondo agujero de su tumba. Doña Milla asistió a toda la ceremonia de rodillas sobre la tierra.

. . . . . .

De todo eso hace dos años. A mí no se me había ocurrido contarlo hasta ahora. Es bien probable que alguien se pregunte por qué. Yo diré que esta mañana vino el cartero al ranchón. No tuve que pedirle ayuda a nadie para leer lo que me trajo, porque sé mi poco de inglés. Era el aviso de reclutamiento militar.

EJERCICIOS

   I. *Complete las oraciones siguientes con las palabras que faltan, de acuerdo con el cuento «Una caja de plomo que no se podía abrir».*

1. Los restos de Moncho Ramírez llegaron en una _____.
2. Su madre se llamaba _____.
3. Moncho _____ en la guerra de Corea.
4. Moncho pasó _____ en Corea.
5. Las cartas que su madre recibió estaban escritas _____.
6. La primera carta decía que Moncho _____.
7. Los vecinos del ranchón pensaban que Moncho se había perdido o que era _____ de los coreanos.
8. La segunda carta decía que Moncho _____.
9. Doña Milla tenía _____ de Moncho en uniforme militar.
10. A los tres meses de la segunda carta llegó _____.
11. Llegaron cinco militares con la caja: cuatro _____ y un _____.
12. La caja no era de tamaño normal, era _____.
13. El esposo de doña Milla estaba _____.
14. El verdadero nombre de Milla era _____.
15. El grado militar de Moncho era _____.
16. Doña Milla daba _____ porque estaba muy nerviosa.
17. La casa de doña Milla se llenó de _____.

18. Las mujeres se la llevaron para _____ .
19. El padrino de Moncho se llamaba _____ .
20. Todos empezaron a tomar _____ mientras velaban los restos de Moncho.
21. El viejo Sotero estaba muy _____ de que la caja fuera tan pequeña.
22. Finalmente, doña Milla salió y le pidió al teniente que _____ .
23. Esto era imposible porque la caja _____ .
24. Doña Milla tuvo un segundo _____ .
25. El narrador del cuento se sintió _____ .
26. Él recordaba los tiempos en que Moncho y él _____ .
27. Al día siguiente _____ a Moncho Ramírez.
28. Dos años después, el narrador del cuento recibió _____ .

II. *Conteste brevemente estas preguntas.*

1. ¿Cuál es la diferencia entre *aviso* y *noticia*?
2. ¿Cómo se traduce *to advise* al español?
3. ¿Cómo se traduce *advisor*?
4. ¿Cómo se traduce *to notice*?
5. ¿Cuál es la diferencia entre *sostener, mantener* y *soportar*? ¿Cómo se traducen esos verbos al inglés?
6. Traduzca estas oraciones: *She has to support her family. I can't stand that girl.*
7. ¿Qué es *ranchón* con respecto a *rancho*?
8. Traduzca esta oración al español: *I put a notice on the wall, with the news about the party.*

III. *Dé un sinónimo para cada palabra o frase de esta lista.*

1. suceder
2. los restos
3. el combate
4. enterarse
5. a lo mejor
6. tonta
7. la caja de muertos
8. bajar
9. pararse
10. voltear
11. indicar
12. un dejo
13. trémulo
14. recordar
15. a voces
16. convocados
17. el tumulto
18. el difunto
19. dijo muy quedo
20. concluir
21. el barrio
22. calmada
23. volver
24. lentamente
25. un agujero

IV. *Lea cuidadosamente el párrafo que empieza: «En el ranchón se habló muchísimo . . .» hasta «. . . si no había dos opiniones diferentes?» Todas las oraciones que aparecen a continuación son falsas, menos una. Señale cuál es verdadera.*

1. Los hombres se dividieron en dos grupos: «los perdidos» y «los prisioneros».
2. La opinión de todos era que Moncho estaba en una prisión coreana.
3. Moncho había ido a vivir al ranchón cuando tenía un año de edad.
4. La realidad era que Moncho estaba en los montes, escondido.
5. Moncho era hermano del narrador.

V. *Lea cuidadosamente los dos párrafos que siguen al anterior, desde «Dos meses después de la primera carta . . .» hasta «. . . y estaba cubierta con una bandera americana». A continuación, hay diez oraciones relacionadas con esos dos párrafos. Escriba una **V** junto a las verdaderas y una **F** junto a las falsas.*

1. La segunda carta estaba escrita en español, igual que la primera.
2. La primera carta decía que Moncho estaba desaparecido.
3. La casa de doña Milla tenía dos cuartos.
4. La fotografía de Moncho era de su niñez.
5. Muchas personas fueron a darle el pésame a doña Milla.
6. Los restos de Moncho llegaron a la semana siguiente.
7. El teniente no tenía ningún arma de fuego.
8. Los militares llegaron en un camión.
9. El teniente iba cargando el ataúd de Moncho.
10. Había una bandera de Puerto Rico sobre la caja de plomo.

VI. *Conteste cada pregunta con un párrafo de unas 50 palabras.*

1. Explique en qué detalles se nota el sentimiento anti-militar de este cuento.
2. Póngase en la situación de doña Milla y exprese qué ideas pasan por su mente ante la desaparición de su hijo y la caja de plomo.

VII. *El narrador del cuento reproduce un diálogo entre doña Milla y el teniente cuando éste llega al ranchón con los restos de Moncho. Aquí aparece resumido en estilo indirecto:*

«El teniente tocó la puerta y doña Milla abrió; se quedó espantada al ver aquella caja tan pequeña. Ella no podía creer que allí estuvieran los restos de su hijo. Los vecinos observaban la escena. El teniente trató de explicarle pero fue inútil porque doña Milla tuvo un ataque de nervios y empezó a gritar, sin escucharlo».

Lea con cuidado el diálogo entre el teniente y Sotero Valle y resúmalo en unas cincuenta palabras.

VIII. *Composiciones.*

1. *La guerra de Vietnam* (unas 125 a 150 palabras)
   a. ¿Conoce Ud. a alguien que haya tomado parte en la guerra de Vietnam?
   b. ¿Qué impacto tuvo la guerra en esa persona?
   c. ¿Cuál es la opinión de Ud. sobre esa guerra?
   d. ¿Qué cree Ud. del reclutamiento militar obligatorio?
   e. ¿Tiene Ud. alguna solución para evitar las guerras?
2. *La muerte de un ser querido* (unas 150 a 175 palabras).
   a. ¿Ha perdido Ud. a algún ser querido, pariente o amigo?
   b. ¿De qué murió esa persona?

  c. ¿Qué efecto tuvo esa muerte en Ud.?
  d. ¿Piensa Ud. en la muerte? ¿Siente miedo?
  e. ¿Cree Ud. en otro tipo de existencia después de la muerte?
  f. ¿Puede Ud. resumir, en pocas palabras, sus ideas sobre la muerte?

IX. *Dictado (en el manual del profesor).*

El nombre. Palabras simples, derivadas, compuestas y parasintéticas. La acentuación de las palabras compuestas

Vamos a observar estas oraciones.

La *clase* empieza puntualmente y los *alumnos* entran y se sientan en sus *pupitres*.

Los *chamacos* se despertaron temprano y se lavaron la *cara*.

María estudia *arquitectura* y su *amiga* quiere ser *enfermera*.

La *belleza* es relativa, dijo el *filósofo*.

Todas las palabras que aparecen señaladas en las oraciones son **nombres.** Los nombres forman una clase de palabras. En español hay ocho clases de palabras: *nombre, determinante, pronombre, adjetivo, verbo, adverbio, preposición y conjunción.*

Clases de nombres

El nombre es la palabra que usamos para identificar objetos (personas, animales, cosas, etc.): *Emilio, padrino, hermana, burro, gallina, Leal* (como nombre de un perro), *agua, calor, escuela,* etc. Los nombres se dividen, según sus características, en: comunes y propios, animados y no animados, concretos y abstractos.

Los **nombres comunes** son todos los que se escriben con letra minúscula y los **nombres propios,** todos los que llevan letra mayúscula.

Comunes: vaso, hombre, ratón, colegio, niño, abogado, caballo, ciudad

Propios: Eduardo, Elvira, Venezuela, Guadalajara, Muñoz, Río Grande, Madrid

Como se puede observar, los nombres comunes identifican a todos los seres de una misma especie, mientras que los propios se refieren a seres determinados, para destacarlos entre los demás de su misma clase.

Los **nombres animados** son todos los que identifican a personas y animales; los **nombres no animados** identifican plantas y cosas.

Animados: muchacha, profesor, estudiante, vaca, serpiente, obrero, hormiga, Ricardo, Sonia

No animados: palma, televisor, cuchara, vestido, flor, pueblo, luz, risa

Los **nombres concretos** se refieren a todo lo que podemos captar por los sentidos (la vista, el oído, etc.), y los **nombres abstractos** sirven para identificar conceptos inmateriales.

Concretos: carta, perfume, estrella, médico, ruido, aroma, persona, música

Abstractos: amor, libertad, justicia, edad, pobreza, gordura, lealtad, honor

Se pueden hacer más subdivisiones de los nombres: contables, no contables, etc. Por ahora vamos a ocuparnos solamente de éstas.

Palabras simples, derivadas, compuestas y parasintéticas

En la lección 6 se había iniciado el estudio de las *familias de palabras* o *familias léxicas* y vamos a continuarlo aquí. Habíamos visto cómo se podían añadir afijos a una raíz y formar así nuevas palabras.

Ejemplo: cana: *canoso, encanecer, canita, canas, encanecida*

Decimos que *cana* es una palabra *simple* y las otras son palabras *derivadas.* Se llama palabra simple a la que no puede dividirse en partes con significado; se llama palabra derivada a la que tiene una raíz y afijos. En el caso de *cana,* no podemos dividirla en partes con significado; así, sabemos que es simple. Sin embargo, podemos dividir las otras: can-oso, en-can-ecer (también en-can-ec-er), can-ita, etc.

Para facilitar el aprendizaje, vamos a aceptar también como palabras simples aquéllas que pueden tener cambio de masculino a femenino, por ejemplo, *perro y perra,* y considerar como derivados *perrera, perrería, emperrar, perrazo, perrita, perros,* etc.

Observemos ahora estas oraciones.

Ese pianista es malísimo, es un verdadero *rompeteclas*.*
En la sala de mi casa tenemos un *sofá-cama*.
Mis padres nacieron en *Costa Rica*.
El *parabrisas* de mi automóvil está roto.
Ayer celebré mi *cumpleaños* con una fiesta.
Tráeme el *sacacorchos* para abrir la botella.

Las palabras señaladas se llaman *compuestas*. Una palabra compuesta está formada de dos o más palabras simples; una de esas palabras puede ser una forma verbal. Las palabras compuestas pueden escribirse: a. en un solo vocablo (*rompeteclas*), b. separadas con un guión (*sofá-cama*) o c. separadas sin guión (*Costa Rica*).

Vamos a leer estas oraciones.

Mi tío es *puertorriqueño* y está casado con una *norteamericana*.
Hay muchos *suramericanos* en la ciudad de Miami.
Él estudia para *radiotelegrafista*.

Las palabras señaladas se llaman *parasintéticas*. Una palabra parasintética está formada de dos o más palabras, simples y derivadas: es compuesta y derivada a la vez. De la compuesta *Costa Rica*, se forma la parasintética *costarricense*. Al separarse el Vietnam, por razones políticas, en dos países diferentes, aparecieron los nombres compuestos *Vietnam del Norte* y *Vietnam del Sur* y de ahí salieron las parasintéticas *norvietnamita* y *survietnamita* (o *sudvietnamita*).

Las palabras derivadas, compuestas y parasintéticas enriquecen la lengua.

La acentuación de las palabras compuestas

Estudie las siguientes reglas.

1. Si la palabra se escribe en dos vocablos sueltos (*América Central*) o en dos vocablos separados por un guión (*décimo-cuarto*), cada uno se acentúa según las reglas generales ya estudiadas.

2. Si la palabra compuesta se escribe en un solo vocablo y ambas partes llevan tilde, la primera palabra simple pierde su tilde y sólo la segunda la conserva (*fisicoquímico*). Pero: *físico químico*, *físico-químico*, porque van separadas.

3. Por otra parte, una palabra compuesta que se escribe en un solo vocablo, como *veintitrés*, sigue las reglas generales de acentuación. *Tres*, por ser

---

*Aunque muchas palabras compuestas terminan en *s*, pueden referirse a un solo ser u objeto (*un* ciempiés); por lo tanto, esas palabras no son parasintéticas (ver la definición de palabras parasintéticas arriba).

monosílabo, no se acentúa (veinte y tres); pero la palabra *veintitrés* es aguda terminada en *s*, por lo tanto tiene que acentuarse.

EJERCICIOS _____

I. *Conteste brevemente las preguntas siguientes.*

1. ¿Cuántas y cuáles son las clases de palabras en español?
2. ¿Cuál es la definición de nombre?
3. Según sus características, ¿cómo se dividen los nombres?
4. ¿Cuál es la definición de nombres comunes y de nombres propios? Dé dos ejemplos de cada clase.
5. ¿Cuál es la definición de nombres animados y de nombres no animados? Dé dos ejemplos de cada clase.
6. ¿Cuál es la definición de nombres concretos y de nombres abstractos? Dé dos ejemplos de cada clase.
7. ¿Cuál es la diferencia entre una palabra simple y una palabra derivada? Dé dos ejemplos de cada una.
8. ¿De qué está formada una palabra compuesta?
9. ¿De qué está formada una palabra parasintética?
10. ¿Cómo se acentúan las palabras *fisico-matematico* y *veintiseis*? Explique su respuesta.

II. *En este párrafo hay veinte nombres.*

La juventud es la esperanza del futuro; por eso los jóvenes deben prepararse bien. Rita y Jorge comprenden esto; asisten a la universidad en Caracas y muestran entusiasmo y alegría. El recinto universitario es muy hermoso. Hay árboles y flores. En la biblioteca, hay muchos libros que los estudiantes leen. Ellos también pueden divertirse y bailar en la discoteca junto a la cafetería. Allí se oye el sonido de las voces de los que hablan juntos.

Escriba a continuación los veinte nombres en su cuaderno y clasifíquelos, según sean comunes o propios, animados o no animados, concretos o abstractos.

MODELOS: gato *común, animado, concreto*
felicidad *común, no animado, abstracto*

III. *Escriba cinco nombres de cada subclase: comunes, propios, animados, no animados, concretos, abstractos. Procure no usar los mismos que copió en el ejercicio anterior. De cada una de esas seis subclases, escoja uno de los nombres que escribió y redacte una oración completa con cada uno.*

MODELO: nombre abstracto: *tristeza*
oración:
Me causa tristeza la muerte del campesino.

IV. *Redacte un párrafo de unas 75 palabras sobre la situación de los inmigrantes ilegales en Estados Unidos. Subraye todos los nombres que emplee. Trate de usar nombres de las seis subclases que hemos estudiado. Clasifique esos nombres según las instrucciones del ejercicio III.*

V. *Escriba 4 palabras derivadas de cada una de estas palabras simples.*

1. puerta   2. rosa   3. cuchara   4. color   5. amor

VI. *Diga cuál es la palabra simple de la que proviene cada una de estas palabras derivadas.*

1. engomado   5. celestial   8. diplomático
2. estomacal   6. empapeladas   9. irradiar
3. desencantar   7. virginal   10. ternura
4. fontanero

VII. *Clasifique cada palabra señalando si es compuesta o parasintética.*

1. sanjuanero   5. limpiabotas   8. butaca-cama
2. limpiaparabrisas 6. pelirroja   9. coche comedor
3. norcoreano   7. salvavidas   10. quintaesencia
4. lavaplatos

VIII. *Clasifique cada palabra señalando si es simple, derivada, compuesta o parasintética.*

1. chocolate   6. paisano   11. bodeguero
2. jardinero   7. compatriota   12. almacén
3. sobrino   8. madrina   13. perro policía
4. abuelito   9. surcoreano   14. ojiazul
5. mosquitero   10. caborrojeño   15. puntapié

Sección de ortografía
La confusión entre g (ge, gi) y j

Vamos a escuchar este parrafito:

En general el jefe jamás fue a la jira de los jóvenes gitanos. ¡Viva la juventud!

Al leerlo, vemos que el sonido /h/* aparece representado por dos letras: la *g* (*ge, gi*) y la *j*: *gerente, agitar, generosa, rígido, ajado, eje, jicotea, ajo, judío*.

Se presenta una confusión en la escritura cuando hay que escoger entre la *g* (delante de *e, i*) o la *j* para representar el sonido /h/. Delante de *a, o, u* no hay confusión posible: siempre se escribe *j* para la representación de ese sonido /h/.

Ya se sabe que el mejor modo de aprender a escribir con corrección se encuentra en la práctica constante de la lectura y la composición. De todas formas, vamos a enumerar algunas reglas que también ayudan.

> *Se escribe g.*

1. en todos los verbos que terminan en *-ger* y *-gir* y sus formas derivadas (menos *tejer, crujir* y otros de poquísimo uso): *coger, encoger, escoger, recoger, corregir, dirigir, exigir, escoges, recogimos, dirigía, exigirás,* etc.**
2. en la combinación *gen* (menos *comején, jengibre* y otras que son de uso limitado): *agente, gente, gentil, origen, regente, sargento, vigente,* etc.

> *Se escribe j.*

1. en la combinación *jero* (*jera*) (menos *ligero, ligera*): *agujero, consejera, extranjero, pasajera,* etc.
2. en la combinación *aje* (hay poquísimas excepciones que son de uso limitado en la lengua española): *equipaje, garaje, mensaje, paraje, pasaje, traje,* etc.
3. en ciertas terminaciones verbales: *-duje, -dujiste, -dujo, -dujimos, -dujeron*. Veamos los verbos terminados en *-ducir* (conducir, traducir, etc.): *traduje, condujiste, produjo, redujimos, sedujeron,* etc.**

¡Atención!

Vamos a repetir algo muy importante: el sonido /h/ delante de las vocales *a, o, u* sólo puede escribirse con *j*.

Se vio que los verbos que terminan en *-ger* y *-gir* se escriben con *g: proteger,*

---

*Este sonido se representa también así: /x/. Como es un sonido parecido al de la letra *h* en inglés, hemos preferido usar el símbolo /h/ para representarlo.

**Más sobre esto en las lecciones acerca de los verbos.

protegemos, etc. ¡Cuidado! Te aconsejo que *protejas* la naturaleza (proteger). Yo *dirijo* el tráfico en la calle (dirigir). *Cojan* el libro que está ahí (coger).*

En la sección de ortografía que sigue a ésta estudiaremos más sobre la letra *g* y sus dos sonidos diferentes. Aquí nos limitamos al sonido de la *g* delante de las vocales *e, i:* sonido /*h*/.

EJERCICIOS

I. *Recuerde la regla de la combinación* **aje** *y traduzca al español.*

1. courage
2. language
3. passage
4. homage
5. savage

II. *Dé un cognado inglés para cada palabra.*

1. agente
2. ángel
3. colegio
4. energía
5. generación
6. geografía
7. geometría
8. imagen
9. imaginación
10. inteligente
11. mágico
12. origen
13. página
14. privilegio
15. psicología
16. registrar
17. religión
18. tragedia
19. urgente
20. virgen

III. *Traduzca al español.*

1. adjective
2. majesty
3. objective
4. object
5. Jesuit
6. jewel
7. June
8. July

IV. *Escriba una oración corta con cada verbo.*

1. alejar
2. bajar
3. dejar
4. dibujar
5. empujar
6. enojar
7. trabajar
8. viajar

V. *Escriba* **g** *o* **j,** *según sea correcto, en los espacios en blanco.*

A.
1. homena__e
2. me__illa
3. via__ero
4. salva__e
5. ale__ar
6. anto__ar
7. privile__io
8. aflo__ar
9. ma__ia
10. te__er
11. ele__ir
12. ener__ía
13. e__e
14. __efe
15. e__ército
16. a__eno
17. calle__ero
18. ima__inación
19. corre__ir
20. diri__ir
21. a__itar
22. mane__e
23. ba__e
24. feste__e
25. ur__ente

---

*Más sobre esto en las lecciones acerca de los verbos.

118 **B.** 1. vir__en   8. prote__erán   14. eno__es   20. te__ado
         2. fí__ese   9. prote__an   15. e__ecución   21. ve__ez
         3. ale__en   10. prote__iera   16. __erarquía   22. su__etar
         4. reco__en   11. psicolo__ía   17. paisa__e   23. tar__eta
         5. eli__en   12. de__en   18. pasa__e   24. mu__er
         6. eli__an   13. empu__es   19. ma__estad   25. fin__ir
         7. __ente

119 **C.** 1. fin__es   8. exi__ir   14. exi__en   20. que__ido
         2. fin__as   9. exi__as   15. exi__iremos   21. de__enerado
         3. li__ereza   10. exi__o   16. a__edrez   22. fi__eza
         4. esco__er   11. cru__ir   17. re__illa   23. ve__etal
         5. esco__ía   12. cru__en   18. va__illa   24. in__erir
         6. esco__o   13. cru__ieron   19. a__ente   25. di__estión
         7. exi__ente

El predicado y el verbo: formas no personales. El modo indicativo: tiempos presente y futuro

El predicado de una oración siempre contiene un verbo. Se puede decir que no hay oración sin verbo y es muy importante aprender a identificarlo. Vamos a observar unos ejemplos.

1. El novio de Celia, la prima de Luis, consiguió un trabajo.
2. Trabajo de cajera en el supermercado los fines de semana.
3. Ella alcanzó, con mucho trabajo, el quinto lugar en la carrera de bicicletas.
4. El Sr. Gutiérrez llegó a tiempo a su trabajo.
5. ¡El trabajo que has pasado por tus hijos!

¿Puede usted identificar el verbo en cada oración? Todas esas oraciones son simples: es decir, tienen un solo verbo.* Hay una palabra que se repite en todas: *trabajo*. Sin embargo, solamente en una oración esa palabra aparece como verbo. Vamos a recordar que los verbos están relacionados con las acciones; también (principalmente los verbos *ser* y *estar*) pueden expresar situación y estado.** Esa acción que el verbo expresa generalmente, sabemos que *alguien* o *algo* la ejecuta: el sujeto de la oración. Vamos a separar el sujeto del predicado en cada una de las oraciones que aparecen arriba.

---

*Para la oración compuesta, ver la lección 17.
**Ver las lecciones 21 y 23.

SUJETOS	PREDICADOS
1. El novio de Celia, la prima de Luis	consiguió un trabajo.
2. (Yo)	trabajo de cajera en el supermercado los fines de semana.
3. Ella	alcanzó, con mucho trabajo, el quinto lugar en la carrera de bicicletas.
4. El Sr. Gutiérrez	llegó a tiempo a su trabajo.
5. (Tú)	¡el trabajo que has pasado por tus hijos!

Una vez que hemos hecho la separación de sujetos y predicados, vamos a aislar los verbos de esas oraciones con sus sujetos respectivos.

1. El novio de Celia *consiguió*
2. Yo *trabajo*
3. Ella *alcanzó*
4. El Sr. Gutiérrez *llegó*
5. Tú *has pasado*

(Hemos simplificado el sujeto en la oración 1). ¿Llegó Ud. a la misma conclusión en cuanto a cuál es el verbo de cada oración?

Las formas no personales del verbo

Vamos a leer las oraciones siguientes, prestando atención a las formas señaladas.

No deje de *traer* la composición.
Vamos a *salir* enseguida para el aeropuerto.
Ella quiere *cantar* en el coro.

Hola, Glenda, ¿estás *comiendo* ahora?
En este momento están *entrando* por la puerta.
Estoy *leyendo* tu carta ahora.

El tren no ha *llegado* todavía.
¿Has *leído* esta novela?
¿Ya habrá *vuelto* Gloria?
¿Le ha *escrito* Ud. a su familia?

Llamamos **infinitivos** a las formas verbales como *cantar, traer* y *salir*. Fíjese que el infinitivo siempre termina en *r*. Todos los verbos se agrupan en lo que llamamos tres **conjugaciones** (o grupos):

La primera conjugación termina en -*ar*: *cantar, hablar, estudiar, escuchar, preparar*
La segunda conjugación termina en -*er*: *traer, comer, ver, hacer, volver, saber*

La tercera conjugación termina en -*ir*: *salir, abrir, escribir, subir, incluir*

Llamamos **gerundios** a las formas verbales como *entrando, comiendo, leyendo*. Todos los gerundios terminan en -*ando* (*buscando, rogando, dando, parando*); en -*iendo* (*pidiendo, partiendo, oliendo, insistiendo*); o en -*yendo* (*huyendo, trayendo, constituyendo, creyendo, proveyendo*).

Llamamos **participios** a las formas verbales como *llegado, leído, vuelto* y *escrito*.* Estas tres formas verbales se consideran *no personales*, porque no van directamente colocadas junto a una persona gramatical; esto es, que nunca decimos, al menos en español «oficial», *Yo hablar poco, Tú comiendo en la cafetería, Ella entendido la lección.*

El infinitivo

El infinitivo de un verbo es como el nombre propio de una persona. Del mismo modo que se dice: *mi amiga Nilda, mi prima Patricia*, se dice *el verbo indicar, el verbo recoger* (en inglés: to indicate, to gather), etc. Si queremos saber cuál es el infinitivo de una forma verbal dada como *trabajen*, por ejemplo, podemos pensar: *trabajar, trabajer, trabajir* y lo más probable será que eliminemos trabajer y trabajir y nos quedemos con *trabajar*. A veces, cuando un verbo es irregular, o sea, cuando altera su raíz o sus terminaciones en algunos tiempos y personas, entonces resulta más difícil saber cuál es su infinitivo. Por ejemplo, ¿cuál es el infinitivo de *piensan, mueves, pido, huela* y *oigo*? Podemos probar con el ejemplo que se vio antes sobre *trabajar*, e ir repitiendo las posibles formas que cada infinitivo pueda tener. Tomemos la forma *piensan: piensar, pensar, pienser, penser*, etc. La forma oficial es *pensar* y es probable que Ud. ya lo sepa.**

Observemos más ejemplos del infinitivo y su uso.

Yo salto de alegría y él va a *saltar* del susto.
Yo no rompo un plato pero él va a *romper* la vajilla entera.
Yo parto el pan con la mano y él lo va a *partir* con el cuchillo.
Yo sólo tengo tres, él debe de *tener* el resto.
Yo voy a la lavandería y él quiere *ir* a la tintorería.
Yo juego al ajedrez pero él insiste en *jugar* a las cartas.
Yo siento frío y él dice que empieza a *sentir* calor.
Yo pido café solo pero él lo quiere *pedir* con leche.
Yo muevo un dedo pero él desea *mover* toda la mano.
Yo oigo un ruido pero él no puede *oír* nada porque es sordo.
Yo huelo las flores, él prefiere *oler* el aroma de los pinares.

---

*Más sobre los participios en las lecciones 13 y 17.
**Más sobre esto en las lecciones 21 y 23.

El gerundio

El gerundio (en inglés, **present participle, gerund,** termina en **-ing: saying, coming, arriving, etc.**) se usa, principalmente, después de las formas del verbo estar:

Estuvimos *bailando* toda la noche.
Raimundo les está *echando* agua a las plantas.
¿Estás *oyendo* lo que te digo?
Estamos *cubriendo* de cemento nuestro patio.

Aunque el verbo estar es el que se usa con más frecuencia en esos casos, también pueden usarse andar, ir, salir, seguir y venir.

Andan diciendo que te vas a casar.
Voy dando la noticia a todos.
Salió corriendo de la casa.
Siguen estudiando en México.
El huracán *viene causando* muchos daños.

Ya habíamos dicho que los gerundios terminan en *-ando, -iendo* y *-yendo.* Esta última terminación del gerundio se usa cuando hay una vocal como última letra de la raíz en los verbos que terminan en *-er, -ir* en el infinitivo. Ejemplos: *le-er (leyendo), cre-er (creyendo), tra-er (trayendo), hu-ir (huyendo),* etc.*

El gerundio, además de usarse con los verbos que vimos antes, puede usarse solo.

Corriendo, llegarás más rápido.
Se aprende a escribir, *escribiendo.*

¡Atención!

El gerundio se emplea en inglés en ciertas construcciones que no pueden traducirse literalmente en español oficial.

After finishing *his classes, he went home.*
Driving *a car isn't difficult.*
Crossing *the streets of New York can be dangerous.*
Upon entering, *she said "Good morning."*
*I love **waking** up to the **chirping** of little birds.*

Estas oraciones se traducen al español normativo así.

Después de terminar sus clases, él se fue a casa.
Manejar (conducir, guiar) un carro no es difícil.

---

*El gerundio de *ir* es *yendo*. Más sobre gerundios irregulares en la lección 21.

Cruzar (atravesar) las calles de Nueva York puede ser peligroso.
Al entrar, ella dijo: «Buenos días».
Me encanta *despertarme* con el *trinar* de los pajaritos.

Observe que en español se usa el infinitivo en esos casos. También: máquina de coser = **sewing machine,** lavadora o máquina de lavar = **washing machine,** una institución para aprender o una institución de aprendizaje = **a learning institution,** etc. Sin embargo:

No puedes aprender bastante escuchando solamente: debes participar activamente.	*You can't learn enough just by listening: you must participate actively.*

By + **-ing** se puede traducir al español con el gerundio.

El presente de indicativo

Habíamos mencionado las *personas gramaticales*. Nos referíamos, con esa frase, a los distintos sujetos que ejecutan una acción. Además de los nombres, comunes y propios, de los sujetos, empleamos **pronombres** (significa, precisamente, *en vez de los nombres*).* Veamos este esquema.

Singular		Plural	
Personas	Pronombres	Personas	Pronombres
1a.	yo	1a.	nosotros, nosotras
2a.	tú, usted	2a.	ustedes
3a.	él, ella	3a.	ellos, ellas

Vamos a estudiar ahora el tiempo *presente* del *modo indicativo.* Los verbos se usan en diversos tiempos, según queramos referirnos a una acción presente, pasada o futura. Estos tiempos se agrupan bajo modos. El modo indicativo, como lo dice su nombre, *indica* o señala simplemente que una acción está ocurriendo, ocurrió o va a ocurrir. Esta es una explicación muy general; ya iremos viendo más detalles al estudiar los distintos tiempos. Para facilitar el aprendizaje, tomamos tres verbos como modelos, uno de cada conjugación:

hablar   comer   vivir
Separamos cada infinitivo en *raíz* y *sufijo*.

Raíces	*Sufijos*
habl	*-ar*
com	*-er*
viv	*-ir*

*Ver la lección 18.

El tiempo presente del modo indicativo tiene las siguientes terminaciones verbales: [Señalemos aquí que se llama *desinencias* o *terminaciones verbales* a los sufijos que se unen a las raíces (**stems**) de los verbos].

HABL-AR
- yo habl-*o*
- tú habl-*as*
- usted
- él   } habl-*a*
- ella

- nosotros, nosotras habl-*amos*
- *
- ustedes
- ellos   } habl-*an*
- ellas

COM-ER
- yo com-*o*
- tú com-*es*
- usted
- él   } com-*e*
- ella

- nosotros, nosotras com-*emos*
- ustedes
- ellos   } com-*en*
- ellas

VIV-IR
- yo viv-*o*
- tú viv-*es*
- usted
- él   } viv-*e*
- ella

- nosotros, nosotras viv-*imos*
- ustedes
- ellos   } viv-*en*
- ellas

Obsérvese que los verbos terminados en -*er* y en -*ir* tienen las mismas terminaciones para todas las personas gramaticales menos para *nosotros, nosotras*: com-*emos*, viv-*imos*.

El futuro de indicativo

El futuro es aún más fácil de aprender que el presente. Las terminaciones del futuro son: -*é, -ás, -á, emos, -án;* son las mismas para todos los verbos y se añaden al infinitivo completo.

hablar-*é*	hablar-*emos*	comer-*é*	comer-*emos*	vivir-*é*	vivir-*emos*
hablar-*ás*		comer-*ás*		vivir-*ás*	
hablar-*á*	hablar-*án*	comer-*á*	comer-*án*	vivir-*á*	vivir-*án*

En español, tanto al hablar como al escribir, se pueden omitir las personas gramaticales. Como cada persona tiene su terminación propia, enseguida sabemos de quién (o de qué) se trata. Podemos decir:

Trabajas demasiado. Nadamos en la piscina. Terminaré para las cuatro.

---

*En casi toda España, *vosotros* es el plural de tú. En Hispanoamérica se usa *ustedes* para señalar el plural de Ud. y de tú. En este texto se omiten todas las formas verbales correspondientes a *vosotros*.

En inglés, esto no es posible. Imagínese usted:

Work too much. Swim in the pool. Will finish by four.

Nadie podría entender esas oraciones; al menos, las dos primeras se interpretarían como órdenes o mandatos y la última, como un aviso escrito en una puerta o algún otro sitio por el estilo.

Los futuros irregulares

Hay algunos verbos que alteran su infinitivo al añadir las terminaciones del futuro. Esos verbos son: querer, poder, saber, poner, salir, tener, valer, venir, decir y hacer.*

querer: querré, querrás, querrá, querremos, querrán
poder: podré, podrás, podrá, podremos, podrán
saber: sabré, sabrás, sabrá, sabremos, sabrán
poner: pondré, pondrás, pondrá, pondremos, pondrán
salir: saldré, saldrás, saldrá, saldremos, saldrán
tener: tendré, tendrás, tendrá, tendremos, tendrán
valer: valdré, valdrás, valdrá, valdremos, valdrán
venir: vendré, vendrás, vendrá, vendremos, vendrán
decir: diré, dirás, dirá, diremos, dirán
hacer: haré, harás, hará, haremos, harán

Otros usos del futuro

Es muy común usar el presente con sentido futuro. Veamos estos ejemplos.

Te *veo* mañana a la misma hora.
Voy a Europa en mis vacaciones.
La semana que viene *tenemos* examen de español.

También se usa para expresar el futuro el presente del verbo *ir (voy, vas, va, vamos, van) + a + infinitivo*.

El año que viene *vamos a estudiar* italiano.
Este fin de semana *voy a comprarme* una falda nueva.
Dentro de seis meses *va a terminar* sus estudios.

Finalmente, el futuro también se usa para expresar probabilidad en una acción presente.

---

*Para el futuro de *haber*, ver la lección 13.

¿Qué hora será? Serán las tres.

I wonder what time it is. It must be three o'clock.

¿Estará María en su casa?

I wonder whether Mary is home.

¿Tendrán esa revista aquí?

Do you suppose they have that magazine here?

EJERCICIOS

I. *Conteste brevemente estas preguntas.*

1. ¿Cuál es la parte más importante de una oración?
2. ¿Con qué está relacionado el verbo?
3. ¿Qué expresan los verbos *ser* y *estar*?
4. ¿Cuáles son las tres formas no personales del verbo?
5. ¿En qué termina siempre el infinitivo?
6. ¿En qué termina cada una de las tres conjugaciones? Dé ejemplos.
7. ¿Cómo terminan los gerundios?
8. ¿Con qué verbos se usa el gerundio?
9. ¿Cuándo se usa la terminación *-yendo* para el gerundio? Dé ejemplos.
10. Después de estudiar esta lección, ¿qué lengua cree Ud. que usa más el gerundio, el español o el inglés?
11. ¿Qué pronombres señalan las personas gramaticales?
12. ¿Qué hace el modo indicativo?
13. ¿Cuáles son las terminaciones del presente de indicativo para los verbos en *-ar*, como *hablar*?
14. ¿Qué diferencia existe en las terminaciones del presente de indicativo entre los verbos en *-er*, como *comer*, y en *-ir*, como *vivir*?
15. ¿Cuáles son las terminaciones del futuro de indicativo?
16. ¿A qué se añaden las terminaciones del futuro?
17. ¿Qué verbos alteran su infinitivo al añadir las terminaciones del futuro? Dé ejemplos.
18. ¿Qué expresa el futuro en este parrafito? *Ya es tarde. ¡Cuándo llegarán los invitados!*

II. *Separe el predicado del sujeto en cada oración. Subraye el verbo.*

MODELO: Hice todos los ejercicios.
Sujeto: *(Yo)*
P: *hice* todos los ejercicios

1. Como todos los días como a las seis.
2. Los compañeros de trabajo le dieron una fiesta de despedida.

3.   La visita de su suegro lo sorprendió.
4.   La hermana de su suegro no lo visita nunca.
5.   El vino de California es excelente.
6.   Él vino de California el martes pasado.
7.   El caso de esos jóvenes nos preocupa a todos.
8.   Me caso el próximo otoño.
9.   El periódico anunció su boda.
10. El anuncio salió en la primera plana.
11. Buscamos la ayuda de la policía.
12. La policía ayuda a los heridos del accidente.
13. Anoche se fueron de baile.
14. ¡Ricardo, baile con doña Chona!
15. Siempre camino por ese camino a la izquierda.

III. *En estas oraciones hay infinitivos y gerundios. Subráyelos e identifíquelos.*

MODELO: Se están *preparando* para *salir* de compras.
                        G   I

1.   Andaban pensando en lo que debían hacer.
2.   Es muy fácil: todo se vuelve coser y cantar.
3.   Iba saltando de gozo por la carretera.
4.   Yendo hacia el mercado, decidió comprar los anillos.
5.   Siendo como eres, no me sorprende lo que me dices.
6.   Los estudiantes estaban estudiando mucho para pasar el examen con A.
7.   Intento ponerme* ese vestido para ir al concierto.
8.   Tratamos de escaparnos* cuando empezaban a cerrar las puertas.
9.   Iba recogiendo flores para dárselas* a su mamá.
10. Estaba leyéndolo* para saber si estaba correcto.

IV. *Corrija los errores que hay en cada oración en cuanto al uso del gerundio en español.*

MODELO: ¡Me encanta cocinando!
                 ¡Me encanta *cocinar*!

1.   El médico oyó el latiendo de mi corazón.
2.   Le compré una máquina de calculando.
3.   Montando a caballo puede ser peligroso.
4.   Me gusta levantándome tarde.
5.   Tenemos la costumbre de yendo a Puerto Rico todas las Navidades.

---

*Los gerundios y los infinitivos pueden añadir variantes pronominales al final: Quiero co-
merme esa torta. Está *bañándose*. Ver la lección 18.

V. *Escriba una oración con cada infinitivo y una con cada gerundio.*

MODELO: *preparar, preparando*
Tengo que *preparar* la cena
Estoy *preparando* la cena.

1. abrir	4. colgando	7. traer	9. poner
2. abriendo	5. cambiar	8. trayendo	10. poniendo
3. colgar	6. cambiando		

VI. *Escriba el pronombre que corresponde a cada forma verbal.*

MODELO: correré
yo

1. saldrás	3. subo	5. toca	7. apoyaré
2. querremos	4. ahorran	6. ayudamos	8. dirigirán

VII. *Escriba el presente y el futuro de indicativo de cada verbo en la persona indicada.*

MODELO: yo
agarrar—*agarro, agarraré*

1. ellos, andar	4. nosotros,	6. él, visitar	9. usted,
2. tú, comprar	comprender	7. tú, aprender	escribir
3. ella, vender	5. yo, partir	8. ustedes, parar	10. ellas, vivir

VIII. *Escriba una oración con cada verbo en el presente de indicativo; cambie cada oración al futuro de indicativo. Emplee cualquier persona que desee.*

MODELO: llamar
Llamamos a Inés por teléfono.
Llamaremos a Inés por teléfono.

1. calmar   2. invitar   3. coser   4. probar   5. cubrir

IX. *Escriba el futuro de indicativo de cada verbo en la persona indicada.*
MODELO: tú
poder—*podrás*

1. ella, saber	5. usted, salir	10. él, dirigir
2. tú, decir	6. ustedes, poner	11. nosotros,
3. yo, valer	7. ella, hacer	tejer
4. nosotros,	8. yo, temer	12. usted, ir
cantar	9. tú, tener	

Sección de ortografía
Las combinaciones ga, gue, gui, go, gu

Vamos a repetir estas palabras y después, léalas en voz alta para practicar: *gato, gota, gusto, guerra, larguísimo, agua, averiguo, guagua, guerrero, guisante.*

¿Recuerda Ud. lo que estudió en la lección anterior? La letra *g* delante de las vocales *e, i (ge, gi)* tiene un sonido diferente (*/h/*) al que se oye en *ga, go, gu;* este sonido se representa así */g/*. Sin embargo, si se escribe *gue, gui,* con la *u* en el medio, el sonido de la *g* cambia y también se representa así */g/*. Fíjese que la *u* en esa posición no suena: es muda. Por lo tanto, es sólo una letra que se escribe pero que no se pronuncia. Cuando se escriben las combinaciones *gua, guo* sí suena la *u*.

La letra *g* tiene el sonido */g/* también cuando aparece delante de otra consonante como en las palabras *gracias* y *glotón* y cuando está en posición final de sílaba como en *agnóstico*. Los verbos que terminan en *-gar* como *colgar, pagar* y *rogar* añaden una *u* después de la *g* en formas como *colgué, paguemos, rueguen*, etc. para conservar el sonido */g/*.*

Otra cosa que se debe saber es que la articulación del sonido */g/* de la *g (ga, gue, gui, go, gu)* y la articulación del sonido */k/* de la letra *c* en *ca, co, cu* y de la *q* en *que, qui* ocurren en un punto cercano en los órganos de fonación. Ese sonido */k/* se llama *sordo* y el de la *g /g/* se llama *sonoro* porque está vocalizado; es decir, que las cuerdas vocales intervienen en su pronunciación. Se debe tener cuidado, al escribir, de no confundir esas letras. Por ejemplo, *acute* en inglés es *agudo* en español. Asegúrese de oír la diferencia entre ambos sonidos y de escribir las letras correspondientes que los representan.

EJERCICIOS

I. *Escuche cada palabra y escriba* **ge, gi,** *o* **gue, gui** *en los espacios en blanco, según sea correcto (en el manual del profesor).*

1. a_____nte
2. pe_____n
3. ro_____´
4. a_____tar

5. á_____la
6. co_____n
7. _____rar

8. _____tarra
9. li_____ro
10. hormi_____ro

II. *Ponga una marca así* √ *junto a cada palabra en que suena la* **u** *después de la* **g.** *No escriba nada cuando no suena.*

1. guano
2. guindar
3. aguó
4. aguerrido
5. aguacero
6. santiguo
7. guantanamera
8. Aguirre
9. halague
10. averiguamos

*Más sobre estos casos en las lecciones acerca de los verbos.

III. *Dictados (en el manual del profesor).*

 A. *Escriba este dictado de palabras que contienen las combinaciones* **ga, gue,** *gui, go, gu.*

 B. *Escriba este dictado teniendo cuidado de distinguir entre los sonidos /ka/, /ke/, /ki/, /ko/, /ku/ y /ga/, /ge/, /gi/, /go/, /gu/, que corresponden en la escritura a* **ca, que, qui, co, cu,** *y a* **ga, gue, gui, go, gu.**

Espuma y nada más

Hernando Téllez

No saludó al entrar. Yo estaba repasando sobre una badana la mejor de mis navajas. Y cuando lo reconocí me puse a temblar. Pero él no se dió* cuenta. Para disimular continué repasando la hoja. La probé luego sobre la yema del dedo gordo y volví a mirarla contra la luz. En este instante se quitaba el cinturón ribeteado de balas de donde pendía la funda de la pistola. Lo colgó de uno de los clavos del ropero y encima colocó el kepis. Volvió completamente el cuerpo para hablarme y, deshaciendo el nudo de la corbata, me dijo: «Hace un calor de todos los demonios. Aféiteme.» Y se sentó en la silla. Le calculé cuatro días de barba. Los cuatro días de la última excursión en busca de los nuestros. El rostro aparecía quemado, curtido por el sol. Me puse a preparar minuciosamente el jabón. Corté unas rebanadas de la pasta, dejándolas caer en el recipiente, mezclé un poco de agua tibia y con la brocha empecé a revolver. Pronto subió la espuma. «Los muchachos de la tropa deben tener tanta barba como yo.» Seguí batiendo la espuma. «Pero nos fué* bien, ¿sabe? Pescamos a los principales. Unos vienen muertos y otros todavía viven. Pero pronto estarán todos muertos.» «¿Cuántos cogieron?» pregunté. «Catorce. Tuvimos que internarnos bastante para dar con ellos. Pero ya la están pagando. Y no se salvará ni uno, ni uno.» Se echó para atrás en la silla al verme con la brocha en la mano, rebosante de espuma. Faltaba ponerle la sábana. Ciertamente yo estaba aturdido. Extraje del cajón una sábana y la anudé al cuello de mi cliente. Él no cesaba de hablar. Suponía que yo era uno de los partidarios del orden. «El pueblo habrá escarmentado con lo del otro día,» dijo. «Sí,» repuse mientras concluía de hacer el nudo sobre la oscura nuca, olorosa a sudor. «¿Estuvo bueno, verdad?» «Muy bueno,» contesté mientras regresaba a la brocha. El hombre cerró los ojos con un gesto de fatiga y esperó así la fresca caricia del jabón. Jamás lo había tenido tan cerca de mí. El día en que ordenó que el pueblo desfilara por el patio de la Escuela para ver a los cuatro rebeldes allí colgados, me crucé con él un instante. Pero el espectáculo de los cuerpos mutilados me impedía fijarme en el rostro del hombre que lo dirigía todo y que ahora iba a tomar en mis manos. No era un rostro desagradable, ciertamente. Y la barba, envejeciéndolo un poco, no le caía mal. Se llamaba Torres. El capitán Torres. Un hombre con imaginación, porque ¿a quién se le había ocurrido antes colgar a los rebeldes desnudos y luego ensayar sobre determinados sitios del cuerpo una mutilación a bala? Empecé a extender la primera capa de jabón. Él seguía con los ojos cerrados. «De buena gana me iría a dormir un poco,» dijo, «pero esta tarde hay mucho que hacer.» Retiré la brocha y pregunté con aire falsamente desinteresado: «¿Fusilamiento?» «Algo por el estilo, pero más lento, respondió. «¿Todos?» «No. Unos cuantos apenas.» Reanudé de nuevo la tarea de enjabonarle la barba. Otra vez me temblaban las manos. El hombre no podía darse cuenta de ello y ésa era mi ventaja. Pero yo hubiera querido que él no viniera. Probablemente muchos de los nuestros lo habrían visto entrar. Y el enemigo en la casa impone condiciones. Yo tendría que afeitar esa barba como cualquier otra, con cuidado, con esmero, como la de un buen parroquiano, cuidando de que ni por un solo poro fuese a brotar una gota de sangre. Cuidando de que en los pequeños remolinos no se desviara la hoja. Cuidando de que la piel quedara limpia, templada, pulida, y de que al pasar el dorso de mi mano por ella, sintiera la superficie sin un pelo. Sí. Yo era un revolucionario clandestino, pero

---

*Dio y *fue* no llevan tilde por ser monosílabos. En este cuento aparecen acentuados debido a la época en que se escribió. Actualmente los monosílabos no se acentúan con excepción de la tilde diacrítica. Ver la lección 10.

era también un barbero de conciencia, orgulloso de la pulcritud en su oficio. Y esa barba de cuatro días se prestaba para una buena faena.

Tomé la navaja, levanté en ángulo oblicuo las dos cachas, dejé libre la hoja y empecé la tarea, de una de las patillas hacia abajo. La hoja respondió a la perfección. El pelo se presentaba indócil y duro, no muy crecido, pero compacto. La piel iba apareciendo poco a poco. Sonaba la hoja con su ruido característico, y sobre ella crecían los grumos de jabón mezclados con trocitos de pelo. Hice una pausa para limpiarla, tomé la badana de nuevo y me puse a asentar el acero, porque yo soy un barbero que hace bien sus cosas. El hombre que había mantenido los ojos cerrados, los abrió, sacó una de las manos por encima de la sábana, se palpó la zona del rostro que empezaba a quedar libre de jabón, y me dijo: «Venga usted a las seis, esta tarde, a la Escuela.» «¿Lo mismo del otro día?» le pregunté horrorizado. «Puede que resulte mejor,» respondió. «¿Qué piensa usted hacer?» «No sé todavía. Pero nos divertiremos.» Otra vez se echó hacia atrás y cerró los ojos. Yo me acerqué con la navaja en alto. «¿Piensa castigarlos a todos?» aventuré tímidamente. «A todos.» El jabón se secaba sobre la cara. Debía apresurarme. Por el espejo, miré hacia la calle. Lo mismo de siempre: la tienda de víveres y en ella dos o tres compradores. Luego miré el reloj: las dos y veinte de la tarde. La navaja seguía descendiendo. Ahora de la otra patilla hacia abajo. Una barba azul, cerrada. Debía dejársela crecer como algunos poetas o como algunos sacerdotes. Le quedaría bien. Muchos no lo reconocerían. Y mejor para él, pensé, mientras trataba de pulir suavemente todo el sector del cuello. Porque allí sí que debía manejar con habilidad la hoja, pues el pelo, aunque en agraz, se enredaba en pequeños remolinos. Una barba crespa. Los poros podían abrirse, diminutos, y soltar su perla de sangre. Un buen barbero como yo finca su orgullo en que eso no ocurra a ningún cliente. Y éste era un cliente de calidad. ¿A cuántos de los nuestros había ordenado matar? ¿A cuántos de los nuestros había ordenado que los mutilaran? . . . Mejor no pensarlo. Torres no sabía que yo era su enemigo. No lo sabía él ni lo sabían los demás. Se trataba de un secreto entre muy pocos, precisamente para que yo pudiese informar a los revolucionarios de lo que Torres estaba haciendo en el pueblo y de lo que proyectaba hacer cada vez que emprendía una excursión para cazar revolucionarios. Iba a ser, pues, muy difícil explicar que yo lo tuve entre mis manos y lo dejé ir tranquilamente, vivo y afeitado.

La barba le había desaparecido casi completamente. Parecía más joven, con menos años de los que llevaba a cuestas cuando entró. Yo supongo que eso ocurre siempre con los hombres que entran y salen de las peluquerías. Bajo el golpe de mi navaja Torres rejuvenecía, sí, porque yo soy un buen barbero, el mejor de este pueblo, lo digo sin vanidad. Un poco más de jabón, aquí, bajo la barbilla, sobre la manzana, sobre esta gran vena. ¡Qué calor! Torres debe estar sudando como yo. Pero él no tiene miedo. Es un hombre sereno que ni siquiera piensa en lo que ha de hacer esta tarde con los prisioneros. En cambio yo, con esta navaja entre las manos, puliendo y puliendo esta piel, evitando que brote sangre de estos poros, cuidando todo golpe, no puedo pensar serenamente. Maldita la hora en que vino, porque yo soy un revolucionario pero no soy un asesino. Y tan fácil como resultaría matarlo. Y lo merece. ¿Lo merece? No, ¡qué diablos! Nadie merece que los demás hagan el sacrificio de convertirse en asesinos. ¿Qué se gana con ello? Pues nada. Vienen otros y otros y los primeros matan a los segundos y éstos a los terceros y siguen y siguen hasta que todo es un mar de sangre. Yo podría cortar este cuello, así, ¡zas!, ¡zas! No le daría tiempo de quejarse y como tiene los ojos cerrados no vería ni el brillo de la navaja ni el brillo de mis ojos. Pero estoy temblando como un verdadero asesino. De ese cuello brotaría un chorro de sangre sobre la sábana, sobre la silla, sobre mis manos, sobre el suelo. Tendría que cerrar la puerta. Y la sangre seguiría corriendo por el piso, tibia, imborrable, incontenible, hasta la calle, como un pequeño arroyo escarlata. Estoy seguro de que un golpe fuerte, una honda incisión, le evitaría todo dolor. No sufriría. ¿Y qué hacer con el cuerpo? ¿Dónde ocultarlo? Yo tendría que huír*, dejar estas cosas, refugiarme lejos, bien lejos. Pero me perseguirían hasta dar conmigo. «El asesino del Capitán Torres. Lo degolló mientras le afeitaba la barba. Una cobardía.» Y por otro lado: «El vengador de los nuestros. Un nombre para recordar (aquí mi nombre). Era el barbero del pueblo. Nadie sabía que él defendía nuestra causa . . .» ¿Y qué? ¿Asesino o héroe? Del filo de esta navaja depende mi destino. Puedo inclinar un poco más la mano, apoyar un poco más la hoja, y hundirla. La piel cedería como la seda, como el caucho, como la badana. No hay nada más tierno que la piel del hombre y la sangre siempre está ahí, lista a brotar. Una navaja como ésta no traiciona. Es la mejor de mis navajas. Pero yo no quiero ser un asesino, no señor. Usted vino para que yo lo afeitara. Y yo cumplo honradamente con mi trabajo . . . No quiero mancharme de sangre. De espuma y nada más. Usted es un verdugo y yo no soy más que un barbero. Y cada cual en su puesto. Eso es. Cada cual en su puesto.

La barba había quedado limpia, pulida y templada. El hombre se incorporó para mirarse en el espejo. Se pasó las manos por la piel y la sintió fresca y nuevecita.

«Gracias,» dijo. Se dirigió al ropero en busca del cinturón, de la pistola y del kepis. Yo debía estar muy pálido y sentía la camisa empapada. Torres concluyó de ajustar la hebilla, rectificó la posición de la pistola en la funda y, luego de alisarse maquinalmente los cabellos, se puso el kepis. Del bolsillo del pantalón extrajo unas monedas para pagarme el importe del servicio. Y empezó a caminar hacia la puerta. En el umbral se detuvo un segundo y volviéndose me dijo:

«Me habían dicho que usted me mataría. Vine para comprobarlo. Pero matar no es fácil. Yo sé por qué se lo digo.» Y siguió calle abajo.

---

*Actualmente *huir* no se acentúa. Ver la leccion 4.

EJERCICIOS _____

I. *Complete las oraciones siguientes con las palabras que faltan, de acuerdo con el cuento.*

1. _____ aparece como narrador del cuento.
2. Él estaba en su barbería cuando entró _____.
3. En el cinturón llevaba muchas _____.
4. En la cabeza llevaba un _____.
5. Ese día hacía mucho _____.
6. El capitán llevaba _____ sin afeitarse.
7. El barbero era un _____ clandestino.
8. _____ quería que lo afeitara.
9. El capitán dijo que había agarrado a _____ revolucionarios.
10. El barbero le amarró una _____ alrededor del cuello.
11. El capitán había hecho desfilar al pueblo para ver _____.
12. El barbero temblaba porque deseaba _____ a Torres.
13. Al mismo tiempo, quería afeitarlo bien porque él era un barbero _____.
14. Torres lo mandó ir _____ a la Escuela.
15. El barbero no pudo matarlo: él era espía y revolucionario pero no _____.
16. El barbero no quería mancharse de sangre; de _____ y nada más.
17. Al final del cuento nos espera una sorpresa: Torres sospechaba _____.
18. El capitán agrega que no es fácil _____.

II. *Conteste brevemente estas preguntas.*

1. ¿De qué palabra simple se derivan *barbero* y *barbería?*
2. ¿Qué es *una badana?*
3. ¿Qué es *un kepis?*
4. ¿Qué significa «la barba no le caía mal»?
5. ¿Qué es *un parroquiano?* ¿De qué palabra simple procede este derivado?
6. ¿Qué significa «asentar el acero»?
7. ¿Qué es *una tienda de víveres?*
8. ¿Qué significa «el pelo en agraz»?
9. ¿Qué es *la manzana del cuello?* ¿De qué otra forma se le llama?
10. ¿Qué es *degollar?*
11. ¿Qué es *un verdugo?*
12. ¿Qué es *el umbral?*
13. ¿Qué son *los grumos del jabón?*
14. ¿Qué significa «alisarse los cabellos»?
15. ¿Cuál es la palabra normativa para *el caucho* (mueble)?
16. Aquí aparece el verbo *apoyar* que se deriva de *poyo.* ¿Cuál es la diferencia entre *un pollo* y *un poyo?*

III. *Escriba palabras y frases sinónimas de las siguientes.*

A.
1. pender
2. el rostro
3. curtido
4. minuciosamente
5. rebanadas
6. pescar (a personas)
7. dar con
8. rebosante
9. aturdido
10. extraer
11. anudar
12. cesar
13. partidario
14. escarmentar
15. responder
16. concluir
17. la nuca
18. la fatiga
19. ordenar
20. desfilar

B.
1. un instante
2. mutilados
3. impedir
4. el esmero
5. la pulcritud
6. la tarea
7. indócil
8. apresurarse
9. el sector
10. crespo (el cabello)
11. brotar
12. escarlata (color)
13. la incisión
14. el caucho
15. incorporarse
16. extraer
17. el importe
18. volverse
19. hundir (la navaja)
20. detenerse

IV. *En cada oración hay **una** falta de ortografía (**no** de acentuación). Vuelva a escribir todas las oraciones con las correcciones necesarias.*

1. La navaha del barbero estaba muy afilada.
2. Abrió los hojos y miró la hoja con horror.
3. Desaciéndose el nudo de la corbata, dijo que tenía calor.
4. Cojieron a todos los rebeldes revolucionarios.
5. Al instante me crusé con él y me sorprendí.
6. Maldita la hora en que vino pues no soy asecino.
7. Los poros podían habrirse y soltar su perla de sangre.
8. Projectaba emprender una excursión para cazarlos.
9. Todos crelleron que él era un héroe verdadero.
10. Se detuvo un segundo en el humbral de la barbería.
11. Sigió calle abajo, con el aire fatigado.
12. La piel cederá como la ceda, como el caucho.
13. La zona del rostro empesaba a verse libre de jabón.
14. Esta tarde ay mucho que hacer.

V. *Lea cuidadosamente el cuento, desde que empieza «No saludó al entrar . . .» hasta «Y no se salvará ni uno, ni uno.» A continuación señale con una **V** las oraciones verdaderas y con una **F** las falsas.*

1. El cliente cuenta el episodio que Ud. acaba de leer.
2. En este párrafo sólo se emplea el estilo narrativo indirecto.
3. El cliente estaba desarmado mientras lo afeitaban.

4. Tenía la cara morena, de estar al aire libre.
5. Se iba a afeitar con una maquinilla eléctrica.
6. Había ido solo a pescar a los revolucionarios.
7. Agarraron a los rebeldes en medio de la ciudad.
8. Los van a matar a todos, sin excepción.
9. Al entrar, el cliente dio los «buenos días» al barbero.
10. Como hacía calor, el barbero lo afeitó con agua fría.

VI. *Explique en unas 50 a 75 palabras por qué éste es un cuento de «suspenso»* (**suspense**).

VII. *Este cuento tiene solamente dos personajes: el barbero y el capitán. Aparentemente, se trata de dos estereotipos: el barbero revolucionario es bueno y el capitán sanguinario es malo.*
Copie cuidadosamente el final del cuento, desde «Gracias» hasta «Y siguió calle abajo». Vuelva a leer esos párrafos y explique estas dos ideas en no más de 75 palabras.

a. el capitán tiene ciertos escrúpulos por lo que hace
b. el capitán no le teme a la muerte; la desea, al menos, inconscientemente

VIII. *Composiciones.*

1. «En mi niñez yo quería ser . . .» (125 a 150 palabras, más o menos)
   a. ¿Qué pensaba Ud. que iba a ser cuando creciera: policía, bombero, maestra, peluquera?
   b. ¿Cambió de oficio varias veces?
   c. ¿Ya ha decidido definitivamente lo que será en el futuro?
   d. ¿Cómo compara Ud. una profesión con un oficio? Señale las ventajas y desventajas de cada uno.
   e. Si Ud. tiene (o si tuviera) hijos, ¿qué desea (o desearía) que fuesen cuando mayores?
   f. Conclusiones: ¿se alegra Ud. de las decisiones que ha tomado en cuanto a su carrera?
2. «Los inmigrantes políticos en Estados Unidos» (unas 150 a 175 palabras)
   a. ¿Es Ud. refugiado político?
   b. ¿Conoce Ud. a otras personas en esa situación?
   c. ¿Qué sabe Ud., a través de la prensa y la televisión, sobre los conflictos actuales en Hispanoamérica?
   d. ¿Qué sabe Ud. sobre los nuevos grupos de inmigrantes?
   e. ¿Cree Ud. que el gobierno de Estados Unidos debe recibir a todos estos inmigrantes?
   f. Conclusiones: ¿qué medidas propone Ud. para ayudar a estas personas?

IX. *Dictado (en el manual del profesor).*

10

Palabras polisémicas. Los sinónimos y los antónimos. Más sobre la acentuación

El significante y el significado

Toda palabra tiene dos partes: un **significante** y un **significado.** El significante es la forma externa de la palabra: sus sonidos, sus letras. El significado es lo que una palabra representa: lo que quiere decir. Por ejemplo, *lápiz* está formada por los sonidos /l/ /a/ /p/ /i/ /s/ y por las letras l-a-p-i-z. Ése es su significante. *El lápiz es algo que sirve para escribir:* éste es su significado. Los significantes varían según la lengua: lápiz en español, **pencil** en inglés. Sin embargo, los significados son más universales, obviamente.

El campo semántico

Del mismo modo que el significante de una palabra está formado por sonidos y letras, el significado está formado por *semas* que son sus rasgos característicos. Por ejemplo, los semas de una mesa son: *mueble, con patas, sirve para colocar cosas encima, puede estar hecha de madera, metal, etc.* Los semas de una silla son: *mueble, con patas, sirve para sentarse, puede estar hecha de madera, metal, etc.* Decimos que mesa y silla pertenecen al mismo *campo semántico*. En la lección 6 habíamos visto *las familias de palabras* (llamadas también *familias lé-*

xicas porque tienen una misma raíz): *mesa, mesita, mesón, mesera,* etc.; *silla, sillita, sillón, ensillar,* etc.

El campo semántico es diferente de la familia léxica. Este campo se refiere a palabras que tienen un rasgo característico común, no en su forma externa sino en lo que significan. En el caso de *mesa* y *silla,* ese rasgo es **mueble.** Podemos agregar: *cama, sofá, chinero, butaca, escritorio, librero,* etc. y decir que todas esas palabras forman parte del campo semántico de **mueble.** Vamos a ver más ejemplos de campos semánticos.

Días de la semana: lunes, martes, miércoles, etc.

Meses del año: enero, febrero, marzo, etc.

Animales feroces: león, tigre, pantera, etc.

Palabras polisémicas

Vamos a observar estas oraciones. Fíjese en el uso del verbo **pegar.**

a. La abuela le *pegó* al niño travieso.
b. ¡*Pega* la silla a la pared!
c. Esos zapatos no *pegan* con ese vestido.
d. El sello está *pegado* al sobre.
e. El ladrón *pegó* un grito.

Como se ha podido comprobar, *pegar* tiene un significado distinto en cada oración. Se dice que es *una palabra polisémica,* es decir, que tiene diversos significados. Las palabras polisémicas tienen un significante y dos o más significados.

Los sinónimos

Ahora vamos a observar las palabras señaladas en estas oraciones.

a. La abuela *golpeó* al niño travieso.
b. ¡*Aproxima* la silla a la pared!
c. Esos zapatos no *combinan* con ese vestido.
d. El sello está *adherido* al sobre.
e. El ladrón *lanzó* un grito.

Observe que cada palabra señalada significa lo mismo que *pegar* en las oraciones anteriores. Se dice que esas palabras son **sinónimos** de pegar. Las palabras sinónimas tienen diferentes significantes y el mismo significado.

Los antónimos

Finalmente, vamos a leer estas oraciones.

a. La abuela premió al niño *tranquilo*.   *travieso—tranquilo*
b. *¡Separa* la silla de la pared!   *aproxima—separa*
c. Esos zapatos *van mal* con ese vestido.   *combinan—van mal*
d. El sello está *despegado* del sobre.   *adherido—despegado*
e. El ladrón *ahogó* un grito.   *lanzó—ahogó un grito*

Las palabras de las columnas a la derecha son *palabras opuestas;* se les llama **antónimos,** es decir, que tienen significantes diferentes y significados opuestos.

El estudio de las palabras polisémicas y de los sinónimos y antónimos es muy importante porque aumenta nuestro vocabulario, nos ayuda a alcanzar la disciplina mental y el orden lógico en el pensamiento. También nos enseña a definir las diversas palabras.

Más sobre la acentuación: la tilde diacrítica

Vamos a leer en voz alta estas oraciones.

1. Quiero comprar *más* regalos, *mas* no tengo dinero.
2. *Tú* no sabes ni *tu* nombre.
3. Trajimos *el* perrito para *él*.
4. *Sí*, voy contigo, *si* me dan permiso.
5. Quiero que me *dé* un paquete *de* agujas.
6. No *sé* lo que *se* propone hacer.
7. *Sólo* quiero que me dejen *solo*.
8. Ni *aun* Erlinda ha llegado *aún*.
9. *Mi* novio confía en *mí*, no en ti.
10. ¿*Te* gustaría tomar una taza de *té*?

Observe que en cada oración hay dos palabras señaladas que se escriben exactamente igual. Sin embargo, una lleva tilde y la otra no. Esta tilde se llama **diacrítica,** palabra que quiere decir *de diferenciación, que sirve para diferenciar.* Por lo tanto, esa tilde diferencia una palabra de otra que, como ya se dijo, se escribe igual pero no tiene el mismo significado. Como son muy pocas las palabras que se encuentran en este caso, se pueden aprender de memoria.

LLEVAN TILDE	**NO LLEVAN TILDE**
1. *más:* indica cantidad (**more**)	*mas:* pero (**but**)
2. *tú:* indica persona (**you**)	*tu:* indica posesión (**your**)
3. *él:* indica persona (**he, him**)	*el:* indica artículo (**the**)

4. *sí:* indica afirmación (**yes**)   *si:* indica duda (**if**)

5. *dé*:* forma del verbo dar (**give**)   *de*:* indica preposición (**of, from**)

6. *sé:* forma de los verbos ser y saber   *se:* variante pronominal** (varias traduc-
   (**to be, to know**)   ciones en inglés)

7. *sólo:* solamente (**only**)   *solo:* sin compañía (**alone**)

8. *aún:* todavía (**not yet, still**)   *aun:* inclusive, hasta (**even**)

9. *mí:* variante pronominal** de yo (**me**)   *mi:* indica posesión (**my**)

10. *té:* indica una bebida (**tea**)   *te:* variante pronominal** de tú (**you**)

Fíjese que muchas de estas palabras son monosílabas. Ya sabemos que los monosílabos generalmente no llevan tilde: la excepción es la tilde diacrítica en los
casos anteriores.

¡Atención!

Cuidado con *ti, sola, solos* y *solas* que *nunca* llevan tilde.

Veamos otro grupo de oraciones.

1. ¿*Qué* quieres *que* te busque?
   ¡*Qué* bonita es mi tierra!***

2. ¿*Cuál* es tu libro?
   ¿*Cuáles* prefieres?
   No comprendo *cuál* es su problema.
   El muchacho con el *cual* me viste ayer, es mi hermano.

3. ¿*Quién* está ahí?
   Ignoro *quién* cometió el crimen.
   ¿Con *quiénes* vas al campo?
   ¡*Quién* pudiera ir con ustedes!
   El hombre con *quien* me quiero casar es extranjero.

4. ¿A *dónde* vas?
   Me pregunto *dónde* estará ella ahora.
   Es ahí *donde* vivo.

5. ¿*Cuántos* años tienes?
   ¡*Cuántas* mentiras dices!
   Cuanto dice, es cierto.

6. ¡*Cuándo* llegará el verano!
   ¿*Cuándo* vas a San Francisco?
   Cuando la llamé, estaba ocupada.

---

*Dé (del verbo *dar*) conserva la tilde en formas compuestas como: *déme, déle, dénos,* etc. La
tiene también, por supuesto, en *déselo, dénoslo,* etc. por ser palabras esdrújulas. Para las
preposiciones, ver la lección 22.

**Ver la lección 18.

****Por qué (why)* se escribe en dos palabras separadas y con tilde diacrítica en *qué; porque*
(because) se escribe en una sola palabra y sin tilde.

7. ¡*Cómo* me gusta bailar!

A ver *cómo* te comportas, niño.

¿*Cómo* estás, Lilita?

Como no tenía tiempo, no pude ir a la fiesta.

Las palabras que aparecen señaladas en esas oraciones son: *que, cual (cuales), quien (quienes), donde (adonde), cuanto (cuanta, cuantos, cuantas), cuando* y *como.* En oraciones de carácter interrogativo (directo o indirecto) y exclamativo, esas palabras llevan tilde diacrítica. En oraciones de otro tipo no la llevan. Vuelva a estudiar cuidadosamente los ejemplos anteriores.

¡Atención!

Compare estas oraciones.

¿No es ahí *donde* comimos?

¿*Dónde* quieres comer?

¡Ojalá que *cuanto* dices sea verdad!

¡No sabes *cuánto* te echo de menos!

El hecho de que una de esas palabras se encuentre en una oración interrogativa o exclamativa no significa que siempre lleve tilde. Solamente si la palabra tiene ese sentido exclamativo o interrogativo, la llevará. Observe que en esos ejemplos que Ud. acaba de leer, las palabras *donde* y *cuanto* no llevan tilde cuando la interrogación o la exclamación no se refiere directamente a ellas.

EJERCICIOS _____

I. *Conteste brevemente las siguientes preguntas.*

1. ¿Qué es el significante de una palabra?
2. ¿Qué es el significado de una palabra?
3. ¿Cuál es la diferencia entre familia léxica y campo semántico?
4. ¿Qué clase de palabra es *pegar*?
5. ¿Qué significa que una palabra es polisémica?
6. ¿Cuál es la definición de palabras sinónimas?
7. ¿Qué clase de palabras son *alto* y *bajo*?
8. ¿Para qué se usa la tilde diacrítica?

II. *Escriba tres palabras pertenecientes al campo semántico de:*

1. animales domésticos
2. flores
3. alhajas o joyas
4. ropa (de hombre o mujer)
5. árboles
6. estaciones del año

III. *Averigüe los significados de las palabras polisémicas siguientes. Escriba dos oraciones cortas con cada palabra utilizando para cada una, un significado distinto. Use como modelo las oraciones con* **pegar** *que aparecen en esta lección.*

1. planta	3. contar	5. pesado	7. botica	9. derecha
2. tronco	4. cara	6. tocar	8. luna	10. gota

IV. *Dé un sinónimo para cada palabra que aparece a continuación.*

A.
1. orar	6. el alumno	11. cauteloso
2. un empleo	7. el vigor	12. colocar
3. alegre	8. tendido	13. el temor
4. el suelo	9. el bosque	14. acongojado
5. la iglesia	10. el costado	15. derrotado

B.
1. esconder	6. el dependiente	11. un recado
2. contestar	7. escamotear	12. los anteojos
3. despedirse	8. tersa	13. un conglomerado
4. encender	9. el aula	14. el gringo
5. apagar	10. flaco	15. desgreñado

V. *Escriba de nuevo estas oraciones cambiando el mayor número posible de palabras por otras sinónimas.*

MODELO: Los animales salvajes viven en la selva.
Las bestias feroces habitan en el bosque.

1. Dio un grito de angustia.
2. La función empezó puntualmente.
3. ¿Qué edad tiene esa muchacha?
4. Ese viejo es un desgraciado mendigo.
5. En la sierra hay una cabaña.
6. Penetraron en la vivienda por la puerta trasera.
7. Tiene el pelo suave y ondeado.
8. La criada guardaba su dinero para comprar cosas valiosas.

VI. *Averigüe la palabra opuesta (antónima) de cada una en esta lista.*

1. inteligente	6. comprar	11. lícito	16. bondad
2. lentamente	7. construir	12. bonita	17. el frío
3. el frente	8. entrar	13. derecha	18. grueso
4. poner	9. joven	14. colgar	19. lejos
5. complicado	10. sumar	15. húmedo	20. arriba

VII. *Coloque las tildes diacríticas necesarias en las palabras que las necesiten en estas oraciones (* **mi, tu, solo, aun,** *etc.).*

1. Deme mas te para el joven que está solo.
2. Aun no se si le dijo que si o que no.
3. Mi secreto es terrible, mas ni aun ella lo sabe.
4. El ejercicio de las vocales es solo para ti.
5. ¿Te llamó el para contarte sobre el viaje?
6. ¿Quieres que se lo de a tu secretario?
7. Si tu no te tomas el te, tu madre me lo dará a mi.
8. Ya no se oye mas el ruido; mas, aguarda . . . si, me parece que lo oigo otra vez.

VIII. *Coloque las tildes diacríticas necesarias en las palabras interrogativas y exclamativas de estas oraciones.*

1. Es preciso que me digas donde debo ponerlo.
2. ¿Cuantas libras pesas, Alicia?
3. De todo cuanto le contó, crea la mitad.
4. ¿Que necesitas que te traiga?
5. ¿Cuando vamos a la biblioteca?
6. ¡Que barbaridad, como corre ese niño!
7. Dime con quien andas y te diré quien eres.
8. ¡Imagínate que no encontramos el libro!
9. Cuando sonó el timbre, abrí la puerta.
10. En cuanto a Felipe . . . ¡que guapo es!

Sección de ortografía
La diéresis: güe, güi

Escuche estas palabras: *blusa, Cuba, apurar.* Todas tienen el sonido /u/. Léalas ahora en voz alta. En la lección anterior vimos otras palabras como *aguinaldo, alargue, burgués.* No se oye la *u* pero ya se sabe que se escribe.

Ahora vamos a escuchar: *bilingüe, Camagüey, averigüe, güiro.* La *u* representa sonido en estas palabras. Cuando se leen, se nota que llevan dos puntos sobre la *u,* así *ü.* Esos puntos que se escriben sobre la *u* en las combinaciones *güe, güi* se llaman **diéresis.**

Cuando leemos una palabra como *guisado* o *maguey* no vemos ningún signo sobre la *u.* Sabemos que esa *u* no representa sonido. Sin embargo, al leer *cigüeña* o *santigüese* vemos la diéresis sobre la *u,* puesto que en ambas palabras esa letra representa sonido.

Los verbos que terminan en *-guar,* como *averiguar* y *santiguar* siempre llevan diéresis en formas como *averigüemos* o *santigüense* para permitir que la *u* conserve su sonido.*

---

*Más sobre estos casos en las lecciones acerca de los verbos.

¡Atención!

Cuidado con las combinaciones *gua, guo*. Aquí la *u* siempre suena: por lo tanto, no lleva diéresis. Ejemplos: Paraguay, agua, averiguo, aguó.

EJERCICIOS

I. *Escuche atentamente la lectura de estas palabras. Escriba la diéresis donde se necesite.*

1. aguacero	4. guinero	7. pinguino	9. verguenza
2. guitarra	5. guineo	8. arguir	10. averiguen
3. aguita	6. guerrero		

II. *Dictado (en el manual del profesor).*

Repaso general II

A. *Dictado (en el manual del profesor).*

B. *Su profesor va a leer en voz alta estas oraciones. Escuche atentamente y coloque las tildes que se necesiten.*

1. ¡Mas te valiera estudiar la fisica y la geometria!
2. ¿Por que no haces la tarea de aritmetica?
3. El catalan y la catalana se fueron en avion.
4. Le dije a el: El disco no es para ti, es para mi.
5. Cuanto gane en el otoño, lo gaste en lapices.
6. En la carcel no estan solo los malvados.
7. Aun me quedan cien dolares por gastar.
8. Recien he sabido que Eloina es medica.
9. ¿Cuanto te costo el titere para Ramon?
10. Ramoncito compro fosforos en el almacen.
11. Andres y Saulito trajeron el baul azul.
12. ¿Ya le preguntaste cuantos años cumplio?
13. ¿Cuales me quedan mejor, los de color purpura o los verdes?
14. Emaus fue un pueblo biblico.
15. Denos dieciseis pajaros parlanchines, señor.
16. Los pajaritos de los arboles vuelan rapidamente.
17. Ella continua hablandole de los problemas del fisicoquimico.
18. Algo muy problematico ocurrio ayer acerca del asunto de el.
19. ¡Como podre agradecerte tus galanterias!
20. Si, ire a la decimo-cuarta funcion, si me invitan.

C. *Conteste brevemente las siguientes preguntas.*

1. ¿Cuáles son las partes con significado en que puede dividirse una palabra?
2. ¿En qué partes se divide la oración simple?
3. ¿Qué le falta a una oración impersonal? Dé un ejemplo original.
4. ¿Puede Ud. dar un ejemplo original de una oración aparentemente impersonal?
5. ¿En qué subtipos se dividen las oraciones interrogativas? Dé ejemplos.

6. Dé un ejemplo original de una oración negativa e imperativa a la vez.
7. ¿Cuántas clases de nombres hay? Dé un ejemplo original de cada clase.
8. Dé la definición y ejemplos de: palabra simple, palabra derivada.
9. Dé la definición y ejemplos de: palabra compuesta, palabra parasintética.
10. ¿Qué parte es esencial en una oración?
11. Diga cuáles son las formas no personales del verbo y dé un ejemplo de cada una.
12. ¿Cuántas conjugaciones verbales hay en español? Dé un ejemplo de cada una.
13. Mencione los cinco pronombres que señalan las personas gramaticales en el singular.
14. Conjugue los verbos *aceptar, correr* y *abrir* en todas las personas gramaticales del presente de indicativo.
15. Haga lo mismo en el futuro de indicativo.
16. Dé cuatro formas irregulares del futuro de indicativo usando la persona gramatical *yo*.
17. Escriba una oración original con el futuro del verbo *trabajar* de manera que exprese probabilidad. Tradúzcala al inglés.
18. ¿Cuál es la diferencia entre el significante y el significado de una palabra?
19. ¿Qué es el campo semántico? Dé ejemplos.
20. Defina las palabras polisémicas, sinónimas y antónimas y dé ejemplos.

D. *Escriba cuatro derivados de cada una de estas palabras para formar familias léxicas:* **dolor, país, tierra, muerte.**

E. *Escriba cuatro palabras que pertenezcan a cada uno de estos campos semánticos:* **labores domésticas, géneros literarios, profesiones, oficios.**

F. *Copie el siguiente párrafo; subraye los nombres con una raya y los verbos con dos.*

Hace ya más de un siglo que un grupo de colonizadores extranjeros llegó en barco al pequeño puerto de Santarém* en el Amazonas. Estas personas venían del sur de Estados Unidos y huían del desorden que había resultado de cuatro años de guerra civil. Pasaron un mes de viaje, desde que salieron de Alabama hasta que arribaron al Brasil, medio muertos de miedo y tristeza.

G. *Escriba dos oraciones con cada palabra polisémica, cada una con un significado distinto:* **gato, ojo, banco, alto, papel**

H. *De los cuentos que ha leído, «El peso falso», «Los quemaditos», «Una caja de plomo que no se podía abrir» y «Espuma y nada más», escoja el que más*

Santarém es una palabra de la lengua portuguesa. Las reglas de acentuación son diferentes de las que se emplean en español.

le haya gustado. Escriba una composición de 100 a 125 palabras explicando por qué es ése su cuento favorito. Trate de escribir con buena ortografía, colocando las tildes correctamente y empleando bien los signos de puntuación.

11

El modo indicativo: tiempos condicional, imperfecto y pretérito

El condicional

En la lección nueve se estudió el futuro y se vio que sus terminaciones se añaden al infinitivo completo: yo *volveré,* él *irá,* nosotros *comeremos.* También se vio que algunos verbos tienen futuros irregulares: tú *saldrás,* Ud. *hará,* ellos *dirán,* etc. El tiempo condicional se parece al futuro, en cuanto a que las terminaciones también se agregan al infinitivo completo: yo *volvería,* él *iría,* nosotros *comeríamos.*

Las terminaciones del tiempo condicional son:
ía, ías, ía, íamos, ían

Tomemos como modelo el verbo *estudiar:*

yo *estudiaría*   nosotros, nosotras *estudiaríamos*
tú *estudiarías*
él, ella, Ud. *estudiaría*   ellos, ellas, Uds. *estudiarían*

Los mismos verbos que tenían futuros irregulares, tienen condicionales irregulares.

querer:	querría, querrías, querría, querríamos, querrían
poder:	podría, podrías, podría, podríamos, podrían
saber:	sabría, sabrías, sabría, sabríamos, sabrían
poner:	pondría, pondrías, pondría, pondríamos, pondrían
salir:	saldría, saldrías, saldría, saldríamos, saldrían
tener:	tendría, tendrías, tendría, tendríamos, tendrían

valer:	valdría, valdrías, valdría, valdríamos, valdrían
venir:	vendría, vendrías, vendría, vendríamos, vendrían
decir:	diría, dirías, diría, diríamos, dirían
hacer:	haría, harías, haría, haríamos, harían

¡Atención a las tildes sobre la *i* tónica!

Lea estos ejemplos del uso del condicional en oraciones.

Yo *iría* al cine, pero no tengo tiempo.
Me dijeron que me *esperarían* en la esquina.
Si pudiéramos, *compraríamos* aquel carro.
Ella *vendría* a estudiar conmigo, pero su madre no se lo permite.
Su marido es tan viejo que *podría* ser su padre.

El condicional también puede expresar probabilidad

Igual que el futuro, el condicional también se usa para expresar probabilidad, pero en el pasado, en vez del presente.

¿Qué hora *sería* cuando llegó Jorge?	*(I wonder what time it was when George arrived.)*
¿Quién *contestaría* el teléfono?	*(I wonder who answered the phone.)*
Estarían enfermas, por eso no vinieron al guateque.	*(They were probably sick, that's why they didn't come to the party.)*

El imperfecto

Otro de los tiempos del modo indicativo es el imperfecto. El pretérito y el imperfecto son los dos tiempos simples (sin verbo auxiliar) que se usan en español para expresar acciones pasadas. Como sucede con el presente, las terminaciones del imperfecto se añaden a la raíz del infinitivo. Estas terminaciones son:

para los verbos que terminan en **-ar:** -aba, -abas, -aba, -ábamos, -aban
para los verbos que terminan en **-er, -ir:** -ía, -ías, -ía, -íamos, -ían, que son las mismas terminaciones del condicional.

EJEMPLOS

Pensar	*Querer*	*Dormir*
pensaba	*quería*	*dormía*
pensabas	*querías*	*dormías*
pensaba	*quería*	*dormía*
pensábamos	*queríamos*	*dormíamos*
pensaban	*querían*	*dormían*

¡Atención a las tildes!

Solamente tres verbos tienen irregularidades en el imperfecto.

ir: iba, ibas, iba, íbamos, iban
ser: era, eras, era, éramos, eran
ver: veía, veías, veía, veíamos, veían (se intercala una *e* entre la *v* de la
          raíz y las terminaciones)

Lea estos ejemplos del uso del imperfecto en oraciones.

Cuando yo *era* niña, *vivía* en Cuba.
Siempre que *íbamos* a la playa, *veíamos* a nuestros vecinos.
Rita *tenía* un vestido de algodón y *llevaba* un bolso marrón que
  combinaba muy bien con sus zapatos.

El pretérito

Como se mencionó antes, el pretérito es el nombre del otro tiempo verbal simple
que expresa el pasado en español. El pretérito es mucho más irregular que el
imperfecto, a causa de las alteraciones que muchos verbos sufren. Las terminaciones regulares del pretérito, que se añaden a la raíz del infinitivo, son:

para los verbos que terminan en **-ar:** -é, -aste, -ó, -amos, -aron
para los verbos que terminan en **-er, -ir:** -í, -iste, -ió, -imos, -ieron

EJEMPLOS

Pintar	*Toser*	*Abrir*
pinté	tosí	abrí
pintaste	tosiste	abriste
pintó	tosió	abrió
pintamos*	tosimos	abrimos*
pintaron	tosieron	abrieron

¡Atención a las tildes!

Observe la diferencia entre *yo pinto* (presente) y *él pintó* (pretérito); *pinte Ud.*
(una orden) y *yo pinté* (pretérito).

Lea estos ejemplos del uso del pretérito en oraciones.

El mes pasado *pinté* mi casa.
La ancianita *tosió* toda la noche.
Abrieron la caja para ver qué tenía dentro.

---

*El pretérito regular de los verbos con infinitivo en **-ar, -ir** de la persona *nosotros (nosotras)*
es igual al presente: *hablamos, pensamos, tocamos, escribimos, oímos, partimos*, etc. Generalmente, se sabe qué tiempo es por el contexto de la oración: Ayer *pintamos* la casa (pretérito) pero Nosotros *pintamos* siempre con acuarela, no con óleo (presente).

Recorrimos toda la ciudad en cinco horas.

¿*Volviste* contento de tus vacaciones?

Ud. *salió* muy serio de la reunión. ¿Qué pasaría allí?

Cambios ortográficos en el pretérito

Algunos verbos que tienen pretéritos regulares, presentan, sin embargo, algunos cambios en la ortografía. Observe estas oraciones.

1. Ayer *saqué* este libro de la biblioteca. (infinitivo=*sacar*)
2. Le *rogué* a la Virgen que me ayudara. (infinitivo=*rogar*)
3. Yo *averigüé* la verdad del asunto. (infinitivo=*averiguar*)
4. *Empecé* a estudiar a las nueve y media. (infinitivo=*empezar*)
5. *Leyeron* seis cuentos durante el curso. (infinitivo=*leer*)

Los cambios ortográficos de las oraciones 1, 2 y 3 se hacen para conservar el sonido del infinitivo.

1. *sacar* (sonido /k/) → *saqué* (sonido /k/).
   Si se escribiera *sacé*, sonaría /sasé/.
2. *rogar* (sonido /g/) → *rogué* (sonido /g/).
   Si se escribiera *rogé*, sonaría /rohé/.
3. *averiguar* (la *u* suena entre *g* y *a*) → *averigüé*, (la *u* de *güé* con diéresis, suena, no es muda).
   Si se escribiera sin diéresis, *averigué*, sonaría /aberigé/, porque la *u* sería muda.

El cambio ortográfico que se observa en la oración 4, se debe a que en español no se escribe *z* delante de *e* ni de *i*.* Finalmente, en la oración 5, tenemos el mismo cambio que se observó en la lección 9 al estudiar el gerundio. La *i* de las terminaciones *-ió* y *-ieron* del pretérito de los verbos con infinitivo en **-er, -ir,** se cambia a *y* cuando está precedida de una vocal. Así como los gerundios de *caer, contribuir, creer, leer, oír* son *cayendo, contribuyendo, creyendo, leyendo, oyendo,* los pretéritos que corresponden a las personas gramaticales *él, ella, usted* y *ellos, ellas, ustedes* son *cayó, cayeron***; *contribuyó, contribuyeron; creyó, creyeron; leyó, leyeron; oyó, oyeron.*

Algunas observaciones importantes

Las formas que corresponden a la persona gramatical *tú* siempre terminan en *s* en los distintos tiempos verbales: *comes, saldrás, pondrías, estudiabas, has*

---

*Ver también las secciones de ortografía de las lecciones 4, 5, 9 y 10.

**Cuidado de no confundir *callar* con *caer* en el pretérito: *callé, callaste, calló, callamos, callaron* y *caí, caíste, cayó, caímos, cayeron.*

traído, *habías* leído, *sepas, hayas* puesto, *quisieras, hubieras* devorado. El único tiempo que no tiene *s* final en la forma verbal correspondiente a *tú* es el pretérito: *comiste, saliste, pusiste, estudiaste, trajiste, leíste, supiste, quisiste,* etc.

Es muy común, en el habla popular, oír una /s/ al final de esas formas: *comistes, salistes, pusistes, estudiastes,* etc., por analogía con todos los demás tiempos. Como en español «oficial» no existen esas formas del pretérito de *tú* con sonido /s/ (ni letra s) al final, Ud. debe tratar de evitarlas al escribir, aunque las use en la lengua hablada.

EJERCICIOS

I. *Conteste brevemente estas preguntas.*

1. ¿En qué se parecen el futuro y el condicional?
2. ¿En qué se parecen el condicional y el imperfecto de los verbos con infinitivos en *-er, -ir*?
3. ¿Qué diferencia hay entre el uso del futuro y el uso del condicional para expresar probabilidad?
4. ¿Cuáles son las terminaciones del imperfecto de los verbos con infinitivo en *-ar*?
5. ¿Cuáles son los verbos que tienen imperfectos irregulares? Conjúguelos en ese tiempo.
6. ¿Cuáles son las terminaciones regulares del pretérito?
7. ¿Qué tiempo presenta más irregularidades, el imperfecto o el pretérito?
8. ¿Qué cambios ortográficos tienen los verbos *tocar* y *pegar* en el pretérito?
9. ¿Por qué se coloca diéresis sobre la *u* de *yo me santigüe* (pretérito de *santiguar*)?
10. ¿Por qué la *z* de *rezar* se cambia a *c* en *yo recé*?
11. ¿Qué cambios ocurren en las terminaciones *-ió* y *-ieron* del pretérito (verbos con infinitivos en *-er, -ir*) cuando la raíz del verbo termina en vocal, como en *huir*?
12. ¿Cuál es el único tiempo verbal que no tiene *s* al final de la forma correspondiente a *tú*?

II. *Copie el siguiente párrafo, subraye todos los **condicionales**, los **imperfectos** y los **pretéritos**, e identifíquelos con **C, I** y **P**. Hay veinte en total.*

El sábado fuimos al hospital a visitar a nuestro amigo enfermo. La enfermera nos advirtió que tendríamos dificultad en hablar con él porque estaba muy débil. Efectivamente, cuando Lucía y yo entramos en su habitación, Felipe tenía los ojos cerrados. Yo diría que dormía pero en verdad, él se encontraba bajo los efectos de un calmante. Lucía me comentó que lo veía bastante mal y que creía que sería prudente estar allí poco rato. En ese momento llegaron dos médicos a reconocerlo y nos recordaron que deberíamos estar callados si queríamos pasar un rato allí. Así, decidimos marcharnos pues molestaríamos a los doctores si nos quedábamos allí.

III. *Escriba el **condicional** y el **imperfecto** de cada infinitivo en la persona indicada.*

1. poder, yo	4. creer, ella	7. querer, tú	9. jugar, ellos
2. meter, nosotros	5. hacer, ustedes	8. poner, yo	10. colgar, usted
3. caber, tú	6. decir, nosotros		

IV. *Traduzca al español estas oraciones, empleando el condicional para expresar probabilidad.*

MODELO: Do you suppose he arrived last night?
¿Llegaría él anoche?

1. What time do you think it was when she called?
2. I am not sure; it was probably three-thirty.
3. Do you suppose they brought the furniture?
4. Do you think they were home Saturday evening?
5. I wonder whether she married Robert or Richard.

V. *Escriba el **pretérito** de los verbos que aparecen señalados en este párrafo.*

El verano pasado mi familia y yo nos *dirigir* a Puerto Rico de vacaciones. Cuando nosotros *subir* al avión, yo les *rogar* a todos los santos para que tuviéramos un buen vuelo. Cuando el avión *aterrizar* en la bella ciudad de San Juan, mi abuelo nos esperaba. Cuando él nos *ver* en el aeropuerto, *correr* a nuestro encuentro. Yo lo *abrazar* con efusión y después le *sacar* una fotografía para guardarla de recuerdo. Después de llegar a su casa, yo *comenzar* a darle todos los regalos que le había llevado y mientras tanto (yo) *averiguar* todo lo concerniente a su estado de salud.

VI. *Escriba el infinitivo de estas formas verbales; identifique cada forma verbal, diciendo si es un **condicional**, un **imperfecto** o un **pretérito**. .*

MODELO: comprendería
comprender *(condicional)*

1. tratábamos	5. ataqué	9. arrancaron	13. pondríamos
2. escogería	6. crucé	10. agüé	14. cabrías
3. queríamos	7. querríamos	11. entregué	15. destruyeron
4. colocabas	8. partieron	12. podrían	

VII. *Escoja 10 de las 15 formas verbales que aparecen en el ejercicio VI. Escriba una oración completa con cada una.*

MODELO: agüé
> *Yo agüé el vino, para que el niño pudiera probarlo.*

VIII. *Escriba un párrafo de unas 75 a 80 palabras empleando el condicional. Subraye todos los condicionales que escriba. Desarrolle el tema que se indica después del modelo.*

MODELO: Si yo no tuviera que estudiar, me *pasaría* los días mirando la televisión. Todas las noches *saldría* a comer a un buen restaurante y después *iría* al cine. Me *acostaría* siempre a las dos de la madrugada . . .

Tema: Si yo tuviera millones de dólares . . .

Sección de ortografía
El uso de la letra h

Como ya se sabe, la letra *h* no representa sonido en español. Esto hace que uno se confunda al escribir, en muchos casos. El estudio de los cognados ayuda en la ortografía, como se ha comprobado antes. Lea estas oraciones.

Me encanta estudiar **historia** (*history*).
Ese chico tiene malos **hábitos** (*habits*).
Bolívar es un **héroe** (*hero*) americano.

Algunos cognados son exactos.

español	*inglés*
alcohol	alcohol
honor	honor
horrible	horrible
horror	horror
hospital	hospital
hotel	hotel
humor	humor

Cuando no se trata de cognados, hay que familiarizarse con las palabras para saber si llevan o no *h*.

Ahora mismo te lo doy.
Me compré una *almohada* muy cómoda.
Ella es bilingüe: *habla* dos lenguas.

EJERCICIOS

I. *En cada oración, traduzca al español la palabra señalada.*

1. Este *vehicle* es muy rápido.
2. El barco se perdió en el *horizon*.
3. Mi hermana está *hospitalized*.
4. Los *Hispanics* deben estar orgullosos de su cultura.
5. ¿Cantan muchos *hymns* en tu iglesia?
6. La *humility* es una virtud.
7. Está *prohibited* fumar aquí.
8. En Nueva York hay mucha *humidity* en el verano.
9. *Holland* es un lindo país.
10. Hay mucha *hunger* en el mundo.
11. En esa ciudad hay un millón de *inhabitants*.
12. El *heir* de la corona se casará pronto.
13. Ellos *inhale* y *exhale* el humo.
14. Esa chica es muy *honest*.
15. Le echó una mirada *hostile*.
16. La *humanity* está en peligro, a causa de las guerras.
17. Hay veinticuatro *hours* en un día.
18. El mango del cuchillo está *adhered* a la hoja.
19. Es un político muy *vehement*.
20. El cocinero le echó *herbs* aromáticas al guiso.

II. *Escriba una **h** donde corresponda. Debe consultar el diccionario si no conoce la palabra. Fíjese que no todas estas palabras llevan **h**.*

A.

1. __olandés	8. __ierro	15. __inchado
2. __istoriador	9. __ilo	16. __ierba
3. a__orrar	10. __ojo	17. __untar
4. to__alla	11. __oja	18. __uerta
5. al__egre	12. __ijo	19. __erir
6. __echar	13. __ermana	20. __erida
7. __erramienta	14. a__ijado	

B.

1. __orno	8. __undir	15. __elado
2. __olor	9. __ondo	16. a__í
3. __alma	10. __incar	17. __armonía
4. __uevo	11. __ungüento	18. __ermoso
5. __oval	12. a__orta	19. __erguido
6. __oyo	13. a__orcar	20. __ola *(wave)*
7. __oyó	14. __usar	

C.
1. __ola (*hello*)
2. ca__os
3. __uella
4. __ueso
5. __uir
6. ba__ía
7. a__ogar

8. __abilidad
9. __acia
10. __allar
11. __uésped
12. __ombro
13. __embra
14. __ielo

15. __ogar
16. __oy
17. __oír
18. __ajo
19. __eje
20. __era

III. *Corrija los errores referentes al uso de la letra* **h** *en las siguientes oraciones.*

1. El oculista le huntó un ungüento en los hojos.
2. Las ojas del árbol se cayeron sobre la almoada.
3. Abía un letrero que decía: "Prohibido alar".
4. ¡No uelas eso que tiene un holor horrible!
5. El alcool es la causa de la henfermedad de mi hermano.
6. Tenía ambre porque gastó su dinero en unas alhajas de hámbar.
7. Hizo un hesfuerzo ercúleo por hallar lo perdido.
8. Tenía un erpes en la horeja izquierda.
9. Va a aorrar para su operación de la ahorta.
10. Se frotó la honda erida con una tohalla.

IV. *Ud verá a continuación una lista de cuatro parejas de palabras. Escriba una oración completa con cada palabra.*

MODELO: ola, hola
*Una **ola** enorme derribó la casita.*
*El chico dijo **hola** al entrar.*

1. ala, hala   2. asta, hasta   3. onda, honda   4. ora, hora

«La noche buena»

Tomás Rivera

La noche buena se aproximaba y la radio, igualmente que la camioneta de la bocina que anunciaba las películas del Teatro Ideal, parecían empujarla con canción, negocio y bendición. Faltaban tres días para la noche buena cuando doña María se decidió comprarles algo a sus niños. Ésta sería la primera vez que les compraría juguetes. Cada año se proponía hacerlo pero siempre terminaba diciéndose que no, que no podían. Su esposo de todas maneras les traía dulces y nueces a cada uno, así que racionalizaba que en realidad no les faltaba nada. Sin embargo, cada navidad preguntaban los niños por sus juguetes. Ella siempre los apaciguaba con lo de siempre. Les decía que se esperaran hasta el seis de enero, el día de los reyes magos y así para cuando se llegaba ese día, ya hasta se les había olvidado todo a los niños. También había notado que sus hijos apreciaban menos y menos la venida de don Chon la noche de navidad, cuando venía con el costal de naranjas y nueces.

—Pero, ¿por qué a nosotros no nos trae nada Santo Clos?

—¿Cómo que no? ¿Luego cuando viene y les trae naranjas y nueces?

—No, pero ése es don Chon.

—No, yo digo lo que siempre aparece debajo de la máquina de coser.

—Ah, eso lo trae papá, apoco cree que no sabemos. ¿Es que no somos buenos como los demás?

—Sí, sí son buenos, pero . . . pues espérense hasta el día de los reyes magos. Ése es el día en que de veras vienen los juguetes y los regalos. Allá en México no viene Santo Clos sino los reyes magos. Y no vienen hasta el seis de enero. Así que ése sí es el mero día.

—Pero, lo que pasa es que se les olvida. Porque a nosotros nunca nos han dado nada ni en la noche buena ni en el día de los reyes magos.

—Bueno, pero a lo mejor esta vez sí.

—Pos sí, ojalá.

Por eso se decidió comprarles algo. Pero no tenían dinero para gastar en juguetes. Su esposo trabajaba casi las diez y ocho horas lavando platos y haciendo de comer en un restaurante. No tenía tiempo de ir al centro para comprar juguetes. Además tenían que alzar cada semana para poder pagar para la ida al norte. Ya les cobraban por los niños aunque fueran parados todo el camino hasta Iowa. Así que les costaba bastante para hacer el viaje. De todas maneras le propuso a su esposo esa noche, cuando llegó bien cansado del trabajo, que les compraran algo.

—Fíjate, viejo, que los niños quieren algo para crismes.

—¿Y luego las naranjas y las nueces que les traigo?

—Pos sí, pero ellos quieren juguetes. Ya no se conforman con comida. Es que están más grandes y ven más.

—No necesitan nada.

—¿A poco tú no tenías juguetes cuando eras niño?

—Sabes que yo mismo los hacía de barro—caballitos, soldaditos. . . .

—Pos sí, pero aquí es distinto, como ven muchas cosas . . . ándale vamos a comprarles algo . . . yo misma voy al Kres.

—¿Tú?

—Sí, yo.

—¿No tienes miedo ir al centro? ¿Te acuerdas allá en Wilmar, Minesora, cómo te perdiste en el centro? ¿'Tas segura que no tienes miedo?

—Sí, sí me acuerdo pero me doy ánimo. Yo voy. Ya me estuve dando ánimo todo el día y estoy segura que no me pierdo aquí. Mira, salgo a la calle. De aquí se ve la hielería. Son cuatro cuadras nomás, según me dijo doña Regina. Luego cuando llegue a la hielería volteo a la derecha y dos cuadras más y estoy en el centro. Allí está el Kres. Luego salgo del Kres, voy hacia la hielería y volteo para esta calle y aquí me tienes.

—De veras que no estaría difícil. Pos sí. Bueno, te voy a dejar dinero sobre la mesa cuando me vaya por la mañana. Pero tienes cuidado, vieja, en estos días hay mucha gente en el centro.

Era que doña María nunca salía de casa sola. La única vez que salía era cuando iba a visitar a su papá y a su hermana que vivían en la siguiente cuadra. Sólo iba a la iglesia cuando había difuntito y a veces cuando había boda. Pero iba siempre con su esposo así que nunca se fijaba por donde iba. También su esposo le traía siempre todo. Él era el que compraba la comida y la ropa. En realidad no conocía el centro aun estando solamente a seis cuadras de su casa. El camposanto quedaba por el lado opuesto al centro, la iglesia también quedaba por ese rumbo. Pasaban por el centro sólo cuando iban de pasada para San Antonio o cuando iban o venían del norte. Casi siempre era de madrugada o de noche. Pero ese día traía ánimo y se preparó para ir al centro.

El siguiente día se levantó, como lo hacía siempre, muy temprano y ya cuando había despachado a su esposo y a los niños recogió el dinero de sobre la mesa y empezó a prepararse para ir al centro. No le llevó mucho tiempo.

—Yo no sé por qué soy tan miedosa yo, Dios mío. Si el centro está solamente a seis cuadras de aquí. Nomás me voy derechito y luego volteo a la derecha al pasar los traques. Luego, dos cuadras, y allí está el Kres. De allá para acá ando las dos cuadras y luego volteo a la izquierda y luego hasta que llegue aquí otra vez. Dios quiera y no me vaya a salir algún perro. Al pasar los traques que no vaya a venir un tren y me pesque en medio . . . Ojalá y no me salga un perro . . . Ojalá y no venga un tren por los traques.

La distancia de su casa al ferrocarril la anduvo rápidamente. Se fue en medio de la calle todo el trecho. Tenía miedo andar por la banqueta. Se le hacía que la mordían los perros o que alguien la cogía. En realidad solamente había un perro en todo el trecho y la mayor parte de la gente ni se dio cuenta de que iba al centro. Ella, sin embargo, seguía andando por en medio de la calle y tuvo suerte de que no pasara un solo mueble si no, no hubiera sabido qué hacer. Al llegar al ferrocarril le entró el miedo. Oía el movimiento y el pitido de los trenes y esto la desconcertaba. No se animaba a cruzar los rieles. Parecía que cada vez que se animaba se oía el pitido de un tren y se volvía a su lugar. Por fin venció el miedo, cerró los ojos y pasó sobre los rieles. Al pasar se le fue quitando el miedo. Volteó a la derecha.

Las aceras estaban repletas de gente y se le empezaron a llenar los oídos de ruido, un ruido que después de entrar no quería salir. No reconocía a nadie en la banqueta. Le entraron ganas de regresarse pero alguien la empujó hacia el centro y los oídos se le llenaban más y más de ruido. Sentía miedo y más y más se le olvidaba la razón por la cual estaba allí entre el gentío. En medio de dos tiendas donde había una callejuela se detuvo para recuperar el ánimo un poco y se quedó viendo un rato a la gente que pasaba.

—Dios mío, ¿qué me pasa? Ya me empiezo a sentir como me sentí en Wilmar.

Ojalá y no me vaya a sentir mal. A ver. Para allá queda la hielería. No, para allá. No, Dios mío, ¿qué me pasa? A ver. Venía andando de allá para acá. Así que queda para allá. Mejor me hubiera quedado en casa. Oiga, perdone usted, ¿dónde está el Kres, por favor? . . . Gracias.

Se fue andando hasta donde le habían indicado y entró. El ruido y la apretura de la gente era peor. Le entró más miedo y ya lo único que quería era salirse de la tienda pero ya no veía la puerta. Sólo veía cosas sobre cosas, gente sobre gente. Hasta oía hablar a las cosas. Se quedó parada un rato viendo vacíamente a lo que estaba enfrente de ella. Era que ya no sabía los nombres de las cosas. Unas personas se le quedaban viendo unos segundos, otras solamente la empujaban para un lado. Permaneció así por un rato y luego empezó a andar de nuevo. Reconoció unos juguetes y los echó en su bolsa, luego vio una cartera y también la echó a la bolsa. De pronto ya no oía el ruido de la gente aunque sí veía todos los movimientos de sus piernas, de sus brazos, de la boca, de sus ojos. Pero no oía nada. Por fin preguntó que dónde quedaba la puerta, la salida. Le indicaron y empezó a andar hacia aquel rumbo. Empujó y empujó gente hasta que llegó a empujar la puerta y salió.

Apenas había estado unos segundos en la acera tratando de reconocer dónde estaba, cuando sintió que alguien la cogió fuerte del brazo. Hasta la hicieron que diera un gemido.

—Here she is . . . these damn people, always stealing something, stealing. I've been watching you all along. Let's have that bag.

—¿Pero . . . ?

Y ya no oyó nada por mucho tiempo. Sólo vio que el cemento de la acera se vino a sus ojos y que una piedrita se le metió en el ojo y le calaba mucho. Sentía que la estiraban de los brazos y aun cuando la voltearon boca arriba veía a todos muy retirados. Se veía a sí misma. Se sentía hablar pero ni ella sabía lo que decía pero sí se veía mover la boca. También veía puras caras desconocidas. Luego vio al empleado con la pistola en la cartuchera y le entró un miedo terrible. Fue cuando se volvió a acordar de sus hijos. Le empezaron a salir las lágrimas y lloró. Luego ya no supo nada. Sólo se sentía andar en un mar de gente. Los brazos la rozaban como si fueron olas.

—De a buena suerte que mi compadre andaba por allí. Él fue el que me fue a avisar al restaurante. ¿Cómo te sientes?

—Yo creo que estoy loca, viejo.

—Por eso te pregunté que si no te irías a sentir mal como en Wilmar.

—¿Qué va a ser de mis hijos con una mamá loca? Con una loca que ni siquiera sabe hablar ni ir al centro.

—De todos modos, fui a traer al notario público. Y él fue el que fue conmigo a la cárcel. Él le explicó todo al empleado. Que se te había volado la cabeza. Y que te daban ataques de nervios cuando andabas entre mucha gente.

—¿Y si me mandan a un manicomio? Yo no quiero dejar a mis hijos. Por favor, viejo, no vayas a dejar que me manden, que no me lleven. Mejor no hubiera ido al centro.

—Pos nomás quédate aquí dentro de la casa y no te salgas del solar. Que al cabo no hay necesidad. Yo te traigo todo lo que necesites. Mira, ya no llores, ya no llores. No, mejor llora, para que te desahogues. Les voy a decir a los muchachos que ya no te anden fregando con Santo Clos. Les voy a decir que no hay para que no te molesten con eso ya.

—No, viejo, no seas malo. Díles que si no les trae nada en noche buena que es porque les van a traer algo los reyes magos.

—Pero . . . Bueno, como tú quieras. Yo creo que siempre lo mejor es tener esperanzas.

Los niños que estaban escondidos detrás de la puerta oyeron todo pero no comprendieron muy bien. Y esperaron el día de los reyes magos como todos los años. Cuando llegó y pasó aquel día sin regalos no preguntaron nada.

EJERCICIOS

I. *Complete las oraciones siguientes con las palabras que faltan, de acuerdo con el cuento.*

1. _____ se acercaba; sólo faltaban _____ .
2. _____ no iban a recibir juguetes.
3. Cuando pasaban la Navidad sin juguetes, sus padres les decían que _____ .
4. _____ es el día de los Reyes Magos.
5. Su padre siempre les traía _____ .
6. Su madre se llamaba _____ .
7. Este año doña María quería _____ .
8. El padre de los niños trabajaba en _____ .
9. Él _____ para comprar los juguetes, porque trabajaba muchas horas.
10. Doña María _____ de ir sola al centro, porque no estaba acostumbrada.
11. El centro quedaba a sólo _____ de su casa.
12. Finalmente María _____ a ir sola.
13. Al día siguiente recogió _____ y se preparó para salir.
14. La tienda a la que iba se llamaba _____ .
15. Había _____ en la calle por ser la época navideña.
16. María entró en el Kres y echó _____ en su bolsa.
17. Como estaba aturdida, salió sin _____ .
18. En la acera _____ la agarraron por los brazos.
19. Ellos creían que ella había _____ .
20. Doña María estaba asustada porque el empleado tenía _____ .
21. La llevaron a _____ .
22. _____ le avisó a su esposo.
23. _____ le explicó al empleado que ella había perdido la cabeza.
24. Doña María temía que la metieran en un _____ .
25. Su esposo le pidió que _____ más del solar.
26. Esa Navidad los muchachos tampoco _____ .

II. *Conteste brevemente estas preguntas.*

1. ¿Cuál es la diferencia entre *el radio* y *la radio*?
2. ¿Qué es *camioneta* con respecto a *camión*?
3. ¿Qué palabra se podría colocar en esta oración en el espacio señalado? Ella se decidió _____ comprarles juguetes.
4. ¿Qué es *un costal* de naranjas?
5. ¿Puede sustituir las palabras señaladas por otras? ¿*Luego* cuando viene y les trae nueces? ¿*Apoco* cree que no sabemos?
6. ¿Cuál es la forma «oficial» de *pos*?
7. ¿Qué sentido tienen aquí las palabras *viejo* y *vieja*?
8. ¿Qué significa *crismes** y por qué se usa esa forma en el cuento?
9. ¿Qué es *una hielería*?
10. ¿Puede Ud. sustituir la frase señalada por otra? *Se le hacía* que la mordían los perros.
11. ¿Qué es *callejuela* con respecto a *calle*?
12. ¿Qué significa la palabra señalada en esta oración? Vio al empleado con la pistola en *la cartuchera*.
13. ¿Qué es *un manicomio*?

III. *Busque palabras sinónimas para las que aparecen señaladas en estas oraciones.*

1. La noche buena *se aproximaba*.
2. Ella siempre los *apaciguaba*.
3. La madre *alzó* al niño del suelo.
4. Tenían que *alzar* para poder pagar la ida al norte.
5. Él mismo hacía caballitos de *barro*.
6. Él le *dio ánimo* a su esposa.
7. Cuando llegue a la hielería, *volteo* a la derecha.
8. Ella iba a la iglesia cuando había *difuntito* (difunto).
9. *El camposanto* quedaba opuesto al centro.
10. Tenía miedo al pasar *los traques*.*
11. De allá para acá *ando* las dos cuadras.
12. Se fue en medio de la calle todo *el trecho*.
13. Tenía miedo andar por *la banqueta*.
14. Tuvo suerte de que no pasara un solo *mueble* por la calle.
15. *El pitido* de los trenes la *desconcertaba*.
16. Le entraron ganas de *regresarse*.
17. Las aceras estaban *repletas* de gente.
18. No sabía por qué estaba allí entre *el gentío*.
19. Dio *un gemido* cuando la cogió fuerte del brazo.

---

*Ver la lección 25.

20. Una piedrita se le metió en el ojo y le *calaba* mucho.
21. Veía a todos muy *retirados*.
22. Los brazos de la gente la *rozaban*.
23. ¡No te salgas más del *solar*!
24. *Al cabo*, no hay necesidad de ir.
25. Los muchachos siempre te andan *fregando* con Santo Clos.

IV. *Junto a cada oración, escriba una V si es verdadera y una F si es falsa.*

1. Don Chon era el padre de los niños.
2. Esta familia vivía en Iowa.
3. Los niños hacían sus propios juguetes de barro.
4. El padre de doña María vivía cerca de la casa de ella.
5. El esposo de María era cocinero.
6. En México se celebra el día de los Reyes Magos.
7. Doña María era hija única.
8. A doña María le gustaban mucho los perros.
9. María quería comprar una cartera, además de los juguetes.
10. El notario público era el padrino de los niños.

V. *Lea cuidadosamente el último diálogo del cuento: «—De a buena suerte que mi compadre andaba por allí . . .» hasta . . . «Yo creo que siempre lo mejor es tener esperanzas». Escriba el diálogo en estilo indirecto empleando unas 75 palabras.*

VI. *Escriba una composición titulada «Las fiestas de Navidad y Año Nuevo», empleando unas 175 a 200 palabras.*

a. ¿Qué día se celebra más en su casa, la Navidad o la víspera de Año Nuevo?
b. ¿Cómo celebran Uds. cada fiesta: en familia, en casa de amigos, en un restaurante o club, con una cena, intercambiando regalos, etc.?
c. Descripción de las comidas típicas de esos días.
d. ¿Van a la iglesia Uds.? Explique esto, en caso afirmativo.
e. ¿Ha pasado Ud. estas fiestas alguna vez en otro país? Explique esto.
f. Conclusiones: compare la celebración de la última Navidad o del último Año Nuevo con la época en que Ud. tenía seis o siete años y diga cuándo fue mejor y por qué.

VII. *Dictado (en el manual del profesor).*

El número
de los nombres

Observe Ud. las oraciones siguientes.

La niña estudia su lección.   Las niñas estudian sus lecciones.

Ahora fíjese en los nombres que aparecen en ellas.

niña—niñas   lección—lecciones

Los nombres que aparecen a la izquierda están en *el número singular: niña,
lección*. Los nombres que aparecen a la derecha de esos dos, están en *el número
plural: niñas, lecciones*. El singular se refiere a la unidad: uno. El plural, a dos o
más.

Formación del plural

Niña, singular, se convierte en *niñas*, plural. ¿A qué conclusión ha llegado usted?
Compruebe si coincide con esta regla:
> *Los nombres que terminan en **vocal** en el singular, añaden una **-s** para
> formar el plural.*

Ahora, observe el nombre *lección*, que en el plural se convierte en *lecciones*.
¿Puede Ud. expresar la regla?
> *Los nombres que terminan en **consonante** en el singular, añaden **-es** para
> formar el plural.*

¡Atención!

Observe estos ejemplos.

La *cruz* es de madera.   Las *cruces* son de madera.
Se oyó una *voz*.   Se oyeron unas *voces*.

136

¿Ya ha inducido Ud. la regla?

> *Los nombres que terminan en* **consonante-z** *en el singular, la cambian a* **c** *antes de añadir* **-es** *para formar el plural.*

Excepciones a las reglas

Estas son las reglas generales, pero hay algunas excepciones. Observe esta oración:

> Mi sortija tiene un *rubí* y la suya, tres *rubíes.*

El nombre *rubí* termina en vocal, sin embargo forma su plural añadiendo *-es*. Se trata de una excepción. Muchos nombres que terminan en vocal tónica añaden *-es* en el plural, especialmente si esa vocal es *-í, -ú* y algunas veces *-á* (Cuidado: el plural de *mamá* y *papá* es siempre *mamás* y *papás*).

> *Ejemplos:*   sofá—**sofaes** (también **sofás**)
>
> ají—**ajíes**
>
> bambú—**bambúes** (también **bambús**)

Asimismo hay otra excepción en los nombres que terminan en *-y* que, como ya se sabe, suena /i/; estos nombres añaden igualmente *-es* en el plural y entonces el sonido /i/ de la *y* se convierte en sonido /y/.

> *Ejemplos:*   ley—**leyes**   mamey—**mameyes**
>
> rey—**reyes**   buey—**bueyes**

Observe ahora estas oraciones.

> *Esta crisis* ha provocado *otras crisis.*
>
> *El próximo martes* y *todos los martes* iremos a la clase de baile.

Como se puede ver, hay nombres que tienen la misma forma en el singular que en el plural. Se trata de algunos que terminan en *-s* en el singular.

Ejemplos::

el lunes *(y los demás días de la semana, menos sábado y domingo)*	los lunes
el análisis	los análisis
la caries	las caries
la dosis	las dosis

El plural de estos nombres se indica con el determinante* (*el* jueves, *los* jueves); el nombre no cambia. Hay muchas excepciones: el *mes*, los *meses;* la *tos*, las *toses*, etc.

---

*Ver la lección 15.

Ahora lea Ud. estos nombres.

> *el inglés, los ingleses; el francés, los franceses; el holandés, los holandeses; el irlandés, los irlandeses**

Muchos nombres que expresan nacionalidad y terminan en -*s* en el singular, añaden -*es* en el plural.

Finalmente, observe Ud. estas oraciones.

> Hay solamente una *flor* roja en este *ramo.*
> Enrique es *soldado* del *ejército* americano.
> Elena es *jugadora* de aquel *equipo.*
> Yo soy *músico* en una *orquesta.*
> Me comí un *plátano* de este *racimo.***

Todos los nombres señalados están en el número singular, pero los de la derecha de cada oración designan un grupo y no un objeto aislado o una persona sola. Esos nombres se llaman **colectivos** mientras que los otros son **individuales.** Los nombres colectivos, por supuesto, también se usan en el plural: *dos ramos, varios ejércitos, los equipos,* etc.; pero aun en el singular, se refieren a más de un objeto o persona. Si se habla de *la familia, la gente,* etc. se dice: Mi familia *es* muy unida, La gente *dice* la verdad. Oraciones como: *Mi familia son muy unidos* y *La gente dicen la verdad* no se admiten en español «oficial», especialmente cuando se trata de la lengua escrita.

EJERCICIOS

I. *Conteste brevemente las preguntas siguientes.*

1. ¿Cómo se forma el plural de los nombres que terminan en vocal?
2. ¿Cuál es la excepción a la regla anterior?
3. ¿Cómo se forma el plural de los nombres que terminan en consonante?
4. ¿Qué le sucede al nombre *nariz* en el plural?
5. ¿Cómo forman su plural los nombres que terminan en -*y*?
6. ¿Cuál es la definición de nombres colectivos? Dé tres ejemplos.

---

*¡**Atención!** Palabras como *lección, corazón, francés, inglés,* etc. que son agudas terminadas en *n* y *s* y por lo tanto llevan tilde, la pierden en el plural: *lecciones, corazones, franceses, ingleses.* Ahora la sílaba tónica es la segunda, contando de derecha a izquierda. Se trata de palabras llanas terminadas en -*s;* como ya se estudió, tales palabras no llevan tilde.

**No es lo mismo *unos plátanos* que *un racimo de plátanos.* En el primer caso pensamos en plátanos sueltos, separados, mientras que en el segundo están juntos, de manera que dan lugar a una nueva unidad: *el racimo.*

II. *Escriba el plural de los nombres que aparecen a continuación.*

1. colibrí	5. el japonés	9. papá	13. tomate
2. reloj	6. la dosis	10. pez	14. maní
3. el jueves	7. zapato	11. el mes	15. miel
4. sábado	8. convoy	12. el miércoles	

III. *Vuelva a escribir estos párrafos, corrigiendo los errores en cuanto a los plurales de los nombres.*

A. Todos los márteses voy a una clase de natación con unos inglés que son mis amigos. Dos vezes he perdido la clase porque todos los relós de mi casa estaban atrasados. Las leys del gimnasio no permiten llegar tarde a las clase. Me pongo unos zapatoes de tenis que mis papases *(parents)* me compraron hace tres mese.

B. Los ejercicio que escribimos en clase son fáciles. Ayer preparamos dos composición. Yo conozco a unos muchacho de Haití que hablan francés, pero a ellos no les gusta que les llamen «los francese». Los sábadoes y los domingo vamos con ellos a casa de nuestras amiga para preparar la tarea para el lune. Los martes no vamos a la universidad; nos dirigimos a la cafetería donde comemos manises y tomamos refrescos. Yo he faltado a clase solamente dos veses.

IV. *Escriba los nombres colectivos que corresponden a un grupo o conjunto de:*

1. árboles	6. soldados	11. platos, tazas, etc.
2. flores	7. perros	12. palmas
3. barcos	8. abejas	13. personas
4. estudiantes	9. ovejas	14. álamos
5. plátanos	10. músicos	15. profesores

Sección de ortografía
La confusión entre hacer y a ser

El verbo *hacer* y la palabra *a* seguida del verbo *ser* tienen el mismo sonido /aser/. Por eso, es muy común confundirlos en la escritura. Si se tiene duda al escribir, se puede traducir al inglés. Si la traducción es *to do* or *to make*, se trata de *hacer*. Pero si es *to be*, entonces se trata de *ser*.

Yo no puedo *hacer* eso.
Ellos quieren *hacer* ahora los ejercicios.
Empezamos a *hacer* el rompecabezas después de cenar.

Sus padres lo acostumbraron *a ser* trabajador.
Me decidí *a ser* maestra en vez de bailarina.

EJERCICIOS

I. *En cada oración, inserte (a) **hacer** o **a ser**, según sea correcto.*

1. Ella va ———— médica.
2. Yo vengo ———— los ejercicios.
3. La Srta. López llegó ———— presidenta del país.
4. Me gusta ———— bizcochos para los niños.
5. Hay que ———— muchos dictados para practicar.
6. Los profesores van ———— los primeros en llegar.
7. Debemos ———— un esfuerzo y estudiar más.
8. Mis padres me enseñaron ———— responsable.
9. Yo no sé ———— eso.
10. Ella está decidida ———— la primera siempre.

II. *En cada oración, encierre en un círculo la forma correcta de las dos que se proponen. Si se trata de **hacer**, aclare si debe llevar a delante o no.*

1. Quiero *(a) hacer/a ser* una llamada telefónica.
2. Ellos llegaron *(a) hacer/a ser* atletas famosos.
3. Les encanta *(a) hacer/a ser* calistenia.
4. Estamos aprendiendo *(a) hacer/a ser* pasteles.
5. Está acostumbrado *(a) hacer/a ser* siempre el mejor de su equipo.
6. Este niño va *(a) hacer/a ser* un pianista excelente.

III. *Dictado (en el manual del profesor).*

El modo indicativo: tiempos compuestos

Se llama **tiempos compuestos** o **perfectos** a los tiempos verbales que tienen un verbo auxiliar. Este verbo es *haber* (inglés **to have**). En general, todos los tiempos compuestos que se usan en español en el modo indicativo, también se usan en inglés. Ejemplos:

Yo he visto esa película dos veces.	*I have seen that movie twice.*
Cuando la conocí, ya *ella había terminado* sus estudios.	*When I met her, **she had completed** her studies already.*
Habremos acabado la tarea para las nueve.	***We will have finished** our homework by nine o'clock.*
Si *yo hubiera sabido** que tú estabas enferma, no te *habría molestado*.	*If **I had known** that you were sick, **I would not have bothered** you.*

Los cuatro tiempos que se han usado en las oraciones anteriores son:

1. el presente perfecto (*present perfect*)
2. el pluscuamperfecto (*pluperfect or past perfect*)
3. el futuro perfecto (*future perfect*)
4. el condicional perfecto (*conditional perfect*)

Formación de los tiempos compuestos

Para formar los tiempos compuestos, se conjuga el verbo auxiliar *haber*:

1. *en el presente:* he, has, ha, hemos, han** (para el presente perfecto)

---

*Este tiempo es el *pluscuamperfecto* del modo subjuntivo que se verá en la lección 17.
**Observe que, sin la *h*, éstas son las mismas terminaciones del futuro.

2. *en el imperfecto*: había, habías, había, habíamos, habían (para el pluscuamperfecto)
3. *en el futuro*: habré, habrás, habrá, habremos, habrán (para el futuro perfecto)
4. *en el condicional*: habría, habrías, habría, habríamos, habrían* (para el condicional perfecto)

El verbo principal (*ver, terminar, acabar, molestar*), en cada caso, aparece en forma de *participio*, como se vio en los ejemplos: he *visto*, había *terminado*, habremos *acabado*, habría *molestado*.

Formación de los participios

La mayor parte de los participios (**past participles** en inglés) se forma así:

verbos con infinitivo en **-ar:** se añade *-ado* a la raíz
verbos con infinitivo en **-er, -ir:** se añade *-ido* a la raíz

> **Ejemplos:** bailado, ocultado, preparado, comido, barrido, leído, partido, subido, dormido

Resumen de la conjugación de los tiempos compuestos

De los cuatro tiempos compuestos que aparecen en esta lección, el presente perfecto y el pluscuamperfecto son los que se emplean más comúnmente. A continuación, un resumen de la conjugación de cada uno de esos cuatro tiempos verbales.

> **Ejemplo:** preparar (*presente perfecto*) yo he preparado, tú has preparado, él (ella, usted) ha preparado, nosotros (nosotras) hemos preparado, ellos (ellas, ustedes) han preparado
>
> **Ejemplo:** escribir (*pluscuamperfecto*) yo había escrito, tú habías escrito, él (ella, usted) había escrito, nosotros (nosotras) habíamos escrito, ellos (ellas, ustedes) habían escrito
>
> **Ejemplo:** salir (*futuro perfecto*) yo habré salido, tú habrás salido, él (ella, usted) habrá salido, nosotros (nosotras) habremos salido, ellos (ellas, ustedes) habrán salido
>
> **Ejemplo:** volver (*condicional perfecto*) yo habría vuelto, tú habrías vuelto, él (ella, usted) habría vuelto, nosotros (nosotras) habríamos vuelto, ellos (ellas, ustedes) habrían vuelto

---

*Cuidado no confundirse con el imperfecto de *abrir: abría, abrías, abría, abríamos, abrían.*

Participios irregulares

Hay un grupo de verbos que tienen participios irregulares.

abrir—abierto   morir—muerto
cubrir—cubierto   poner—puesto
decir—dicho   resolver—resuelto
devolver—devuelto   satisfacer—satisfecho
escribir—escrito   ver—visto
hacer—hecho   volver—vuelto

Lea estas oraciones:

Me ha *abierto* la puerta un señor alto y guapo.
¡Niño, te he *dicho* que eso no se hace!
Cuando le indiqué lo que tenía que hacer, ya lo había *hecho*.
De yo habérselo contado, se habría *muerto* de la vergüenza.

En el español popular, es corriente oír frases como:

Le he *escribido* una carta a mi tía.
No me has *devolvido* el libro que te presté.
¿Habrán *resolvido* ya su problema?

Estas formas no existen en español «oficial». Es importante recordar esto, especialmente al escribir puesto que la lengua escrita es mucho más normativa que la lengua hablada.

El futuro perfecto también puede expresar probabilidad

El futuro perfecto también se usa para expresar probabilidad en el pasado. Observe Ud. estas oraciones.

¿Dónde estará mi sortija? No puedo encontrarla. ¿La *habré perdido?*

I wonder where my ring is. I can't find it. ***I must have lost it.***

¿*Habrán llegado* ya a Chicago? Hace una hora que salieron.

I wonder whether they have arrived in Chicago already. They left an hour ago.

EJERCICIOS

I. *Conteste brevemente estas preguntas.*

1. ¿A qué se llama *tiempos compuestos?*
2. ¿Cuál es el verbo auxiliar de los tiempos compuestos?

3. Diga los nombres de los cuatro tiempos compuestos del modo indicativo, en español y en inglés.
4. ¿Qué verbo se conjuga en los tiempos compuestos, el auxiliar o el verbo principal?
5. ¿Cómo se forman los participios regulares? Dé varios ejemplos.
6. De los cuatro tiempos compuestos del indicativo, ¿cuáles son los que se usan con más frecuencia?
7. Trate de escribir de memoria los doce verbos que tienen participios irregulares: dé el infinitivo y el participio de cada uno.
8. ¿Cuál de los cuatro tiempos compuestos del indicativo puede usarse para expresar probabilidad?

II. *Indique los errores relacionados con los tiempos compuestos que aparecen en estas oraciones. Escriba la forma normativa para cada uno.*

MODELOS: Ella *vía* salido cuando fui a buscarla. *había*
No me ha *satisfacido* tu explicación. *satisfecho*

1. Ya yo ha comprendido la explicación del maestro.
2. El ha confusado todas las respuestas de los ejercicios.
3. Nosotros le habíamos ponido un vestido nuevo a la nena.
4. ¿Tú vías guardado el documento?
5. ¿Habrá volvido Gracita de la excursión?
6. ¡Nunca víamos visto una cosa igual!
7. Caridad no había escribido a Cuba desde que salió.
8. Yo no ha creído ni una palabra del cuento que me hizo.
9. Yo no me vía dado cuenta de lo que pasaba, porque no veía bien.
10. No vían metido el carro en el garaje, cuando los vecinos empezaron a gritarles.

III. *Escriba los infinitivos de los siguientes participios.*

MODELO: hecho   *hacer*

1. caído	6. vuelto	11. oído	16. sentido
2. poseído	7. robado	12. ido	17. deshecho*
3. abierto	8. evitado	13. cocinado	18. visto
4. dicho	9. puesto	14. crecido	19. esperado
5. muerto	10. sonreído	15. sentado	20. cosido

IV. *Cambie cada pretérito al presente perfecto y al pluscuamperfecto; después, dé el infinitivo correspondiente a cada uno.*

MODELO: yo creé
yo *he creado*, yo *había creado*, *crear*

---

*Cuidado no confundir *deshacer* (to pull apart) con *desechar* (to get rid of).

1. ellos echaron
2. tú volviste
3. yo peleé
4. yo creí

5. Ud. escribió
6. nosotros resolvimos
7. él cubrió
8. Uds. fingieron

V. *Traduzca estas oraciones al español, usando el futuro perfecto para expresar probabilidad. No es necesario traducir la palabra* **probably**.

MODELO: I wonder who has gone to Paris.
¿Quién habrá ido a París?
I don't remember; they have (probably) gone.
No recuerdo. Habrán ido ellos.

1.   I wonder who has done it.
2.   They have (probably) visited that country.
3.   I wonder who has taken the keys.
4.   She (probably) has not stolen the money.

VI. *Complete las siguientes oraciones dando el condicional perfecto de cada infinitivo.*

MODELO: Si tú hubieras tenido paciencia, lo *esperar*.
Si tú hubieras tenido paciencia, lo *habrías esperado*.

1.   De haber sabido que la tela era tan barata, yo la *comprar*.
2.   Si a ellas les hubiese gustado el espectáculo, *aplaudir*.
3.   Si tú hubieras salido temprano, *llegar* a tiempo.
4.   Si nosotros hubiéramos sabido que iba a llover, *llevar* el paraguas.
5.   De haber tenido la oportunidad, María *ir* a Acapulco.

Sección de ortografía
La confusión entre haber y a ver

El verbo *haber* (*to have*) es el auxiliar de los tiempos compuestos, como ya se ha visto. Muchas veces lo empleamos en su forma infinitiva, sin conjugarlo.

No contesta el teléfono, debe *haber* salido.
Tenías que *haber* preparado tus lecciones.
Después de *haber* terminado de leer, cerró el libro.

Cuando se usa así, *haber* puede confundirse, en la escritura, con *a ver*: la palabra *a* seguida del verbo *ver* (*to see*).

A ver si traes a Luis a la fiesta.

Voy *a ver* esa película el sábado.

Después de la operación, el ciego empezó *a ver*.

Al hablar, ambas formas, *haber* y *a ver*, tienen igual sonido, /aber/.

EJERCICIOS

I. *Escriba en cada espacio en blanco la forma (a)* **haber** *o* **a ver**, *según sea correcto.*

1. Voy _____ a mi amigo hoy.
2. Vamos _____ si aprendemos los verbos.
3. Debe _____ una explicación para ese misterio.
4. No sé si va_____ una fiesta el sábado.
5. Me parece que debe _____ menos de veinte estudiantes aquí.
6. Él tiene que _____ sido el culpable.
7. ¡_____ si estudias más para el segundo examen!
8. Siempre vienen _____ la parada en nuestro televisor.

II. *Encierre en un círculo la forma correcta en cada oración. Si se trata de* **haber**, *aclare si debe llevar* **a** *delante o no.*

1. Debiste *(a) haber/a ver* pensado más antes de decir eso.
2. Debo de *(a) haber/a ver* dejado el libro en casa.
3. *(A) haber/a ver* si es cierto lo que prometen estos políticos.
4. Finalmente Rogelio empezó *(a) haber/a ver* lo difícil de la situación.
5. Probablemente va *(a) haber/a ver* una prueba mañana.
6. ¿Llegaste *(a) haber/a ver* a tu consejero?

III. *Dictado (en el manual del profesor).*

Garabatos

Pedro Juan Soto

1

El reloj marcaba las siete y él despertó por un instante. Ni su mujer estaba en la cama, ni sus hijos en el camastro. Sepultó la cabeza bajo la almohada para ensordecer el escándalo que venía desde la cocina. No volvió a abrir los ojos hasta las diez, obligado ahora por las sacudidas de Graciela.

Aclaró la vista estregando los ojos chicos y removiendo las lagañas, sólo para distinguir el cuerpo ancho de su mujer plantado frente a la cama, en aquella actitud desafiante. Oyó la voz estentórea de ella, que parecía brotar directamente del ombligo.

—¡Qué! ¿Tú piensah seguil echao toa tu vida? Parece que la mala barriga te ha dao a ti. Sin embalgo, yo calgo el muchacho.

Todavía él no la miraba a la cara. Fijaba la vista en el vientre hinchado, en la pelota de carne que crecía diariamente y que amenazaba romper el cinturón de la bata.

—¡Acaba de levantalte, condenao! ¿O quiereh que te eche agua?

Él vociferó a las piernas abiertas y a los brazos en jarra, al vientre amenazante, al rostro enojado:

—¡Me levanto cuando me salga di adentro y no cuando uhté mande! ¡Adiós! ¿Qué se cree uhté?

Retornó la cabeza a las sábanas, oliendo las manchas de brillantina en la almohada y el sudor pasmado de la colcha.

A ella le dominó la masa inerte del hombre: la amenaza latente en los brazos quietos, la semejanza del cuerpo al de un lagartijo enorme.

Ahogó los reproches en un morder de labios y caminó de nuevo hacia la cocina, dejando atrás la habitación donde chisporroteaba, sobre el ropero, la vela ofrecida a San Lázaro. Dejando atrás la palma bendita del último Domingo de Ramos y las estampas religiosas que colgaban de la pared.

Era un sótano donde vivían. Pero aunque lo sostuviera la miseria, era un techo sobre sus cabezas. Aunque sobre este techo patearan y barrieran otros inquilinos, aunque por las rendijas lloviera basura, ella agradecía a sus santos tener donde vivir. Pero Rosendo seguía sin empleo. Ni los santos lograban emplearlo. Siempre en las nubes, atento más a su propio desvarío que a su familia.

Sintió que iba a llorar. Ahora lloraba con tanta facilidad. Pensando: Dios Santo si yo no hago más que parir y parir como una perra y este hombre no se preocupa por buscar trabajo porque prefiere que el gobierno nos mantenga por correo mientras él se la pasa por ahí mirando a los cuatro vientos como Juan Bobo y diciendo que quiere ser pintor.

Detuvo el llanto apretando los dientes, cerrando la salida de las quejas que pugnaban por hacerse grito. Devolviendo llanto y quejas al pozo de los nervios, donde aguardarían a que la histeria les abriera cauce y les transformara en insulto para el marido, o nalgada para los hijos o plegaria para la Virgen del Socorro.

Se sentó a la mesa, viendo a sus hijos correr por la cocina. Pensando en el árbol de Navidad que no tendrían y los juguetes que mañana habrían de envidiarles a los demás niños. Porque esta noche es Nochebuena y mañana es Navidad.

—¡Ahora yo te dihparo y tú te caeh muelto!

Los niños jugaban bajo la mesa.

—Neneh, no hagan tanto ruido, bendito . . .

—¡Yo soy Chen Otry!—dijo el mayor.

—¡Y yo Palón Casidí!

—Neneh, que tengo dolol de cabeza, por Dioh . . .

—¡Tú no ereh Palón na! ¡Tú ereh el pillo y yo te mato!

—¡No! ¡Maaamiii!

Graciela torció el cuerpo y metió la cabeza bajo la mesa para verlos forcejear.

—¡Muchachos, salgan de ahí! ¡Maldita sea mi vida! ¡ROSENDO ACABA DE LEVANTALTE!

Los chiquillos corrían nuevamente por la habitación; gritando y riendo uno, llorando otro.

—¡ROSENDO!

2

Rosendo bebía el café sin hacer caso de los insultos de la mujer.

—¿Qué piensah hacer hoy, buhcal trabajo o seguil por ahí de bodega en bodega y de bar en bar, dibujando a to esoh vagoh?

Él bebía el café del desayuno, mordiéndose los labios distraídamente, fumando entre sorbo y sorbo su último cigarrillo. Ella daba vueltas alrededor de la mesa, pasándose la mano por encima del vientre para detener los movimientos del feto.

—Seguramente iráh a la teltulia de loh caricortaoh a jugar alguna peseta prehtá, creyéndote que el maná va a cael del cielo hoy.

—Déjame quieto, mujer . . .

—Sí, siempre eh lo mihmo: ¡déjame quieto! Mañana eh Crihmah y esoh muchachoh se van a quedal sin jugueteh.

—El día de Reyeh en enero . . .

—A Niu Yol no vienen loh Reyeh. ¡A Niu Yol viene Santa Cloh!

—Bueno, cuando venga el que sea, ya veremoh.

—¡Ave María Purísima, qué padre, Dioh mío! ¡No te preocupan na máh que tuh garabatoh! ¡El altihta! ¡Un hombre viejo como tú!

Se levantó de la mesa y fue al dormitorio, hastiado de oír a la mujer. Miró por la única ventana. Toda la nieve caída tres días antes estaba sucia. Los automóviles habían aplastado y ennegrecido la del asfalto. La de las aceras había sido hollada y orinada por hombres y perros. Los días eran más fríos ahora porque la nieve estaba allí, hostilmente presente, envilecida, acomodada en la miseria. Desprovista de toda la inocencia que trajo el primer día.

Era una calle lóbrega, bajo un aire pesado, en un día grandiosamente opaco.

Rosendo se acercó al ropero para sacar de una gaveta un envoltorio de papeles. Sentándose en el alféizar, comenzó a examinarlos. Allí estaban todas las bolsas de papel que él había recogido para romperlas y dibujar. Dibujaba de noche, mientras la mujer y los hijos dormían. Dibujaba de memoria los rostros borrachos, los rostros angustiados de la gente de Harlem: todo lo visto y compartido en sus andanzas del día.

Graciela decía que él estaba en la segunda infancia. Si él se ausentaba de la mujer quejumbrosa y de los niños llorosos, explorando en la Babia imprecisa de sus trazos a lápiz, la mujer rezongaba y se mofaba.

Mañana era Navidad y ella se preocupaba porque los niños no tendrían juguetes. No sabía que esta tarde él cobraría diez dólares por un rótulo hecho ayer para el bar de la esquina. Él guardaba esa sorpresa para Graciela. Como también guardaba la sorpresa del regalo de ella.

Para Graciela él pintaría un cuadro. Un cuadro que resumiría aquel vivir juntos, en medio de carencias y frustraciones. Un cuadro con un parecido melancólico a aquellas fotografías tomadas en las fiestas patronales de Bayamón. Las fotografías del tiempo del noviazgo, que formaban parte del álbum de recuerdos de la familia. En ellas, ambos aparecían recostados contra un taburete alto, en cuyo frente se leía «Nuestro Amor» o «Siempre Juntos». Detrás estaba el telón con las palmeras y el mar y una luna de papel dorado.

A Graciela le agradaría, seguramente, saber que en la memoria de él no había muerto nada. Quizás después no se mofaría más de sus esfuerzos.

Por falta de materiales, tendría que hacerlo en una pared y con carbón. Pero sería suyo, de sus manos, hecho para ella.

3

A la caldera del edificio iba a parar toda la madera vieja e inservible que el superintendente traía de todos los pisos. De allí sacó Rosendo el carbón que necesitaba. Luego anduvo por el sótano buscando una pared. En el dormitorio no podía ser. Graciela no permitiría que él descolgara sus estampas y sus ramos.

La cocina estaba demasiado resquebrada y mugrienta.

Escogió el cuarto de baño por fuerza. Era lo único que quedaba.

—Si necesitan ir al cuarto de baño— dijo a su mujer, — aguántesen o usen la ehcupidera. Tengo que arreglar unoh tuboh.

Cerró la puerta y limpió la pared de clavos y telarañas. Bosquejó su idea: un hombre a caballo, desnudo y musculoso, que se inclinaba para abrazar a una mujer desnuda también, envuelta en una melena negra que servía de origen a la noche.

Meticulosamente, pacientemente, retocó repetidas veces los rasgos que no le satisfacían. Al cabo de unas horas, decidió salir a la calle a cobrar sus diez dólares, a comprar un árbol de Navidad y juguetes para sus hijos. De paso, traería tizas y colores del «candy store». Este cuadro tendría mar y palmeras y luna. Y colores, muchos colores. Mañana era Navidad.

Graciela iba y venía por el sótano, corrigiendo a los hijos, guardando ropa lavada, atendiendo a las hornillas encendidas.

Él vistió su abrigo remendado.

—Voy a buhcal un árbol pa loh muchachoh. Don Pedro me debe diez pesoh.

Ella le sonrió, dando gracias a los santos por el milagro de los diez dólares.

4

Regresó de noche al sótano, oloroso a whisky y a cerveza. Los niños se habían dormido ya. Acomodó el árbol en un rincón de la cocina y rodeó el tronco con juguetes.

Comió el arroz con frituras, sin tener hambre, pendiente más de lo que haría luego. De rato en rato, miraba a Graciela, buscando en los labios de ella la sonrisa que no llegaba.

Retiró la taza quebrada que contuvo el café, puso las tizas sobre la mesa, y buscó en los bolsillos el cigarrillo que no tenía.

—Esoh muñecoh loh borré.

Él olvidó el cigarrillo.

—¿Ahora te dio por pintal suciedadeh?

Él dejó caer la sonrisa en el abismo de su realidad.

—Ya ni velgüenza tieneh . . .

Su sangre se hizo agua fría.

—. . . obligando a tus hijoh a fijalse en porqueríah, en indecenciah . . . Loh borré y si acabó y no quiero que vuelva sucedel.

Quiso abofetearla pero los deseos se le paralizaron en algún punto del organismo, sin llegar a los brazos, sin hacerse furia descontrolada en los puños.

Al incorporarse de la silla, sintió que todo él se vaciaba por los pies. Todo él había sido estrujado como un trapo de piso y las manos de ella le habían exprimido fuera del mundo.

Fue al cuarto de baño. No quedaba nada suyo. Sólo los clavos, torcidos y mohosos, devueltos a su lugar. Sólo las arañas vueltas a hilar.

Aquella pared no era más que la lápida ancha y clara de sus sueños.

EJERCICIOS

I. *Complete las oraciones siguientes con las palabras que faltan, de acuerdo con el cuento.*

1. Rosendo se despertó a _____ y siguió durmiendo hasta las _____ .
2. Su esposa se llamaba _____ .
3. Ellos tenían varios _____ .
4. La mujer estaba esperando _____ .
5. Cuando ella vio que su marido no se levantaba, volvió a _____ con sus hijos.
6. Ellos vivían en un _____ .
7. Rosendo no tenía _____ y _____ los mantenía, enviándoles cheques mensuales.
8. Rosendo quería ser _____ .
9. Estaban en la época de _____ .
10. Los niños no iban a recibir _____ .
11. Mientras Graciela pensaba, los niños en la cocina _____ .
12. Por fin Rosendo se levantó y bebió _____ .
13. Cuando Graciela le dijo que los niños no iban a tener juguetes el día veinticinco de diciembre, él le contestó que los recibirían _____ .
14. Rosendo se fue al dormitorio y, por la ventana, vio _____ .

15. Él buscó en una gaveta y sacó _____ .
16. Graciela se burlaba de él porque decía _____ .
17. Graciela no sabía que Rosendo guardaba _____ para ella y los niños.
18. La primera sorpresa era que iba a cobrar _____ .
19. La segunda sorpresa era _____ que le iba a pintar a Graciela.
20. Rosendo y Graciela se habían conocido en _____ .
21. Rosendo recordaba aquellos tiempos e iba pintar un cuadro con _____ y en la _____ porque no tenía otros materiales.
22. Finalmente decidió pintarlo en _____ .
23. El cuadro representaba un _____ y _____ desnudos; el hombre estaba montado en _____ .
24. Al terminar, _____ para comprar el árbol y los juguetes.
25. Rosendo volvió tarde; _____ porque olía a bebidas alcohólicas.
26. Los niños _____ ya.
27. Rosendo comió _____ .
28. Graciela le dijo que _____ .
29. Ella creía que el cuadro era _____ .
30. Rosendo se sintió _____ al ver la incomprensión de Graciela.

II. *Conteste brevemente estas preguntas.*

1. ¿Qué es *camastro* con respecto a *cama*?
2. ¿Qué son *las lagañas*?
3. ¿Qué significa «con los brazos en jarra»?
4. ¿Qué es *la brillantina*?
5. ¿Qué significa la palabra *inquilino*?
6. ¿Qué quiere decir la frase «mirando a los cuatro vientos»?
7. ¿Qué son *las fiestas patronales*?
8. ¿Qué es *el noviazgo*?
9. ¿Qué es *un taburete*?
10. ¿Qué es *una lápida*?

III. *En las siguientes oraciones aparecen palabras señaladas. Busque sinónimos para esas palabras.*

A. 1. Rosendo *se estregó* los ojos.
2. Oyó la voz *estentórea* de Graciela.
3. Ella tenía *el vientre enorme*.
4. Rosendo *vociferó* a su mujer.
5. El cuerpo *inerte* del hombre estaba en la cama.
6. Graciela *ahogó los reproches*.
7. La vela *chisporroteaba* sobre el ropero.
8. Ella le dijo *una plegaria* a San Lázaro.
9. Las quejas *pugnaban* por hacerse grito.
10. Ella no hacía más que *parir*.

11. Ella metió la cabeza bajo la mesa para verlos *forcejear*.
12. Entre *los sorbos* de café, fumaba su cigarrillo.
13. Estaba *hastiado* de oír a la mujer.

B. 1. La nieve de las aceras había sido *hollada* por hombres y perros.
2. Era una calle *lóbrega*.
3. El día estaba *opaco*.
4. Se sentó en *el alféizar* de la ventana.
5. Sus dibujos eran *imprecisos*.
6. La mujer *rezongaba* todo el tiempo.
7. Ella *se mofaba* de sus pinturas.
8. Vivían en medio de *carencias*.
9. La pared de la cocina estaba *resquebrada* y *mugrienta*.
10. Retocó *los rasgos* que no le gustaban.
11. La taza estaba *quebrada*.
12. Dejó caer la sonrisa en *el abismo* de su realidad.
13. Todo él se sentía *estrujado*.

    IV. *El autor de «Garabatos» imita, en la escritura, la pronunciación del español coloquial y popular de las Antillas. Vuelva a escribir estas oraciones empleando español «oficial».* *

MODELO: ¿Tú *piensah seguil echao toa* tu vida?
           ¿Tu *piensas seguir echado toda* tu vida?

1. Parece que la mala barriga te ha *dao* a ti. Sin *embalgo*, yo *calgo* el muchacho.
2. ¡Acaba de *levantalte, condenao*!
3. ¡Me levanto cuando me salga *di* adentro y no cuando *uhté* mande!
4. ¡Ahora yo te *dihparo* y tú te *caeh muelto*!
5. *Neneh*, que tengo *dolol* de cabeza, por *Dioh* . . .
6. ¡Tú no *ereh* Palón *na*!
7. ¿Qué *piensah* hacer hoy, *buhcal* trabajo o *seguil* dibujando a *to esoh vagoh*?
8. *Iráh* a la *teltulia* de *loh caricortaoh*.
9. Con una peseta *prehtá*, el maná no va a *cael* del cielo.
10. Siempre *eh* lo *mihmo* y mañana *eh Crihmah*.
11. *Estoh muchachoh* se van a *quedal* sin *jugueteh*.
12. ¡A *Niu Yol* viene Santa *Cloh*, no vienen *loh Reyeh*!
13. Ya *veremoh* si no te preocupan *na máh* que *tuh garabatoh, altihta*.
14. *Aguántesen* que tengo que arreglar *unoh tuboh*.
15. Voy a *buhcal* un árbol *pa loh muchachoh*.
16. *Esoh muñecoh loh* borré.
17. ¿Ahora te dio por *pintal suciedadeh*?
18. Ya ni *velgüenza tieneh*.
19. Obligas a tus *hijoh* a *fijalse* en *porqueríah*, en *indecenciah*.
20. *Loh* borré y *si* acabó y no quiero que vuelva *sucedel*.

---

*Ver las secciones de ortografía de las lecciones 23 y 24.

V. *Subraye los errores que aparecen en estas oraciones y corríjalos. Hay un error en cada oración.*

MODELO: Rosendo fumaba *cigarillos* mientras bebía café.
cigarrillos

1. Rosendo sepultó la cabeza bajo la almoada.
2. El querpo de su mujer tenía una actitud desafiante.
3. Vociferó al vientre hancho, amenazante.
4. Había imágenes religiosas en la paré.
5. Los automóbiles habían aplastado la nieve.
6. Quizá no se burlaría más de sus esfuersos.
7. Graciela iba y venía, corrijiendo a sus hijos.
8. Los deseos no le llegaron a los brasos.
9. Ella aogó los reproches y se mordió los labios.
10. Había un habismo entre esos dos seres.
11. Rosendo estaba astiado de tanto sufrir.
12. La luz impresisa entraba por la ventana.
13. Se ponía briyantina en los cabellos.
14. Los inqilinos siempre estaban gritando.
15. El noviasgo de ellos fue allá, en Bayamón.
16. Un sinónimo de plegaria es reso.
17. Rosendo estaba mirando a los quatro vientos.
18. Graciela estruhaba el papel en las manos.
19. La palabra inerte es sinónimo de immóvil.
20. La cosina estaba sucia, mugrienta.

VI. *El cuento «Garabatos» alterna el estilo narrativo indirecto (las descripciones) con el estilo directo (los diálogos). Aquí hemos resumido en estilo indirecto el diálogo de la primera página del cuento, desde «—¡Qué! ¿Tú piensah seguil echao toa tu vida?» hasta «¿Qué se cree uhté?». Haga Ud. lo mismo con el diálogo que aparece al final del cuento y que empieza: «—Esoh muñecoh loh borré» hasta «. . . y no quiero que vuelva sucedel». Emplee entre 50 y 75 palabras. Resumen del primer diálogo:*

Graciela está enojada con Rosendo porque él no quiere levantarse. Ella le dice que tal parece ser él, y no ella, quien está esperando un hijo. Rosendo continúa en la cama. Graciela le grita y lo amenaza con echarle agua. Rosendo se molesta mucho con ella y le vocifera que se levantará cuando él quiera.

VII. *Escriba un párrafo de unas 50 a 75 palabras sobre uno de estos temas de «Garabatos».*

a. Póngase en el lugar de Graciela y explique cómo se siente con un marido sin trabajo, con poco sentido práctico de la vida, con varios hijos que alimentar y encerrada en un sótano viejo en un vecindario triste y sucio.

b. Póngase en el lugar de Rosendo y explique cómo se siente con una mujer gritona, que le reprocha todo el tiempo y que no comprende sus sentimientos de artista frustrado ni comparte su sentido romántico de la vida.

VIII. *Composiciones.*

   A. *Resumen del cuento «Garabatos». Emplee entre 175 y 200 palabras. Resuma el cuento «Garabatos» en cinco párrafos.*

a. Describa el hogar, el barrio y la situación económica y social de Rosendo y Graciela.
b. Describa a Rosendo, especialmente su personalidad.
c. Describa a Graciela del mismo modo.
d. Explique cuáles eran las "sorpresas" que Rosendo tenía para Graciela.
e. Diga cómo termina el cuento.

   B. *«Los desempleados». Escriba unas 200 a 225 palabras.*

a. ¿Ha estado Ud. desempleado alguna vez? ¿Alguna persona de su familia?
b. ¿Cuál fue su reacción o la reacción de esa otra persona—buscar cualquier trabajo enseguida o esperar a que se presentara el empleo «ideal»?
c. ¿Qué repercusiones tuvo ese desempleo en el resto de la familia? ¿Repercusiones económicas, emocionales?
d. ¿Qué tipo de ayuda gubernamental para los desempleados existe en la comunidad donde Ud. vive?
e. ¿Tiene Ud. soluciones para evitar el desempleo? Explique su respuesta.

   IX. *Dictado (en el manual del profesor).*

14

El género de los nombres

Nombres femeninos y masculinos

En general, los nombres que terminan en **-a** son **femeninos:** la niña, la casa, la mesa, la silla, la bolsa, la sorpresa.

También son femeninos los que terminan en:

-ad	la verdad, la igualdad, la bondad*
-tud	la virtud, la actitud, la rectitud*
-ción	la nación, la oración, la solución
-sión	la ilusión, la visión, la pasión
-umbre	la certidumbre, la lumbre, la cumbre

La mayor parte de los nombres que terminan en **-o** son **masculinos;** también muchos que tienen terminaciones diferentes a las que aparecen arriba y que, ya se sabe, son femeninas (**-ad, -tud, -ción,** etc.).

Ejemplos: el niño, el puño, el ojo, el cielo, el tintero, el eje, el paquete, el sol, el altar, el violín, etc.

Sin embargo, encontramos palabras como *mano (la mano)* y *día (el día)* que no siguen esas reglas. También muchos nombres que terminan en **-ma** y que son de origen griego, son masculinos:

el crucigrama, el dilema, el drama, el pentagrama, el problema, el programa, el sistema, el telegrama, el tema, el teorema, etc.

Generalmente, para pasar del masculino al femenino de los nombres animados, se cambia la **-o** final a **-a:** *el maestro, la maestra; el abuelo, la abuela.*

---

*¡**Atención!** En la lengua hablada, no se suele pronunciar la **-d** final de estos nombres; así, decimos *verdá, realidá, virtú, salú,* etc. Al escribir hay que tener cuidado con la ortografía de estos nombres.

También se añade una **-a** si el masculino termina en consonante: *el autor, la autora; el luchador, la luchadora*, etc.

Muchos nombres tienen una forma especial para cada género: *el yerno, la nuera*; el caballo, la yegua; el actor, la actriz; el sacerdote, la sacerdotisa; el padre, la madre; el tiburón, la tintorera*, etc.

Nombres femeninos que empiezan con sonido /a/ tónico

Observe ahora estos ejemplos.

El hacha afilada está sobre la mesa.
El águila hermosa vive en las montañas.

Los nombres *hacha* y *águila* son femeninos, sin embargo llevan el artículo *el*,** que es masculino. Los nombres femeninos que empiezan con **a-** o **ha-** tónicas llevan, en el singular, el determinante masculino (**el, un**). Esto se hace para enlazar la **-l** final de *el* y la **-n** de **un** con la **a-** tónica y producir así un sonido más armonioso.

¡Atención!

Recuerde que la sílaba tónica determina cuál determinante se debe usar. Ejemplos:

la amiga (sílaba tónica *mi*)   *la* hacienda (sílaba tónica *cien*)

¡Cuidado también con los plurales!

Se usa *el* agua en singular pero en plural: *las* aguas, *unas* aguas. Cuando el determinante no va exactamente delante del nombre, también se usa en el femenino: *la clara agua*.

Otros géneros que se usan en español

Además de los géneros básicos, masculino y femenino, existen otros géneros en español. Lea Ud. estas oraciones fijándose en los nombres señalados.

1. *El dentista* se llama Ernesto y *la artista* se llama Luisa.
2. *El suicida* se tiró del décimo piso.
3. Generalmente decimos *el mar*, pero también *la mar*, como en la frase «la mar de gente».

---

*En algunos países se usa el femenino *la yerna*.
**Ver la lección 15.

4. ¿Cómo se debe decir, *el azúcar* o *la azúcar*? Las dos formas son correctas.
5. *Esa ardilla* es macho.
6. José es *una buena persona* y su esposa es *un ángel*.

En las oraciones 1 y 2 tenemos nombres que se aplican igualmente a hombres que a mujeres, sin cambiar su terminación. Decimos que pertenecen al **género común.** Estos nombres siempre son *animados* y *humanos*. Para diferenciar el género, cambiamos el determinante.

    el dentista, *la* dentista   *un* suicida, *una* suicida
    el artista, *la* artista   *este* patriota, *esta* patriota

En las oraciones 3 y 4 tenemos nombres *inanimados* que no poseen género definido. Por razones históricas de la evolución de la lengua española, el género puede ser masculino o femenino y ambas formas se aceptan. Decimos que estos nombres pertenecen al **género ambiguo.**

    el mar o *la* mar   *el* azúcar o *la* azúcar
    el color o *la* color   *el* puente o *la* puente
    el calor o *la* calor   *el* sartén o *la* sartén

Finalmente, en las oraciones 5 y 6 vemos unos nombres *animados* que, gramaticalmente, siempre son masculinos o femeninos y el género no coincide necesariamente con el sexo. Éste se denomina el **género epiceno.** Algunos ejemplos:

    la víctima (siempre femenino, aunque se aplique a un ser masculino)
    el ángel (siempre masculino, aunque se aplique a un ser femenino)
    la persona (como *la* víctima)
    la pareja (femenino, aunque pueda tratarse de un hombre y una mujer)

Muchos nombres de animales pertenecen al género epiceno: *la* ardilla (macho o hembra), *la* serpiente, *el* gorila, *la* hormiga, *la* mosca, *el* pez.

    Hay nombres que cambian el significado según sean masculinos o femeninos, como *el capital* (cantidad de dinero y otros bienes) y *la capital* (ciudad—centro del gobierno de un país). Lea estas oraciones.

El capital de mis padres asciende a diez mil dólares.
San Juan es la capital de Puerto Rico.

EJERCICIOS

    I. *Escriba una **V** junto a cada frase si es verdadera y escriba una **F** junto a cada frase si es falsa.*

1. Todos los nombres que terminan en **-a** son femeninos.
2. Los nombres que terminan en **-ad** son femeninos.

3.   Es correcto decir *el alma* aunque este nombre es femenino.
4.   El nombre *florista* pertenece al género ambiguo.
5.   El masculino de *ardilla* es *ardillo*.
6.   Es tan correcto decir *el azúcar* como *la azúcar*.
7.   En español «oficial», está bien decir *el programa* o *la programa*.
8.   El femenino de *mosquito* es *mosca*: es el mismo animal.
9.   No todos los nombres que terminan en **-o** son masculinos.
10.   El nombre *persona* siempre se refiere a una mujer.

II.   *Como ya se sabe, muchos nombres que terminan en -o en el masculino cambian esa terminación a -a en el femenino. Por ejemplo: perro, perra; niño, niña; Emilio, Emilia. Escriba el femenino de los nombres que aparecen a continuación y que **no** siguen la regla anterior. Consulte el diccionario, si es necesario.*

1. actor	4. emperador	7. yerno	10. rey
2. tigre	5. caballo	8. padrino	11. poeta*
3. toro	6. héroe	9. tiburón	12. carnero

III.   *Escriba una **M** junto a cada nombre que sea masculino y una **F** junto a cada nombre que sea femenino.*

A.

1. imagen	6. arroz	11. vejez	16. lugar
2. miel	7. vez	12. fin	17. pan
3. sed	8. balcón	13. dolor	18. señal
4. amor	9. carácter	14. favor	19. nariz
5. árbol	10. crimen	15. furor	20. plan

B.

1. raíz	6. fe	11. ambiente	16. vientre
2. porvenir	7. frase	12. detalle	17. nieve
3. total	8. mente	13. límite	18. noche
4. volcán	9. muerte	14. paisaje	19. sangre
5. base	10. alambre	15. valle	20. torre

IV.   *Identifique el género de los nombres siguientes. Use las letras **F** (femenino), **M** (masculino), **C** (común), **A** (ambiguo), **E** (epiceno).*

A.

1. león	5. mano	9. estilista	13. sartén
2. escritora	6. telegrama	10. serpiente	14. cucaracha
3. pareja	7. tía	11. mar	15. calor
4. sacerdotisa	8. patriota	12. profesor	

---

*Hay una tendencia a admitir también *la poeta* como femenino.

B.
1. arma	5. maestro	9. anécdota	13. clima
2. lumbre	6. feto	10. fotografía	14. sistema
3. monte	7. área	11. comunista	15. academia
4. montaña	8. abuso	12. auxilio	

V. *Corrija los errores referentes al género de los nombres que aparecen en estas oraciones.*

1. La tema de esa novela trata de una emperadora gitana.
2. La hacha está metida en ese agua sucia.
3. Ese modisto guapo es un persona elegante, porque se viste bien.
4. La gorila y el serpiente viven en la selva tropical.
5. Rosita, la actora, es una ángel porque es muy bondadosa.

VI. *Escriba una oración original con cada uno de estos nombres de origen griego.*

MODELO: el diploma
René recibió un diploma al terminar el curso.

1. el diagrama	3. el enigma	5. el mapa	7. el poema
2. el dogma	4. el fantasma	6. el planeta	8. el síntoma

VII. *Defina brevemente y en español, cada uno de los nombres que aparecen a continuación. Emplee el diccionario, si lo necesita. Después, escriba una oración original con cada uno.*

MODELO: **el moral** (el árbol que produce moras)
la moral (la ética)

El moral de mi patio está cargado de fruta.
Dudo de la moral de algunos políticos.

1. el canal, la canal	6. el orden, la orden
2. el cólera, la cólera	7. el Papa, la papa
3. el corte, la corte	8. el pendiente, la pendiente
4. el cura, la cura	9. el coral, la coral
5. el guía, la guía	10. el pez, la pez

Sección de ortografía
La confusión entre echo y hecho

Las palabras *echo* y *hecho* se pronuncian exactamente igual /echo/, puesto que la *h* no suena en español. *Echo* es una forma del verbo *echar*, que corresponde a la persona gramatical *yo*, en el presente de indicativo. *Hecho* es el participio irregular del verbo *hacer;* también se usa como nombre, *el hecho*, y en ese caso significa **fact.** El pretérito *él (ella, usted) echó*, como en la oración *Ella se echó en su cama*, no debe confundirse con *hecho* ya que la sílaba tónica en cada una de esas palabras es diferente. Lea estas oraciones.

Yo le *echo* poca sal a la comida.
¿Has *hecho* la composición para hoy?
El abuso de la autoridad a veces resulta un *hecho* indiscutible.

EJERCICIOS

I. *Escriba* **echo** *o* **hecho** *en los espacios en blanco, según sea correcto.*

1. ¡Te _____ de menos, amiga mía!
2. Hoy he _____ unos platillos sabrosísimos.
3. El _____ de que estés enferma no te autoriza a ser perezosa.
4. Después de haber _____ la llamada telefónica, se alejó de la cabina.
5. Cuando le _____ un regaño al nene, se queda calladito.
6. ¡Mira lo que has _____, Juanito!
7. Es un _____ que el español es una de las lenguas más importantes del mundo.
8. Cuando me _____ a llorar, siento un alivio muy grande.

II. *Encierre en un círculo la palabra correcta.*

1. ¿No vas a *echarle/hecharle* pimienta al guiso?
2. Después de hacer lo que has *hecho/echo*, siéntate a descansar.
3. «De lo dicho a lo *hecho/echo* no hay más que un trecho».
4. Quieren *echarla/hecharla* de su empleo.
5. El *echo/hecho* es que ustedes han aprendido muchísimo.

III. *Dictado (en el manual del profesor).*

15

Los determinantes del nombre: los artículos, los demostrativos, los posesivos, los numerales y los indefinidos*

Los **determinantes del nombre** son:

1. los artículos
2. los demostrativos
3. los posesivos
4. los numerales
5. los indefinidos

Se trata de palabras que acompañan al nombre y sirven para actualizarlo. En general, los determinantes *concuerdan* con el nombre en género y número. Eso significa que si el nombre es masculino y singular, el determinante también lo es *(el libro, este asunto);* si el nombre es femenino y singular, igual el determinante

---

*En muchas gramáticas, los demostrativos, posesivos, numerales e indefinidos se consideran adjetivos. En este texto se ha preferido usar el método en que se les llama « determinantes del nombre ».

(una profesora, cierta molestia). Lo mismo sucede con el plural: *aquellos consejeros, algunas flores.*

Los artículos

Los artículos son: *el, la, los, las**. ¡Todos son **the** en inglés! *El* y *los* son masculinos, singular y plural respectivamente.

    el libro, los libros   el hombre, los hombres

La y *las* son femeninos, singular y plural respectivamente.

    la casa, las casas   la niña, las niñas

Cuando hay una serie de nombres separados por comas, el artículo plural se emplea una vez solamente.

    Ejemplo: *Los* artículos, demostrativos y posesivos son determinantes del nombre.

Si se trata de nombres masculinos y femeninos en serie, se emplea el artículo masculino plural.

    Ejemplos: *Los* libros, libretas y plumas están en el pupitre.

    Los padres (madre y padre) del niño estaban preocupados por su salud.

Si un nombre femenino empieza con **a-** o **ha**-tónica, se emplea el artículo masculino en el singular, como se vio en la lección 14.

    Ejemplos: el ágata, el hacha, *etc.*

El artículo masculino singular *el*, cuando está precedido de las preposiciones** *a* y *de* forma dos contracciones:

    a + el = **al**   de + el = **del**

Vi *al* profesor en la biblioteca.
Vamos *al* museo el jueves.
La señora García viene *del* mercado.
Los ojos *del* niño son grises.

    Excepciones: Ellos van a El Encanto a comprar zapatos.
    Llegaron de El Paso a las tres de la tarde.

Delante de *El* con mayúscula, *a* y *de* no se contraen con ese artículo.

---

*En este texto se considera artículos sólo a los definidos. Los indefinidos, *un, una, unos, unas,* se estudian aparte de los artículos.
**Ver la lección 22.

¡Atención!

Cuidado de no confundir *el* (**the**) con *él* (**he, him, his**).

Le dio el regalo *a él* (no es **to the**).
Los ojos *de él* son grandes y verdes (no es **of, from the**)*.

Los demostrativos

Los demostrativos son:

este, ese, aquel, estos, esos, aquellos (masculinos, singular y plural respectivamente)

esta, esa, aquella, estas, esas, aquellas (femeninos, singular y plural respectivamente)

En inglés: **this**—este, esta

that—ese, esa

that (over there)—aquel, aquella

these—estos, estas

those—esos, esas

those (over there)—aquellos, aquellas

Los demostrativos sirven para señalar la situación de un objeto (que puede ser persona o no) en relación con el que habla. *Este, esta, estos* y *estas* determinan que el objeto está junto al que habla. *Ese, esa, esos* y *esas* se refieren a objetos que están alejados del que habla. *Aquel, aquella, aquellos* y *aquellas* determinan que el objeto también está alejado del que habla, pero a mayor distancia que *ese, esa, esos* y *esas*.

Ejemplos:

Esta chaqueta me gusta más que *aquella* blusa.
Esas niñas bailan mejor que *estos* niños.
Aquellos tiempos fueron fabulosos.
Ese anillo y *este* brazalete cuestan muchísimo.

Los posesivos

Los posesivos indican pertenencia. Los que se colocan delante del nombre son:

mi, tu, su (singular, masculino y femenino)

nuestro (singular, masculino) y *nuestra* (singular, femenino)

mis, tus, sus (plural, masculino y femenino)

nuestros (plural, masculino) y *nuestras* (plural, femenino)

---

*Ver también la sección de ortografía de la lección 7.

Los que se colocan detrás del nombre son:

mío, tuyo, suyo, nuestro (masculino, singular)

mía, tuya, suya, nuestra (femenino, singular)

míos, tuyos, suyos, nuestros (masculino, plural)

mías, tuyas, suyas, nuestras (femenino, plural)

Ejemplos:

Mi madrina fue a España con *su* amiga.

Nuestros padres se han sacrificado mucho por *sus* hijos.

El tío *mío* y el abuelo *tuyo* se conocieron ayer.

La hacienda *nuestra* se construyó en un terreno *suyo*.

Las notas *tuyas* son las mejores de *tu* clase.

La posesión o pertenencia también puede indicarse con frases como: *de él, de ella, de usted, de ellos, de ellas, de ustedes, de nosotras, de nosotros.*

Ejemplos:

La maestra *de ella* es muy simpática.

La casa *de nosotros* está en plena ciudad.

Aquí tiene el libro *de usted*.

Los padrinos *de él* son mexicanos.

Los numerales

Los numerales se dividen en **cardinales** y **ordinales**. Los **cardinales** son todos los números: uno, dos, tres, cuatro, doce, quince, diez y siete, treinta y nueve, cien, ciento cincuenta, mil, mil setecientos, etc. Los **ordinales** señalan orden y posición: primero, segundo, tercero, cuarto, quinto, sexto, séptimo, octavo, noveno, décimo.

Ejemplos:

El bebito tiene *diez* meses.

Pronto llegará el siglo *veinte y uno*.

Junio es el *sexto* mes del año.

Él obtuvo el *segundo* premio del concurso.

Generalmente, al hablar y hasta al escribir, se evitan los ordinales después del décimo. Así, se dice normalmente:

Arturo no ganó la carrera; llegó el número trece.

Ella siempre se sienta en la fila veinte.

¡Atención!

Primero y *tercero* pierden la **-o** final delante de un nombre masculino singular: *el primer día, el tercer capítulo*.

Repaso de los numerales cardinales

Aunque es muy probable que Ud. conozca bien los números cardinales, se deben repasar algunos puntos al respecto.

a. El 0 se llama *cero*, nunca *o* (como la vocal). Los números del 1 al 15 son: uno, dos, tres, cuatro, cinco, seis, siete, ocho, nueve, diez, once, doce, trece, catorce, quince.

b. Los números del 16 al 19 se pueden expresar de dos maneras: diez y seis o dieciséis; diez y siete o diecisiete; diez y ocho o dieciocho; diez y nueve o diecinueve.

c. Los números, de 10 en 10, del 20 al 90, son: veinte, treinta, cuarenta, cincuenta, sesenta, setenta, ochenta, noventa.

d. Las combinaciones del 21 al 29 también pueden expresarse de dos maneras: veinte y uno o veintiuno; veinte y dos o veintidós; veinte y tres o veintitrés; etc.

e. Los números del 30 al 99 se expresan generalmente con palabras separadas: treinta y cinco (no treintaicinco), cuarenta y seis, setenta y dos, etc.

f. Más números: 100 = cien o ciento; 101 = ciento uno; 115 = ciento quince; 178 = ciento setenta y ocho, etc.; 200 = doscientos; 300 = trescientos; 400 = cuatrocientos; 500 = quinientos; 600 = seiscientos; 700 = setecientos; 800 = ochocientos; 900 = novecientos; 1,000 = mil; 1.000,000 = un millón*.

g. Ciento y millón concuerdan en número con los nombres que modifican: 3.000,000 de habitantes = tres millones de habitantes; 5.239,444 individuos = cinco millones, doscientos treinta y nueve mil, cuatrocientos cuarenta y cuatro individuos.

h. Los cientos también concuerdan en género con los nombres que modifican: 400 ventanas = cuatrocientas ventanas; 501 personas = quinientas una personas; 800 libros = ochocientos libros; 901 mujeres = novecientas una mujeres.

Los indefinidos

Los **indefinidos** señalan cualidad y cantidad en forma imprecisa. Ejemplos:

Cierta persona me dijo que hubo *algunos* problemas en la reunión.
Pocos estudiantes pueden contestar *tales* preguntas.

---

*El uso de puntos y comas en los números no es consistente en todos los países. En este texto se usa el punto después de los millones y la coma después de los miles. En muchos países no es así: se usa el punto tanto para los millones como para los miles (un millón = 1.000.000). La coma se usa para los decimales: $5,50 en vez de $5.50. En este texto no aparecen decimales; de todas formas, favorecemos el punto por ser la forma que más comúnmente se usa en Hispanoamérica: $2.25, etc.

Unos días hace calor; *otros* días, *mucho* fresco.
Cualquier alumno sabría *una* respuesta al menos.
Ninguna muchacha quiso bailar con él.
Está buscando *un* secretario que sepa *bastante* español.

Hay más indefinidos. En este texto no se van a estudiar en detalle.

Los determinantes en función de pronombres

¡Importante!

Todos los determinantes del nombre pueden usarse solos, sin acompañar al nombre. En ese caso, se dice que están en **función de pronombres** o **función pronominalizadora.** El nombre, generalmente, se sobrentiende. Ejemplos:

El chico moreno es más guapo que *el* rubio. (el chico rubio)
Aquella chica y *ésa* son hermanas. (esa chica)
Mi padre y *el tuyo** son del mismo pueblo. (el padre tuyo)
Compré *tres vestidos* pero devolví *dos.* (dos vestidos)
Muchos estudiantes tomaron el examen; *pocos* obtuvieron A. (pocos estudiantes)

Más sobre la tilde diacrítica

Nota importante: generalmente, los demostrativos usados como pronombres llevan tilde diacrítica, así: *éste, ésta, ése, ésa, aquél, aquélla, éstos, éstas, ésos, ésas, aquéllos, aquéllas.* Algunas gramáticas dicen que esas tildes no son obligatorias, excepto en caso de ambigüedad o confusión.

Se llama **demostrativos neutros** a: *esto, eso, aquello.* Estas formas *nunca se acentúan* a pesar de que siempre se usan como pronombres. Se refieren a abstracciones e ideas que no son completamente identificables. Ejemplos:

Esto no me está gustando nada . . .
¿Qué es *eso*? No lo veo bien de aquí.
Aquello que sucede en aquel país, es algo horroroso.

EJERCICIOS

I. *Conteste brevemente estas preguntas.*

1. ¿Cuáles son los determinantes del nombre?
2. ¿Cuáles son las cuatro formas que **the** tiene en español?

---

*Solamente los posesivos que se colocan detrás del nombre se usan como pronombres.

3.   ¿Cuáles son las contracciones y de qué palabras provienen?
4.   ¿Puede Ud. nombrar todos los demostrativos?
5.   ¿En qué lengua hay más demostrativos, en español o en inglés?
6.   ¿Qué indican los posesivos?
7.   ¿Cómo se dividen los numerales?
8.   ¿Puede Ud. escribir correctamente los ordinales del 1 al 10?
9.   ¿Qué les sucede a *primero* y *tercero* delante de un nombre masculino singular? Dé un ejemplo de cada uno en dos oraciones originales.
10. ¿Qué se dice de los determinantes del nombre cuando se usan solos, sin acompañar al nombre?

II. *Escriba los artículos correspondientes a estos nombres. Si tiene duda sobre el género, consulte la lección 14.*

1. dramas	6. asta	11. ánima
2. niños y niñas	7. angustia	12. ciclón
3. elefante	8. profesores	13. habitación
4. tazas y cucharas	9. maestras	14. japoneses
5. almas	10. ventarrón	15. leona

III. *En los espacios en blanco, escriba* **al, del, a la, de la, a los, de los, a las, de las,** *según se deba.*

1. Esta es la profesora _____ hermanos López.
2. Vamos _____ montañas de vacaciones.
3. Las alas _____ águila miden un metro.
4. Hoy se celebra el día _____ almas de los fieles difuntos.
5. _____ Sr. Hernández le encanta nadar.
6. El reloj _____ arquitecto es de plata.
7. ¿Vienes _____ tiendas o _____ museos?
8. _____ profesores les gustó el concierto.
9. Comemos tres veces _____ día.
10. _____ amiga de Lola le preocupan las noticias.

IV. *Traduzca los demostrativos al español.*

1. **This** problema es más difícil que **those (over there)** ejercicios.
2. **Those** muchachas viven en **that** edificio.
3. **These** lápices son de **these** señoritas.
4. ¡Qué sorpresa! ¡**This** sí que no lo esperaba!
5. **That** carro es de **those (over there)** obreros.
6. **This** maestra es amiga de **that (over there)** consejera.

7. Al llegar a su casa, exclamó: —«¡Dios mío! ¿Qué es **that**?»
8. **These** hombres y **those** trabajan en el circo.

V. *Traduzca los posesivos al español.*

1. **My** parientes viven en el campo.
2. **Our** universidad es muy grande.
3. Ese es el carro **his**. *(dos traducciones diferentes)*
4. Germán y **his** novias fueron al cine.
5. ¿Y esta moto? Es **theirs**. *(dos traducciones diferentes)*
6. ¿Trajiste **your** ejercicios?
7. El primo **hers** fue a Europa. *(dos traducciones diferentes)*
8. ¿Fueron Uds. a **your** reunión?

VI. *Escriba estos números.*

1. 4.135,003
2. 141 recuerdos
3. 16 *(de dos maneras diferentes)*
4. 0
5. 1,999
6. 618,566
7. 371 personas
8. 22 *(de dos maneras diferentes)*
9. 10
10. 87
11. 100,000
12. 54.715,220

VII. *Traduzca los ordinales al español.*

1. Ellas fueron las **first** en salir.
2. Ganó el **third** premio en el campeonato.
3. **First,** debe llamarla por teléfono.
4. El **ninth** jugador corrió a la base.
5. Los **seventh** juegos empezaron ayer.
6. Hoy es el **first** día que hace calor.

Sección de ortografía
El sonido /h/ de la g (ge, gi) y de la j no puede escribirse con h

Muchas personas bilingües que estudian español escriben palabras como *hente* (por *gente*) y *hugar* (por *jugar*). Esto se debe al sonido que la letra *h* tiene en inglés y que es igual al sonido de la g *(ge, gi)* y de la *j* en español. Si una persona está más acostumbrada a escribir en inglés que en español, es lógico que se confunda algunas veces y que escriba la letra *h* para representar el sonido /h/ cuando está escribiendo en español. Ya se sabe, y aquí se repite otra vez, que la letra *h* no representa nıngún sonido en la lengua española: es muda. Por lo tanto, hay que tener cuidado de *nunca* escribir una *h* si se oye el sonido /**h**/.

EJERCICIOS _____

I. *Corrija los errores en estas oraciones.*

1. Fuimos huntos a la junta del Club.
2. ¡Hamás había conocido una persona tan generosa!
3. Reclutaron a José para el ehército.
4. Ahora le echas un diente de aho y dos ajíes.
5. Al jinete ya no le interesan los huguetes.
6. Las formas *halar* y *jalar* son ambas correctas, hovencito.
7. Estoy harto de tanta hactancia.
8. El gigante huntó a sus criados para hablarles.
9. Lo hipnotizó, haciéndolo girar sobre un ehe.
10. El habalí de la fábula bailaba la jota.

II. *Dictado (en el manual del profesor).*

Repaso General III

A. *Dictado (en el manual del profesor).*

B. *Su profesor va leer en voz alta estas oraciones. Escuche atentamente y coloque las tildes que se necesiten.*

1. Nos gustaria ir con el a El Paso.
2. Cantabamos en el coro y ahora cantamos en la coral.
3. Escribian una sintesis de la tesis de Raul.
4. Si pudiera, iria al cine con Lidia.
5. Si, yo diria que Uds. tenian razon.
6. ¿Que harias con un millon de dolares?
7. Tenia fuertes dolores a causa de una caida.
8. Nos hemos reido con las ocurrencias de Rosalia y Amalia.
9. Mas te valdria haberlo creido.
10. Estudiariamos contigo, pero no hemos traido el libro.
11. Mientras tu corrias, nosotros nadabamos en la piscina.
12. Yo compro hoy lo que Ud. compro ayer.
13. Estudie Ud., porque ya yo estudie.
14. Volvi temprano y empece a escribir.
15. ¿Te sirvio la cena que habia preparado?
16. Habias comprendido eso, ¿no es asi?
17. Si hubieras conocido a Carmen, te habria encantado.
18. La leccion dieciseis es mas dificil que las otras lecciones.
19. Un frances y dos ingleses han leido esa poesia.
20. Entreguenselo a Hector, aquel que llego al vestibulo.

C. *Conteste brevemente las siguientes preguntas.*

1. ¿Cuál es la diferencia entre los tiempos verbales *simples* y los *compuestos*?
2. Escriba los nombres de todos los tiempos del modo indicativo.
3. ¿Cuáles son los tres tiempos verbales que pueden usarse para expresar probabilidad? Dé una oración como ejemplo de cada uno.
4. Las terminaciones del condicional y del imperfecto de los verbos con infinitivo en **-er, -ir** son iguales; ¿en qué se diferencian, entonces, estos dos tiempos verbales en cuanto a su forma?

5. ¿Por qué lleva tilde la **i** de esas terminaciones *(comía, comería)*?
6. Dé las dos reglas generales para la formación del plural de los nombres.
7. ¿Cómo se forma el plural de los nombres que terminan en **-z**? Dé ejemplos.
8. Diga cómo se llaman todos los géneros de los nombres y dé ejemplos.
9. ¿Qué peculiaridad tienen los nombres femeninos que empiezan con **a-** o **ha-** tónicas *(alga, hada)*?
10. ¿Qué ocurre con muchos nombres de origen griego como *tema, drama y telegrama*?
11. Diga cuáles son los cinco *determinantes del nombre* y dé ejemplos de cada uno.
12. ¿A qué se llama *contracciones* en la gramática española?

D. *Conjugue estos verbos en el tiempo indicado.*

1. el condicional:
    a. querer **b.** valer **c.** decir **d.** asar **e.** ocurrir
2. el imperfecto:
    a. ir **b.** ver **c.** ser **d.** mirar **e.** tener
3. el pretérito:
    a. tragar **b.** aguar **c.** trazar **d.** retocar **e.** huir
4. el presente perfecto y el pluscuamperfecto:
    a. escribir **b.** amar **c.** temer **d.** volver **e.** decir
5. el futuro perfecto y el condicional perfecto:
    a. abrir **b.** echar **c.** detener **d.** poner **e.** hacer

E. *Copie el siguiente párrafo y subraye todos los determinantes del nombre; clasifíquelos usando estas letras:* **A** *(artículo),* **D** *(demostrativo),* **P** *(posesivo),* **N** *(numeral),* **I** *(indefinido). Hay* **veinticinco** *en total.*

Ayer me encontré con Isabel y me dijo que venía del aeropuerto adonde había ido a esperar a la amiga suya que regresaba de un viaje de tres semanas a cierto país europeo. Era la primera vez que su amiga se ausentaba de los Estados Unidos. En nuestra conversación, Isabel me contó que Inés había llegado a las siete porque el avión estaba retrasado. Ese retraso le causó tal preocupación a Isabel que terminó tomándose unas aspirinas para el dolor de cabeza. Algunos minutos más tarde, Inés salió de la aduana con sus maletas. Según Isabel, nunca olvidará este día. Mi impresión es que ella exagera y que aquella experiencia se le borrará de la mente en cualquier momento.

F. *Escriba cada nombre y cada determinante en el plural.*

1. algún jabalí
2. una luz
3. este corazón
4. la ilusión
5. el sofá mío
6. el tercer pez
7. tal manatí
8. aquel rey
9. nuestra crisis
10. otro domingo
11. ese escocés
12. el primer mes

G. *Escriba la forma masculina de cada nombre y de cada determinante.*

1. esta heroína
2. la madrina mía
3. aquella artista
4. alguna tigresa
5. nuestra princesa
6. una yegua
7. esas emperatrices
8. mi profesora
9. otra marquesa
10. veinte y una comunistas
11. varias tintoreras *(female sharks)*
12. las primeras cantantes

H. *Escriba una composición de unas 175 palabras comparando los cuentos* «*La noche buena*» *y* «*Garabatos.*» *Comente sobre estos puntos:*

a. La época del año.

b. La condición de inmigrantes de ambas familias: su nivel económico y social.

c. Los problemas de los niños y la reacción de los padres.

d. Contrastes entre María y Graciela.

e. Comparación entre el padre de «La noche buena» (no se sabe su nombre) y Rosendo, el padre de «Garabatos.»

f. El mensaje social que cada autor ha tratado de hacerle llegar al lector de su cuento.

«La rata»

Dora Alonso

Entró por el hueco de siempre, luego de atravesar en una carrera la distancia entre la vieja casa de carretas y la pequeña bodega del batey.

Era una rata grande; parecía un hurón. Una gorda rata de avisados ojos, de larga, fina cola, como vivo látigo.

Había nacido allí y conocía muy bien los distintos caminos que llevaban a la cerca de piñas; los invisibles rastros que trepaban a la cobija de guano; el blando suelo que se ignoraba silencioso y oscuro bajo la casa donde ella, todas las noches en culebreo de sombra, se deslizaba como hábil contorsionista para penetrar por el estrecho agujero del piso de madera hasta el local del bodegucho.

Naturalmente que una vez allí, se iba sintiendo cada vez mejor, entre los sacos apilados, repletos. Eran montañas de granos diferentes. Olían a humedad, a fermentación. Y había un gran barril lleno de grasa blanca, donde alguna vez, caminando por el borde, en un resbalón, ella cayó, saliendo con dificultad.

Otras ratas menos fuertes quedaron dentro, ahogadas, luego de chapotear y rascar en lo blando, hundiéndose.

A la mañana, con el sol, el hombre las sacaba del barril por la cola, lanzándolas al patio donde caían con ruido fofo. Al poco rato, bajo sus cuerpos se abría una sombra de grasa derretid atrayendo a las hormigas. Muchas cucarachas también morían de la misma muerte.

Esta noche, sus hijuelos dormidos empezaron a removerse en su pequeño vientre inflado. Antes de poder roer de los granos, del tocino, de cada una de las cosas amontonadas, sintió dilatarse su entraña, salir los hijos uno a uno . . .

El nido quedó formado sobre el último saco de harina, donde imaginó que nadie podía llegar a molestarla.

Fue la primera vez que el ojo del sol se abrió sobre aquel lugar encontrándola dentro. Dentro y avisora, azorada, nerviosa.

Cada ruido de la casa que despertaba la hacía temblar y encogerse sobre las vidas minúsculas. Cada segundo temía a los grandes pasos que atronaban el piso cercano.

Cuando sonó el candado, casi se espanta, huyendo. Llegó hasta el hueco de salida; pero esta vez sentía que no podría alejarse. Temblando volvió al nido: el hocico fino apuntando arriba. Y los ojos brillantes.

Entraban dos pies enormes, calzando recias botas cubiertas de fango. Por entre los sacos apilados, la mirada llegó hasta los brazos desnudos, a la mano que empuñaba un cucharón donde chorreaba grasa del barril.

La manteca caía con ruido blando sobre el papel oscuro. Después las manos lo llevaron por el aire hasta el plato de lata de la romana y un dedo movió con precaución la pesa.

—¿Cuánto quieres . . . ?

—Media libra. ¡Pésela bien, Aniceto por su madre!

La mujer asomaba su rostro ojeroso, amarillo, como eran los de aquella gente del batey que la rata conocía bien. Y no separaban los ojos de la pesa, tratando de vigilar. Pero el hombre la dejaba hacer porque no podía impedir su robo. Por el ventanuco del párpado se veía andrajosa, con un hijo pegado al pezón de caimitillo seco.

La voz, titubeando, tímidamente, pedía algunos víveres más. Los iba disponiendo sobre el mostrador, en enanos envoltorios torcidos por sus extremos. Movían después un lápiz fino, y verde como espiga de arroz.

—Debes peso y medio más. A ese paso no les tocará un solo centavo en la próxima zafra.

Ella se achicaba, acomodando el cartucho entre el brazo libre y el seno flojo y mísero. El hombre anotaba en una libreta. Una libreta gorda, preñada lo menos de diez crías.

Eso ocurría todas las mañanas. Voces, rostros parecidos, asomaban para recibir onzas de menos y más bichos ahogados en la manteca, según el cucharón hurgaba más abajo, revolviendo sus distintas muertes. Los gruesos dedos apartaban las manchas aladas y oscuras, sirviendo el resto cuidadosamente, sin desperdiciar.

Al caer la tarde el candado se cerraba. La vieja rata, entonces, tranquilamente se ponía a roer cada cosa cercana y abundante. En esa forma crecieron sus hijos. También fuertes, avisores, ágiles. Los fue olvidando en el cuidado. Todos juntos holgaban de arriba abajo en la bodega, sin ser molestados. Marcando sus dientes, sus uñas, el reguero de pelos finos sobre los distintos bocados.

Las hormigas y los gorgojos se situaban también. Y el hombre era bueno y tolerante con todos.

La rata parió varias veces. Muchas veces. De noche era el ruido y el festín. Todo olía a ratones y cucarachas. En la sombra tropezaban hocicos y alas, volando en el zumbido rápido de un lado a otro entre el fétido olor de la bodega cerrada.

El barril se moteaba mucho más y eran más los cuerpecillos grises y engrasados que al otro día engolosinaban a las hormigas en el gran patio lleno de claridad.

Nadie llevaba cuenta alguna en la bodega, exceptuando la de aquella gruesa libreta.

Pero algo falló para la vieja rata. Para el hombre. Para los insectos.

El golpe llegó por las mismas figuras de caras ojerosas. Entraron unidas, con mudo encono. Cada saco podrido, cada cueva de bichos, cada nido de rata se removió en un pánico total y breve. La claridad bañó en limpia lechada los hediondos rincones y su historia de tantos, tantos años . . .

Con la libreta que soltaba hojas sobre la tierra, como podrida al sol, cayeron los sacos perforados de gorgojos. El barril.

El hombre cayó también.

Fue el último.

EJERCICIOS

I. *Complete las oraciones siguientes con las frases que faltan, de acuerdo con el cuento «La rata». No se conforme con escribir dos o tres palabras sino parrafitos completos.*

MODELO: El hombre que vendía en la bodega tenía el siguiente aspecto físico: <u>sus pies eran enormes y usaba botas; tenía los brazos desnudos, los dedos gruesos.</u>

1. La rata del cuento vivía en _____.
2. La rata tenía el siguiente aspecto físico: _____.
3. Vivía allí en compañía de otros animales: _____.

4. Allí se vendían _____.
5. Aniceto, el hombre que atendía el establecimiento, no era una persona honrada porque _____.
6. La mujer que fue a comprar allí era _____.
7. La rata parió muchos hijitos que eran _____.
8. Al final del cuento, todo cayó: los insectos, los sacos y hasta el hombre porque _____.

II. *Sustituya las palabras señaladas por sinónimos.*

1. Entró por *el hueco* de siempre *luego de atravesar* el patio.
2. Tenía *avisados* ojos, larga y fina *cola*.
3. Se iba sintiendo mejor entre los sacos *apilados, repletos*.
4. Las *lanzó* al patio donde cayeron con ruido *fofo*.
5. Movió con *precaución* el plato de lata de *la romana*.
6. Estaba *andrajosa* y su voz *titubeaba*.
7. *Hurgaba* con el cucharón y salían más *bichos*.
8. Había un olor *fétido* que les causaba *encono*.
9. *El pánico* fue total, pero *breve*.
10. Los *hediondos* rincones recibieron *las hojas* de la libreta.

III. *Conteste brevemente estas preguntas.*

A.
1. ¿Qué es *el batey* y cuál es el origen de esa palabra?
2. ¿Qué es *una bodega*?
3. ¿Qué es *un hurón*?
4. ¿Qué es *un látigo*?
5. ¿Qué significa *la cobija de guano*?
6. ¿Es lo mismo *blando* en español que *bland* en inglés? Explique su respuesta.
7. ¿Qué clase de palabras son *bodegucho* y *ventanuco* con respecto a *bodega* y *ventana*?
8. ¿Qué quiere decir *chapotear*?
9. ¿Qué significa *roer*?
10. ¿Qué significa *minúsculas* («las vidas *minúsculas*»)?
11. ¿Qué quiere decir la autora con esta frase: *los grandes pasos atronaban el piso cercano*?

B.
1. ¿Qué es *el hocico*?
2. ¿Qué es *cucharón* con respecto a *cuchara*?
3. ¿Qué es *un caimitillo*?
4. ¿Qué son *víveres*?
5. ¿Qué significa *enanos envoltorios*?
6. ¿Qué es *la zafra*?
7. *El cartucho (paper bag)* es un «cubanismo»; ¿cómo se dice en otros países?
8. ¿Qué quiere decir *preñada*? ¿De qué otro modo se puede expresar?
9. ¿Qué es *una onza*?

10.   ¿A qué se refiere la autora cuando menciona *las manchas aladas y oscuras*?
11.   ¿Qué es *cuerpecillo* con respecto a *cuerpo*?

IV.   *Escriba un verbo derivado de cada una de estas palabras. Emplee cada uno en una oración completa.*

MODELO: chico = *achicar*
Ella se **achicaba** *frente a la arrogancia de aquel hombre.*

1. gordo	5. entraña	9. cadena	13. golosina
2. camino	6. brillo	10. fuerza	14. claridad
3. silencio	7. pesa	11. huelga	15. excepción
4. grasa	8. voz	12. reguero	

V.   *Explique brevemente, empleando no más de 30 palabras, lo que significa cada oración o cada parrafito.*

a.   (La rata) «en culebreo de sombra, se deslizaba como hábil contorsionista para penetrar por el estrecho agujero del piso de madera hasta el local del bodegucho».

b.   «Fue la primera vez que el ojo del sol se abrió sobre aquel lugar encontrándola (a la rata) dentro».

c.   «El barril se moteaba mucho más y eran más los cuerpecillos grises y engrasados que al otro día engolosinaban a las hormigas en el gran patio lleno de claridad».

VI.   *Composiciones.*

1.   Basándose en los últimos párrafos del cuento «La rata», a partir de «El golpe llegó por las mismas figuras . . .» hasta «Fue el último», explique cuál es el contenido de protesta social de esta narración. Emplee de 75 a 100 palabras.

2.   Escriba una composición de unas 125 a 150 palabras, contando las actividades de los distintos animales que aparecen en este cuento: la rata y demás roedores, las cucarachas, las hormigas y los gorgojos.

3.   Tema libre dirigido: «Una vista al mercado de mi barrio»

   a.   En qué mercado compro, dónde queda, cuándo voy, a qué hora, con quién.

   b.   Qué productos tienen allí, qué precios tienen, hay (no hay) productos hispanos; en caso afirmativo, de qué tipo (cubanos, mexicanos, puertorriqueños, españoles, suramericanos, etc.); compro al contado o a crédito.

   c.   En qué consiste una compra «típica» para mi familia y para mí; descripción de la misma, cómo la llevamos a casa.

   d.   Conclusiones (cada persona escribe las que quiera).

VII.   *Dictado (en el manual del profesor).*

El modo subjuntivo: tiempos simples

Ya se ha visto que el modo indicativo, como lo dice su nombre, *indica* o señala simplemente que una acción está ocurriendo, ocurrió o va a ocurrir. Lea estas oraciones.

> *Asisto* a la universidad todos los días.
> Mi padre *nació* en San Antonio, Texas.
> *Iremos* de vacaciones a Miami.

En el **modo subjuntivo,** la acción del verbo está *sujeta* a otra acción principal que se expresa generalmente en el modo indicativo; esa acción subordinada (*subjuntivo*) depende de la otra (*indicativo*).

> <u>Espero</u> que <u>triunfes</u> en la vida.
>   ind.   subj.
> <u>Es</u> importante que Uds. se <u>preparen</u> bien para los exámenes.
> ind.   subj.
> <u>Le</u> pedí que <u>llegara</u> temprano.
> ind.   subj.

Observe que el subjuntivo lleva *que* delante; esto ocurre en la mayor parte de los casos.

El presente de subjuntivo

Para formar el presente regular de subjuntivo* hay que tener en cuenta lo siguiente.

Verbos con infinitivo en -ar

Terminaciones que se añaden a la raíz

Presente de indicativo	Presente de subjuntivo
-o	-e
-as	-es
-a	-e
-amos	-emos
-an	-en

Verbos con infinitivo en -er e -ir

Terminaciones que se añaden a la raíz

Presente de indicativo	Presente de subjuntivo
-o	-a
-es	-as
-e	-a
-emos, -imos	-amos
-en	-an

Como se puede observar, la letra **a** que es característica de las terminaciones del presente de indicativo de los verbos con infinitivo en **-ar** se vuelve **e** en el presente de subjuntivo. Lo mismo sucede, pero a la inversa, con los verbos con infinitivo en **-er, -ir;** la letra característica de sus terminaciones en el presente de indicativo es la **-e** que se vuelve **a** en el presente de subjuntivo. Lea Ud. estas oraciones prestando atención a ambos presentes.

Ella *espera* que yo *saque*** A en el examen.
Te *regalamos* este libro para que lo *leas*.
Me *aconsejan* que *estudie* más.
Ese ladrón hábil siempre *roba* sin que lo *agarren*.
Necesito un ayudante que *escriba* ruso.
¿*Crees* que ellas se *atrevan* a decírselo?

---

*Ver también la lección 21.
Recuerde que es necesario escribir *que* para obtener el sonido /ke**/.

El imperfecto de subjuntivo

Además del tiempo presente, el modo subjuntivo tiene otro tiempo simple pasado que se llama *imperfecto*. La mejor regla para aprender la conjugación de este tiempo es la siguiente.

infinitivos	*pretérito de indicativo (ellos)*	*Quite las letras* -on:
cantar	cantaron	cantar-
beber	bebieron	bebier-
decidir	decidieron	decidier-

Añada estas terminaciones— **-a, -as, -a, -amos, -an**— a esa nueva raíz.

cantara,   cantaras,   cantara,   cantáramos,   cantaran
bebiera,   bebieras,   bebiera,   bebiéramos,   bebieran
decidiera,   decidieras,   decidiera,   decidiéramos,   decidieran

Como resumen: conjugue cualquier infinitivo en la persona *ellos (ellas, Uds.)* del pretérito de indicativo, suprima las letras **-on** del final y a esa raíz que le queda, añada las terminaciones **-a, -as, -a, -amos, -an** que son las mismas para todos los verbos.* Lea estas oraciones con mucho cuidado.

El sacerdote les suplicó que no *pecaran* más.
Buscaban a alguien que se *comprometiera* a ayudarlos.
Te quejas como si no *trabajaras* a gusto.
Ella insistió en que yo me *probara* los zapatos.
No me gustaba que Uds. *bebieran* tanto.
¡Ojalá que mi abuelita *viviera* cerca de mí!

¡Atención a las tildes!

No es lo mismo *cante* que *canté*. Compare estas oraciones.

Me insiste en que le $\underset{\substack{\text{presente}\\\text{de subjuntivo}}}{\overline{\text{cante}}}$ una canción.

Ayer le $\underset{\substack{\text{pretérito}\\\text{de indicativo}}}{\overline{\text{canté}}}$ una canción.

No es lo mismo *cantara, silbaras* y *estudiaran* que *cantará, silbarás* y *estudiarán*. Compare estas oraciones.

Tú querías que yo $\underset{\substack{\text{imperfecto}\\\text{de subjuntivo}}}{\overline{\text{cantara}}}$ y yo quería que tú $\underset{\text{imperfecto de subjuntivo}}{\overline{\text{silbaras.}}}$

---

*Ver también la lección 23.

Ella $\underset{\substack{\text{futuro de}\\\text{indicativo}}}{\underline{\text{cantará}}}$ mañana en el teatro y tú $\underset{\substack{\text{futuro de}\\\text{indicativo}}}{\underline{\text{silbarás}}}$ tu melodía favorita.

Si Uds. $\underset{\substack{\text{imperfecto de}\\\text{subjuntivo}}}{\underline{\text{estudiaran}}}$ más, el profesor estaría muy satisfecho.

Estoy segura de que Uds. $\underset{\substack{\text{futuro de}\\\text{indicativo}}}{\underline{\text{estudiarán}}}$ para la prueba del jueves.

La concordancia de los tiempos

Finalmente, observe estos ejemplos.

Dudo que ella *comprenda* tu problema.
Les *he pedido* que *regresen* temprano.
Dudé (dudaba) que ella *comprendiera* tu problema.
Les *había pedido* que *regresaran* temprano.

Fíjese que, cuando la forma verbal del modo indicativo es un *presente* o un *presente perfecto*, la del modo subjuntivo es también un *presente*. Asimismo cuando la forma verbal del modo *indicativo* es un *pasado* (*pretérito, imperfecto* o *pluscuamperfecto*), la del modo subjuntivo es igualmente un *pasado (imperfecto)*. Esto se llama **concordancia de tiempos** *(agreement of tenses)*. Hay excepciones:

El profesor haitiano *habla* el español como si *hubiera nacido* en España.
No *creo* que ella *dejara* la puerta abierta.

Después de la expresión *como si* siempre se usa *el imperfecto o el pluscuamperfecto de subjuntivo*, aunque el verbo principal esté en el presente de indicativo. En el segundo ejemplo, aunque el verbo principal está en el presente de indicativo, la segunda parte de la oración se refiere a una acción pasada: **I don't believe (that) she left the door open.**

EJERCICIOS ⎯⎯⎯⎯⎯⎯⎯⎯⎯⎯⎯⎯⎯⎯

I. *Conteste brevemente estas preguntas.*

1. ¿Cómo está la acción del verbo en el modo subjuntivo?
2. ¿Qué palabra se encuentra generalmente delante de una forma verbal del subjuntivo?

3. ¿Cuáles son los dos tiempos simples del modo subjuntivo?
4. ¿Cuál es la letra característica del presente del subjuntivo de los verbos con infinitivo en **-ar** y cuál la de los verbos con infinitivo en **-er, -ir**?
5. ¿Qué pasos se siguen para formar el imperfecto de subjuntivo?
6. ¿A qué se llama *concordancia de tiempos* en las oraciones que contienen un verbo en el subjuntivo?

II. *Cambie los verbos señalados en estas oraciones al presente de subjuntivo, siguiendo el modelo.*

MODELO: Ellos *compran* en esa tienda. *Ojalá que* . . .
Ojalá que ellos compren en esa tienda.

1. Yo *comprendo* los verbos. Ella espera que . . .
2. Tú *caminas* despacio. Quiero que . . .
3. Uds. *respetan* las leyes. No estoy seguro de que . . .
4. Nosotros *sacamos* los libros de la biblioteca. La maestra desea que . . .
5. Ellos *viven* cómodamente. Dudo que . . .
6. Yo *aprendo* la gramática española. A él le gusta que . . .
7. El policía *dirige* bien el tráfico. Es importante que . . .
8. Tú *decides* sobre tu futuro. Es esencial que . . .
9. Ud. *contribuye* a la causa chicana. Es de esperarse que . . .
10. Nosotros *comemos* arroz con habichuelas. Ellos nos invitan a su casa para que . . .
11. Ella me *enseña* a escribir mejor. Yo le insisto en que . . .
12. Ellas se *santiguan* al entrar en la iglesia. El sacerdote les pide que . . .
13. Los obreros *cargan* el camión. El patrón les ruega a los obreros que . . .
14. Yo *busco* un empleo. Mi madre me anima a que . . .
15. Tú *recoges* tomates en el campo. Te van a emplear en las vacaciones siempre que . . .

III. *Haga una lista de los infinitivos, gerundios y participios correspondientes a los verbos señalados en el ejercicio II.*

MODELO: compren
comprar, comprando, comprado

IV. *Cambie cada infinitivo señalado al imperfecto de subjuntivo.*

MODELO: Querían que yo *estudiar* en el extranjero.
Querían que yo estudiara en el extranjero.

1. Buscaban a alguien que *mecanografiar* las cartas.
2. Salieron sin que tú lo *notar*.
3. Nos dieron la sortija para que la *vender*.
4. El maestro les repasaba para que *mejorar* sus calificaciones.

5. El instructor me pidió que *correr* todos los días.
6. Aunque yo no *compartir* tus ideas, las respetaría igualmente.
7. Ella habla como si te *comprender*.
8. Era necesario que tú *escribir* todo de nuevo.
9. Esperaban que Ud. se *graduar* en junio.
10. Tú actúas como si te *sobrar* el tiempo.
11. Uds. gastan como si *ganar* mucho.
12. Me llevaron a México para que *conocer* la tierra de mis antepasados.
13. No querían perdonarlos sin que *admitir* su culpa.
14. El director dudaba que nosotros *salir* bien en los exámenes.
15. Te iban a prestar el tocadiscos con tal que se lo *entregar* al día siguiente.

V. *Cambie cada oración al pasado siguiendo el modelo.*

MODELO: *Necesito* un obrero que se *atreva* a trabajar con la nueva
maquinaria.
Necesitaba* *un obrero que se **atreviera** a trabajar con la
nueva maquinaria.*

1. *Compro* un perro para que me *cuide* la casa.
2. Los padres *ahorran* dinero para que sus hijos *asistan* a la universidad.
3. ¿*Entras* en tu casa sin que nadie lo *note*?
4. *Insiste* en que nos *preparemos* para la vida.
5. *Corren* de modo que tú no los *alcances*.
6. *Es* importante que yo *viva* cerca de mi trabajo.
7. *Es* necesario que *recojamos* el paquete a las dos y media.
8. *Desean* que Uds. *paguen* al contado.
9. Nos *comemos* toda la comida para que ella no se *ofenda*.
10. A ella no le *gusta* que los niños *toquen* sus adornos.

Sección de ortografía
La confusión entre allá, halla y haya

Primero escuche y después lea Ud. esta oración.
Allá en medio del campo se *halla* un viejecito que no creo que *haya* salido nunca de su pueblo.

Como se puede oír, las palabras *allá, halla* y *haya* tienen prácticamente el mismo sonido. Al escuchar con atención, se puede notar que *allá* es distinta de las otras dos en cuanto a su acentuación; se trata de una palabra aguda, mientras que *halla* y *haya* son llanas. La ortografía de estas palabras es diferente en cada caso y resulta muy natural confundirse al escribirlas. Para facilitar su escritura, apréndase estas reglitas.

---

*El verbo en indicativo puede cambiarse al pretérito o al imperfecto, según «suene» mejor.

1. *Allá* (**over there**) se refiere a un sitio.
2. *Halla* es sinónimo de *encuentra*.
3. *Haya* es una forma del verbo *haber** (*have*, *has*).

Lea estas oraciones.

Miguel *halla* que las comidas de *allá* son más sabrosas.
Espero que Ud. se *haya* divertido *allá* en Guadalajara.
Quien busca, *halla*.

EJERCICIOS

I. *Escriba* ***allá, halla*** *o* ***haya*** *en los espacios en blanco, según se requiera.*

1. El edificio está _____.
2. Me sorprende que ella no _____ llegado.
3. Él nunca _____ lo que pierde.
4. ¿Dónde se _____ el profesor de biología?
5. _____ en Puerto Rico hace mucho calor.
6. Siento que Josefina _____ tenido que abandonar sus estudios.
7. ¿Cómo van las cosas _____ por tu pueblo?
8. Él no _____ dónde meterse cuando no quiere platicar con nadie.
9. Espero que Ud. _____ hecho los ejercicios para hoy.
10. Esa señora está _____, en casa de su comadre.

II. *Corrija los errores en las oraciones siguientes en cuanto al empleo de* ***allá,*** ***halla*** *y* ***haya.***

1. ¿Haya Ud. que los precios están muy altos?
2. Vamos para hallá en cuanto terminemos.
3. Después que halla salido de este lío, voy a descansar.
4. No creo que él alla sido el culpable.
5. Espero que halla bastante comida para todos.
6. Ella haya que ese vestido no le sienta.

III. *Dictado (en el manual del profesor).*

*Ver la lección 17.

17

El modo subjuntivo: tiempos compuestos. La oración compuesta: coordinación y subordinación.

Como ya se vio en el modo indicativo, se llama **tiempos compuestos** o **perfectos** del modo subjuntivo a los tiempos verbales que llevan el verbo auxiliar *haber*. Vea Ud. estos ejemplos.

Espero que *hayas encontrado* tu anillo.	*I hope (that) you have found your ring.*
No creo que ella lo *haya* hecho* a propósito.	*I don't believe (that) she has done it on purpose.*
Esperaba que *hubieras encontrado* tu anillo.	*I hoped (that) you had found your ring.*
No creí que ella lo *hubiera hecho* a propósito.	*I didn't believe (that) she had done it on purpose.*

---

*Ver la sección de ortografía de la lección 16.

El presente perfecto y el pluscuamperfecto de subjuntivo

Los dos tiempos compuestos del modo subjuntivo son: *el presente perfecto* y *el pluscuamperfecto*. Para formar esos tiempos compuestos, se conjuga el verbo auxiliar *haber:*

      a. en el presente de subjuntivo (para formar el *presente perfecto*)
          haya, hayas, haya, hayamos, hayan
      b. en el imperfecto de subjuntivo (para formar el *pluscuamperfecto*)
          hubiera, hubieras, hubiera, hubiéramos, hubieran

El verbo principal, en cada caso, aparece en forma de participio, igual que en los tiempos compuestos del modo indicativo.* Así, hemos visto arriba: *hayas encontrado, haya hecho, hubieras encontrado, hubiera hecho.* Todos los verbos españoles forman esos tiempos compuestos del subjuntivo en la misma forma. Tomemos como modelo el verbo *cerrar.*

Presente perfecto	*Pluscuamperfecto*
haya cerrado	hubiera cerrado
hayas cerrado	hubieras cerrado
haya cerrado	hubiera cerrado
hayamos cerrado	hubiéramos cerrado
hayan cerrado	hubieran cerrado

La oración compuesta: coordinación y subordinación

Se llama **oración compuesta** a la que contiene más de un verbo. Todas las oraciones que hemos visto en esta lección y en la lección 16 son compuestas porque contienen al menos dos verbos. Los verbos de una oración compuesta pueden tener entre sí una relación de *coordinación* (y entonces la oración se llama *coordinada*) o una relación de *subordinación* (y la oración se llama *subordinada*). Observe estos ejemplos.

Oraciones compuestas coordinadas

1. A veces nos *quedamos* en casa, en ocasiones *salimos* a dar una vuelta.
2. Puerto Rico *importa* whiskey y *exporta* ron.
3. Dolores *nació* en México pero ahora *vive* en California.
4. «El perro del hortelano ni *come* ni *deja* comer».
5. ¡Niña, o te *comes* toda la cena o no *ves* la televisión!
6. *Fui* a la fiesta aunque no *tenía* compañero.
7. No me *compré* el automóvil porque *estaba* muy caro.
8. Ellos nunca me *escriben*, por lo tanto no *están* interesados en mí.

*Ver la lección 13.

Todas estas oraciones compuestas son **coordinadas.** Las palabras que unen las dos partes o **cláusulas** de la oración se llaman **conjunciones*** y las más comunes son: *y, ni . . . ni, o, pero, mas,*** sino, aunque, porque, pues, puesto que, ya que, por lo tanto, conque.* También, como se ve en el primer ejemplo, una oración compuesta coordinada puede escribirse sin conjunciones, con sus cláusulas separadas por signos de puntuación. Este tipo de oración compuesta también se llama **yuxtapuesta.**

En una oración compuesta coordinada, cada cláusula es independiente; es decir, que si se separa una de otra, cada una tiene sentido completo. Lea estas oraciones.

1. **a.** Dolores nació en México pero ahora vive en California.
    b. Dolores nació en México. (pero) Ahora (Dolores) vive en California.
2. **a.** Fui a la fiesta aunque no tenía compañero.
    b. (Yo) Fui a la fiesta. (aunque) (Yo) No tenía compañero.
3. **a.** No me compré el automóvil porque estaba muy caro.
    b. (Yo) No me compré el automóvil. (porque) (El automóvil) Estaba muy caro.

Oraciones compuestas subordinadas

Observe ahora estas oraciones.

1. **a.** Ven mañana a casa para que cenes con nosotros.
    b. Ven mañana a casa. (para que) (Tú) Cenes con nosotros.
2. **a.** Buscaban a alguien que se comprometiera a ayudarlos.
    b. Buscaban a alguien. (que) Se comprometiera a ayudarlos.
3. **a.** Necesito un ayudante que escriba ruso.
    b. Necesito un ayudante. (que) Escriba ruso.

Como se puede comprobar, las oraciones a la izquierda tienen sentido completo cuando están solas, independientes. Las oraciones a la derecha no tienen sentido completo; para entender lo que significan, hay que relacionarlas a las de la izquierda. Por lo tanto, son oraciones dependientes de otras. Este tipo de oración compuesta se llama **subordinada.** Tiene dos partes o cláusulas: una *principal* con el verbo casi siempre en indicativo y otra *dependiente* o *subordinada* que muchas veces contiene una forma verbal del subjuntivo.

Las oraciones subordinadas que contienen la palabra *si* (**if**) son bastante comunes. Lea estos ejemplos.

Cláusula subordinada	*Cláusula principal*
Si contestas la pregunta,	ganas (ganarás) el premio.

---

*Ver la lección 22.

Pero* y *mas,* son sinónimos: **but en inglés.

Si contestaras la pregunta,	ganarías el premio.
Si hubieras contestado la pregunta,	habrías ganado el premio.

Como se puede observar, la concordancia de los tiempos verbales es ésta.

Cláusula subordinada	*Cláusula principal*
presente de indicativo	presente o futuro de indicativo
imperfecto de subjuntivo	condicional de indicativo
pluscuamperfecto de subjuntivo	condicional perfecto de indicativo

¡Atención!

La cláusula subordinada no tiene necesariamente que seguir a la cláusula principal, como Ud. acaba de comprobar con los ejemplos de oraciones compuestas que contienen la palabra *si* (**if**). Vea más ejemplos.

Subordinada	*Principal*
Que estés contento	es mi mayor deseo
Sin que se lo aconsejes,	no va a hacerlo.

Las oraciones compuestas por subordinación se dividen en varias clases. En este texto no se van a estudiar en detalle. Bastará con aprender a distinguir entre las compuestas coordinadas y las compuestas subordinadas del tipo que se ha visto en esta lección y en la lección 16.

EJERCICIOS

   I. *Conteste brevemente estas preguntas.*

1.   ¿Cuáles son los dos tiempos compuestos del modo subjuntivo?
2.   ¿Cómo se forma cada uno de esos tiempos?
3.   ¿A qué se llama *oración compuesta*?
4.   ¿Cómo se llaman los dos tipos de oración compuesta?
5.   ¿Puede Ud. escribir de memoria cinco conjunciones que aparezcan en oraciones compuestas coordinadas?
6.   ¿Cómo se le llama a la oración compuesta que no lleva conjunción?
7.   ¿Cuál es la diferencia principal entre una oración compuesta *coordinada* y una *subordinada*?
8.   Describa las dos partes de una oración compuesta subordinada.
9.   Describa los tres tipos de oraciones compuestas que hay con *si* (**if**).

   II. *Subraye los errores que aparecen en estas oraciones y escriba la forma «oficial» para cada uno.*

MODELOS: Si <u>vieras</u> ido conmigo, te <u>abrías</u> divertido.
   Si **hubieras** ido conmigo, te **habrías** divertido.

1. Nos trataron como si viéramos tenido la culpa.
2. No creo que hallan ido en carro.
3. Espero que hallamos escogido bien.
4. ¡Si viéramos estudiado más . . .!
5. Si Uds. vieran asistido a la reunión, les abría gustado.
6. ¡Nunca viera creído tal cosa de ti!
7. Quería que vieras a mi amigo Luis, eso me abría gustado.
8. No es que no me gustara la película, pero viera preferido ver una de misterio.

III. *Cambie el presente de subjuntivo señalado en cada oración, al presente perfecto del mismo modo.*

MODELO: Espero que *termine* temprano la función.
Espero que **haya terminado** *temprano la función.*

1. ¡Ojalá que nuestros hijos *triunfen*!
2. Es preferible que *toquemos* en esa banda.
3. Buscamos un perro que *guíe* a los ciegos.
4. Ella quiere que yo *prepare* la lección.
5. Te perdono con tal que *normalices* tu situación.
6. Dudan que yo *viva* en ese barrio elegante.
7. Ojalá que *averigües* su secreto.
8. Me temo que Uds. *beban* demasiado en la fiesta.

IV. *Escriba una oración compuesta coordinada con cada conjunción.*

MODELO: pero
*Ibamos a salir **pero** estaba diluviando.*

1. y   2. o   3. porque   4. ya que   5. por lo tanto

V. *Complete cada oración compuesta «inventando» la cláusula subordinada que falta y que debe empezar con **si** (if).*

MODELO: —————, me casaría contigo.
***Si me sacara la lotería**, me casaría contigo.*

1. —————, no iremos a la playa.
2. —————, podrías enterarte de todo.
3. —————, te llamo mañana.
4. —————, lo habrían puesto en su cuenta de ahorros.
5. —————, nunca me arrepentiría.
6. —————, nos habríamos alegrado muchísimo.
7. —————, yo no sabría qué decir.
8. —————, comerían arroz con gandules todos los días.

9. —————, aprenderás todos los tiempos verbales del subjuntivo.
10. —————, habrías terminado a tiempo.

Sección de ortografía
El uso de la ll y la y

Como ya se explicó, la pronunciación de la *ll* y de la *y* es igual o casi igual en muchos dialectos del español, especialmente en Hispanoamérica. El sonido de esas letras se representa así: /y/. Esto causa confusiones en la escritura y, como no hay reglas en cuanto al uso de cada letra, se necesita mucha práctica para saber cuándo se escribe *ll* y cuándo *y*.

Ya se ha visto el uso de la *y* en varias formas verbales, cuando hay una *i* entre vocales que se cambia a *y* en la escritura:

　　cayó, creyeron, leyendo, huyo, construyeron, influyera, haya, etc.*

Será muy útil, y en algunos casos necesario, el empleo de un diccionario para hacer los siguientes ejercicios.

EJERCICIOS

I. *Averigüe, si no lo sabe, el significado de cada palabra en estos pares; escriba una oración completa con cada palabra.*

MODELO:　　valla, vaya
　　　　　　El jardín está rodeado de una **valla.**
　　　　　　Vaya *al mercado y tráigame cinco libras de azúcar.*

1. allá, aya　　　　3. callo, cayo　　　　5. pollo, poyo
2. arrollo, arroyo　　4. hulla, huya　　　　6. rallo, rayo

II. *Lea cuidadosamente esta lista de palabras que llevan* **ll.** *Después, escríbalas como sinónimos de las palabras que siguen en la próxima página.*

allá	cuchillo	llanta
amarillo	cuello	llegar
apellido	chiquillo	muralla
capilla	estallar	sello
castellano	llamar	silla
cordillera	llanura	talle

---

*Ver las lecciones 9, 11 y también la lección 21.

1. explotar	7. dorado	13. niño
2. español	8. cintura	14. planicie
3. allí	9. pescuezo	15. grupo de
4. arribar	10. iglesia	montañas
5. asiento	pequeña	16. invocar
6. segundo	11. estampilla	17. muro
nombre	12. rueda	18. navaja

III. *Escriba una oración completa con cada una de estas palabras que llevan y.*

1. ayer	3. hoyo	5. mayo	7. mayoría	9. trayectoria
2. ayuntamiento	4. leyenda	6. mayor	8. proyecto	10. yema

IV. *Conjugue cada infinitivo en la persona, el tiempo y el modo indicados.*

1. desarrollar, yo, futuro de indicativo
2. detallar, ella, imperfecto de indicativo
3. llenar, nosotros, presente perfecto de indicativo
4. llorar, tú, condicional de indicativo
5. apoyar, él, pretérito de indicativo
6. ayudar, ustedes, presente de indicativo
7. ensayar, usted, futuro perfecto de indicativo
8. proyectar, ellas, condicional perfecto de indicativo

V. *Escriba ll o y en cada espacio en blanco, según se requiera.*

A.

1. mi__a	11. jo__a
2. su__o	12. estre__a
3. __a	13. cabe__o
4. ta__er	14. caba__o
5. mi__ón	15. __ate
6. orgu__o	16. o__a
7. cu__o	17. gri__o
8. si__ón	18. ca__e
9. semi__a	19. casti__o
10. panta__a	20. le__es

B.

1. costi__a	8. cocu__o
2. co__ar	9. ro__o
3. vaini__a	10. re__eno
4. re__es	11. poli__a
5. __ave	12. ga__ina
6. va__e	13. pe__ejo
7. argo__a	14. marti__o

15. pandi__a   18. sa__a
16. ladri__o   19. pi__o
17. ensa__o   20. ve__o

C.

1. ani__o   11. maravi__oso
2. be__o   12. ori__a
3. bachi__er   13. meji__a
4. bi__ar   14. senci__a
5. bata__a   15. bue__es
6. co__ote   16. bi__ete
7. torti__a   17. tu__as
8. ardi__a   18. caba__ero
9. rodi__a   19. mue__es
10. bri__ante   20. jo__ería

«La Guadalupe»

María Teresa Babín

Las indias cautivas de los caribes que los descubridores de la isla de Puerto Rico rescataron en Barlovento en el año 1493 señalaron a los navegantes la ruta a seguir hasta Boriquén. Estas mujeres boricuas, al vislumbrar las costas de su tierra, abandonaron las naves y se lanzaron al mar en un hermoso arrebato de amor primitivo al terruño. En la historia de Puerto Rico se conserva el recuerdo de estas isleñas cautivas unido a la gesta colombina con un tinte legendario y poético.

Para mí el hecho tiene dimensiones biográficas. Mi padre era natural de la Guadalupe; su familia vivía en la isla; tres meses después de mi nacimiento mi padre llevó a mi madre a conocer su tierra y allí me bautizaron, en la iglesia de un pueblecito llamado Capesterre. De niña, oía hablar a mi padre del volcán «la Soufrière», la montaña de más elevación en las islas de Barlovento, siempre cubierta de una flora exuberante, eternamente «fumando», como decía él, pero tranquila y callada, sin haberse visto en erupción durante los años que él recordaba; de los temblores de tierra que destruyeron parte de la Martinica, donde residía su hermana Magdalena, en el año de Mont Pelée, cuyas cenizas se esparcieron por el Caribe y alcanzaron a Puerto Rico, según afirmaba mi madre; de las especias olorosas de Guadalupe: clavo, canela, vainilla; de la vida opulenta de las pocas familias blancas de la colonia; de los viajes de estudio y placer a Francia y del orgullo de los nativos, vinculados a la cultura francesa por un sentimiento de continuidad y de pertenencia mucho más profundo y arraigado que el sentimiento de los hispanoamericanos por España.

Mi padre llegó a Puerto Rico hacia el 1908; en Puerto Rico se casó al año siguiente y vivió en la isla hasta su muerte. Sin embargo, siempre conservó el acento de la lengua materna al hablar español, salpicado de galicismos, y nunca adoptó la ciudadanía americana. Sentía un cariño y un respeto sin tacha por todo lo puertorriqueño; hablaba de su país con añoranza; conservaba el vínculo con tierra y familia; inculcaba en los hijos la fe en la patria, el amor a la isla en que nacimos y la obligación de ser dignos de ella por la acción y la palabra. En esta enseñanza no había desbordamiento ni prédica. Fluía espontáneamente de su voz, de su gesto aristocrático, de su sonrisa, de su trabajo humilde, realizado con la nobleza y la honradez más limpia y fecunda que se pueda imaginar, sin reproches y sin aspavientos.

¡Guadalupe! Isla quebrada en colinas y valles; isla de aguas rumorosas, que se despeñan por todos los caminos; isla de pueblecitos dormidos; de volcán humeante; de vegetación lujuriosa; de mesa exquisita, con los mejores vinos de Francia; patriarcal y señora al mismo tiempo; de mujeres morenas, negras como el ébano y blancas como el armiño, esbeltas y elegantes en el traje y en el porte; de hombres un tanto sombríos, recatados en el trato, refinados y pulcros en el hogar y la calle. Así guardo el recuerdo de esta isla pequeñísima, llena de lagunas y riachuelos de aguas termales entre los árboles; sembrada de flores, rica de peces, de camarones y langostas y pulpos. Crece la caña y se fabrican el ron y el azúcar en abundancia, pero la isla no se les entrega totalmente. Se comparte para dejar cabida al plátano, a la piña, al mango, del cual hay variedades riquísimas, y a las especias que mi padre evocaba casi con el olfato. En mis visitas veraniegas a la Guadalupe, en compañía de mi padre la primera vez y con mi hermana Elena en otras, siempre, revivía el encanto de las cautivas de nuestra historia y me parecía sentir junto al mar voces seculares de otras indias que nunca regresaron a la patria, menos afortunadas que las rescatadas por los marineros de la epopeya.

¿Por qué abandonó mi padre la tierra nativa para hacer de Puerto Rico la patria de sus hijos? ¿Habría en él alguna gota de sangre que le impulsara, pasados más de cuatro siglos, a buscar a Puerto Rico en el mapa del Caribe y a hacerlo suyo para siempre? ¿Será acaso una de aquellas indias perdidas en Barlovento el vínculo ancestral que unía a mi padre con Puerto Rico? Conjeturas tan absurdas y tan ambiguas como éstas son la base fundamental de la fe, y sin ellas la realidad sería yerma y pesada. Por eso me apego a la imaginación y me divierto creando mi propio árbol genealógico desde Barlovento hasta Puerto Rico.

Los hijos de las islas verdes llevamos engarzada en el alma la esmeralda escogida al nacer, renovamos cada día «las raíces del palmar» dentro de ese callado misterio del vivir sin tregua, y somos uno siendo muchos, en la misma proporción en que el Caribe es tierra plural, siendo a la par mundo singular por aquellas fuerzas subterráneas que bullen en el fondo histórico, en el mapa racial y cultural y en el destino de estas Indias occidentales, pequeñas y grandes. En nuestro mar se acuna la aparición del Nuevo Mundo ante los ojos sorprendidos del Viejo Mundo y el despertar de América a la cultura de Occidente . . .

Aquí dejo con ternura esta estampa borrosa de la isla bella en la cual mi padre, Emmanuel Babin Satgé, pasó los años de su niñez y su mocedad. En mi fantasía boricua se dibuja claramente el tambo que une al niño de Puerto Rico con el niño de la Española, de Cuba, de Haití, de Martinica, de la Guadalupe, de las innumerables islas antillanas, ese «archipiélago de frondas» descrito por el poeta borincano. En zig-zag infantil, jugando a llegar primero, me dejo llevar por la imaginación en una piragua que surca veloz el mar sembrado de jardines, viendo a lo lejos siempre el centinela de Luquillo, yunque y yunque de mi isla, la mía entre tantas, el ancla segura de mi ingenua piratería.

EJERCICIOS

I. *Complete las oraciones siguientes con las frases que faltan, de acuerdo con el ensayo «La Guadalupe.» No se conforme con escribir dos o tres palabras sino parrafitos completos.*

MODELO: El padre de la autora nació *en la isla de Guadalupe y era de ascendencia francesa.*

1. En el año 1493 _____.
2. *La Soufrière* era _____.
3. Cuando el volcán *Mont Pelée* de la Martinica explotó, _____.
4. En el 1908 _____.
5. La Guadalupe es una isla _____.
6. Sus principales productos son _____.
7. La autora cree que su padre abandonó la Guadalupe y fue a Puerto Rico porque _____
8. La autora menciona varias islas del Caribe: _____.

II. *Sustituya las palabras señaladas por sinónimos.*

1. Las indias *cautivas vislumbraron* las costas de su tierra.
2. Su hermana *residía* allí y llevaba una vida *opulenta*.
3. Sentía un respeto *sin tacha* hacia lo puertorriqueño pero conservaba *el vínculo* con su tierra.
4. Nos hablaba sin *reproches*, sin *prédicas*.
5. Hay una vegetación *lujuriosa* de palmas *esbeltas*.
6. Sus hombres son *pulcros*, un tanto *sombríos*.
7. Mi padre *evocaba* el olor de las especias durante sus visitas *veraniegas*.
8. La fuerza de su *mocedad bulle* en él.

III. *Conteste brevemente estas preguntas.*

A. 1. ¿Quiénes son *los caribes*?
2. ¿Qué es *Boriquén*?
3. ¿De qué es sinónimo *boricua*?
4. ¿Qué es *el terruño* y de qué palabra se deriva?
5. ¿De qúe palabra se deriva *isleñas*?
6. ¿Qué son *leyendas, gestas* y *epopeyas*?
7. ¿De qué nombre proviene el adjetivo *colombina*?
8. ¿Qué es *la flora* y qué es *la fauna* de un país?
9. ¿Cuál es la diferencia entre *la especia* y *la especie*?
10. ¿Qué significa *nativo*?

B. 1. ¿Qué son *galicismos*? Diga uno que aparece en este ensayo y que se refiere a un volcán.
2. ¿Qué son *aspavientos*?
3. ¿Por qué la autora compara a las mujeres *negras* con *el ébano* y a las *blancas* con *el armiño*?
4. ¿Qué significa *recatados*?
5. ¿Qué es *riachuelo* con respecto a *río*?
6. ¿Qué son *las aguas termales*?
7. ¿Qué significa esta frase: «Crece la caña y se fabrican el ron y el azúcar en abundancia, pero la isla no se les entrega totalmente»?
8. *El olfato* es uno de los cinco sentidos *(senses;)* ¿cuáles son los otros cuatro?
9. *Veraniego* (-a) significa *de verano*, o *en el verano: vacaciones veraniegas;* ¿cuáles son los adjetivos que corresponden a *la primavera, al otoño* y *al invierno*?
10. ¿De qué nombre proviene el adjetivo *secular*?

C. 1. ¿Qué son *conjeturas*?
2. ¿Qué es *el árbol genealógico*?
3. ¿A qué piedra preciosa compara la autora cada isla del Caribe y por qué lo hace?

4. ¿Qué significa *engarzada*?
5. ¿Por qué dice la autora que «En nuestro mar se acuna la aparición del Nuevo Mundo . . .»?
6. ¿Qué es *el tambo*?
7. ¿Cómo se llama también la isla de la Española?
8. ¿Qué lengua se habla en la Martinica y la Guadalupe?
9. ¿Puede Ud. nombrar alguna isla de las Antillas en que se habla inglés?
10. ¿Por qué se dice de las islas antillanas que son un «archipiélago de frondas»?
11. ¿Qué es *una piragua* y de qué lengua proviene esta palabra?
12. **Snow ball,** hielo triturado con algún almíbar o jugo de frutas, se llama *piragua* en Puerto Rico. ¿Conoce Ud. otros nombres para ese refresco?
13. ¿Qué es *Luquillo*?
14. ¿Qué es *un yunque* y a qué se le llama *El Yunque* en Puerto Rico?
15. ¿Qué quiere decir la autora con la frase «el ancla segura de mi ingenua piratería»?

IV. *Escriba un antónimo (opuesto) de cada palabra en esta lista.*

MODELO: fecunda—*yerma*

A.
1. cautiva
2. el amor
3. el recuerdo
4. unido
5. llevar
6. la niñez
7. elevar
8. callada
9. destruir
10. afirmar
11. olorosa
12. profundo
13. arraigado
14. digno
15. la espontaneidad

B.
1. aristocrático
2. humilde
3. dormido
4. mejor
5. la abundancia
6. afortunada
7. perder
8. pesada
9. singular
10. primero

V. *Composiciones*

A. *Escriba la historia de sus antepasados en unas 150 a 200 palabras. Diga de dónde provienen y remóntese en el tiempo tanto como pueda. Use su imaginación y hasta su fantasía si es necesario.*

B. *Describa, empleando un estilo y un lenguaje poéticos como hace María Teresa Babín en «La Guadalupe», una isla o un paisaje que Ud. admira por su belleza. Emplee entree 200 y 225 palabras.*

VI. *Dictado (en el manual del profesor).*

18

Los pronombres personales. Los complementos pronominales.

Pronombres que actúan como sujeto de una oración

En la lección 9 ya se habían visto los pronombres personales: *yo, tú, usted, él, ella, nosotros, nosotras, ustedes, ellos y ellas.* * Estos pronombres constituyen las personas gramaticales que actúan como sujeto de una oración. Lea estas oraciones.

Lidia es una defensora de los derechos humanos. *Ella* trabaja activamente en varios grupos.

Mario y yo nos conocimos en el primer grado; *nosotros* somos amigos desde entonces.

Luisita y su tía apuestan a los caballos; *ellas* dicen que casi siempre pierden.

Los complementos pronominales

Ahora lea Ud. con cuidado las siguientes oraciones y fíjese en todo lo que aparece señalado.

El profesor *nos* ha dado poco trabajo para el lunes.
Yo suelo acostar*me* temprano.

---

*Ver también la lección 22 para los pronombres que se colocan después de una preposición.

199

¡Siéntese enseguida, Glorita!
Recibí los libros y *te los* voy a devolver dentro de poco.
Este televisor *me lo* compré en un baratillo.
La madrina de Cuca *la* quiere mucho.
Les dictó unas palabras y ahora están analizándo*las*.
¿*Te* gusta el té que *te* preparé?

Todas esas palabras se llaman **complementos pronominales;** también se les conoce como **pronombres objeto** *(object pronouns)* o **variantes pronominales.**
Si se ordenan en una lista, de acuerdo a cada persona gramatical, tenemos:

Sujetos	*Complementos pronominales*
yo	*me*
tú	*te*
él, ella, usted	*lo, la, le, se*
nosotros, nosotras	*nos*
ellos, ellas, ustedes	*los, las, les, se*

Algunas reglas prácticas

1. Cuidado de no confundir *la, los* y *las* artículos y *la, los* y *las* complementos pronominales. Lea estas oraciones.
   La maestra *la* regañó. *Los* obreros no *los* obedecieron.
   artículo   CP   artículo   CP

   Compré *las* verduras y *las* guardé en mi bolsa.
   artículo   CP

2. Cuidado de no confundir *té* (**tea**) y *te*, complemento pronominal.* Lea esta oración.
   ¿Quieres que *te* dé un *té* de manzanilla?
   CP   **tea**

3. Cuidado de no confundir *sé* (forma verbal de *saber* y *ser*) con *se*, complemento pronominal.* Lea estas oraciones.
   Se lo advertí: ¡*sé* obediente!
   CP   forma verbal de *ser*

   Yo *sé* que tú no *se* lo dijiste.
   forma verbal   CP
   de *saber*

4. Cuando *me, te, lo, la, le, se, nos, los, las* y *les* se colocan detrás de una forma verbal, se escriben en una sola palabra.** Lea estas oraciones.

---

*Ver también la lección 10, la sección sobre la tilde diacrítica.
**Ver también la lección 20.

Vete al mercado, *cómprale* unos víveres a la vecina y *llévaselos* después.
Van a *cantarme* «Las mañanitas» porque es el día de mi santo.

5. *Lo* a veces no es un complemento pronominal. Lea estas oraciones, y observe las traducciones al inglés.

Lo mejor de la película es el final.	*The best thing about the movie is the end.*
Lo que me cuentas es increíble.	*What you are telling me is incredible.*

Para que *lo* sea un complemento pronominal tiene que traducirse *you, him, it*.

¿Y Ud. dice que él no *lo* reconoció?	*And you are saying that he did not recognize **you**?*
Lo encontramos en el centro a eso de las tres.	*We met **him** downtown at about three o'clock.*
Vio el carro y quiso comprar*lo*.	*She saw the car and wanted to buy **it**.*

EJERCICIOS _____

I. *Conteste brevemente estas preguntas.*

1. Como repaso, escriba una lista de los pronombres personales que actúan como sujeto de la oración.
2. Haga una lista de todos los complementos pronominales (pronombres objeto), relacionándolos a los pronombres sujeto.
3. ¿Qué pueden ser *la, los* y *las* además de pronombres?
4. ¿Puede Ud. escribir una oración original como ejemplo de *lo* cuando no es complemento pronominal?
5. Cuando los complementos pronominales se colocan detrás del verbo, ¿cómo se escriben? Dé tres ejemplos diferentes, escribiendo tres oraciones originales.

II. *Copie esta carta en su cuaderno. Subraye las palabras **la, los, las, te** y **se** que aparecen en ella. En el caso de **la, los** y **las**, escriba A debajo si se trata de artículo y CP si es complemento pronominal. En el caso de **te** y **se**, coloque las tildes diacríticas necesarias si no son complementos pronominales.*

Querida Julita:

La graduación de secundaria de mi hermano Federico quedó preciosa. Como él es chaparrito, estaba al principio de la fila que iba en orden de tamaño: los más bajos delante y los más altos detrás, y así los iban colocando. Se celebró la ceremonia en el patio de la escuela y las monjas sirvieron te frío a la concurrencia porque hacía mucho calor, pero te aseguro que la pasamos estupendamente. A las pobres monjitas las volvían locas los padres con sus preguntas y a veces se les notaba cansadas. Yo se que te hubiera gustado haber estado allí con nosotros.

Bueno, ahora se generosa y aparta unos minutos para escribirnos, que hace mucho que no te ocupas de nosotros. Dile a la tía Herminia que la recuerdo siempre con mucho cariño y que se ponga a escribir ella también.

Hasta pronto,

Jorge

III. *Subraye los errores que aparecen en estas oraciones, referentes a los complementos pronominales. Corríjalos después.*

MODELOS: A esos estudiantes no *le* conviene atrasarse en el curso.
A esos estudiantes no les conviene atrasarse en el curso.

¡Carlos, quiero *ver te* en cuanto salgas de tu trabajo!
¡Carlos, quiero verte en cuanto salgas de tu trabajo!

1. Les compraron un regalo y selo van a dar mañana.
2. Después de lavar se la cara, se afeitó.
3. Están ahí, dándose las de bravucones.
4. A ellas le gusta mucho el baile.
5. Dejamos a los niños en la guardería y lo recogimos a las cinco.
6. Nos consiguieron el libro y no los van a traer esta tarde.
7. Por ahí anda Rafael, gastándoles los chavos a su pobrecita esposa.
8. Recogí todas las flores y la puse en el florero.
9. A nosotros no viene bien ese dinero que heredamos.
10. ¡Empieza a quitar te el sombrero enseguida, que ahí viene la procesión!
11. Les hallé el medicamento que necesitaban y se los llevé.
12. Espero que te aprendas las lecciones para que melas expliques bien.

IV. *Traduzca estas oraciones al español.*

1. She sent me my graduation dress from Puerto Rico.
2. I found three kittens and I am going to return them to their owner.
3. This letter, when did you write it to me?
4. That painting, who painted it and to whom did he dedicate it?
5. What happened to the lost (little) girls? Did they find them?
6. About the ring, I bet you fifty dollars that he bought it for you.

V. *Escriba una oración completa con cada una de estas frases.*

MODELO: lo peor
Lo peor que puede pasarte es que no llegues a tiempo al aeropuerto.

1. lo de Rogelio	3. lo que dices	5. lo que pasó
2. lo menos difícil	4. lo bello	6. lo estupendamente

VI. *Dictado (en el manual del profesor).*

Sección de ortografía
El sonido /y/ no puede escribirse con g ni con j

Es común encontrar estudiantes bilingües que, al escribir palabras que tienen el sonido /y/ en español, representan dicho sonido con las letras g y/o j, en vez de la letra *ll* y la letra *y*. Esto se explica por la pronunciación inglesa de la g y la j en palabras como *giant, legend, jet, jittery*, etc. Cuando alguien está más acostumbrado a escribir en inglés que en español, tal confusión es lógica. Recuerde, una vez más, que el sonido español /y/ solamente puede representarse en la escritura con una *ll* o con una *y*.

EJERCICIOS

I. *Escuche estas oraciones y después corrija los errores en cuanto al sonido* **/y/**.

1. Recorrieron una larga trajectoria.
2. Las legendas indias de Cuba son muy interesantes.
3. Tienen un projecto para las vacaciones.
4. El médico le puso una injección.
5. La majoría de los estudiantes fue a la reunión.
6. Debes cruzar la cage por la esquina.
7. La medaja era de oro verdadero.
8. Tienes que afilar este cuchijo.
9. Ellos no cumplen con las leges.
10. Mi hermano es major que yo.

II. *Dictado (en el manual del profesor).*

Feliz cumpleaños, E.U.A.

Rolando Hinojosa-Smith

Dos cientos años de vida y muerte tiene este país. . . Y, según ellos, dos cientos años de independencia. . . ¡Je! Y cómo se la recargan cada rato. . . sí, in-de-pen-den-cia, pero no para todos, raza, y que no sean tan hipócritas. . . Y que tampoco me digan que hicieron la independencia ellos solos. . . Costó sangre, raza, y mucha de esa sangre fue nuestra. . . miren, aquí donde me ven, tengo ochenta y siete años y el que me vea diría que no valgo sorbete. . . 'ta bien, pero yo también anduve en Francia durante la Primera Mundial. . . así nomás, igualito que el Maistro Castañeda, sí, señor. . . ¿y qué? ¿que nunca pertenecimos al 'merican Legion? ¿Y eso qué? ¿Apoco por eso no somos veteranos? Lo que pasa es que no somos encimosos, eso es todo. . .

¿Y los Santoscoy? ¿Se acuerdan del difunto Andrés? ¿Aquel viejito que murió de tis? Bueno, ese viejito, don Andrés Santoscoy y su hermano Pablo junto con Práxedis Cervera, viejo, guerrearon en Cuba a fines del otro siglo. . . Fíjense. . . ¿qué negocio tenían allá? P's casi nada diría yo, pero fueron y sirvieron. . . a ver, ¿cuánta bolillada del Valle fue pa lla? Pos Dios sabrá, ¿y quién se lo va a preguntar a Él? ¿Verdá? Nada, nada. . . el ejército vino desde San Antonio buscando vaqueros y esos tres muchachos se dieron de alta así, de un día pa otro, sí señor. . . Eso es tener hombría, no vayan ustedes más allá. . .

¿Independencia? ¡Vamos, palomilla! . . . Si ellos no fueron los únicos, la raza también supo cumplir como cualquiera. . . Que ahora anden con eso del wélfer pa ca y del wélfer pa lla y que las estampillas y todo lo demás. . . ¿Qué? ¿Ya no se acuerdan cuando la crisis de los años treinta? Los bolillos eran los primeros que iban a la casa de corte en Klail City para recibir la comida y la ropa de mezclilla. ¿Y la raza? Poca, palomilla, poca, porque nos daba pena y porque éramos muy brutos también. . . si la comida y la ropa eran para todos. . . pero no, miento, no era pa todos. . . ni la independencia fue pa todos. . .

Las familias viejas que sostenían tierra aquí en el Valle y tierra adentro, allá por Flads, por Clayton, y por Tierra Blanca, allí por esos lugares. . . bueno, esa gente también derramó sangre cuando la guerra de los sediciosos el siglo pasado. . . ¡Je! pa que ya no hubiera esclavitud. . . ¿Qué esclavitud? P's sería la nuestra, porque negritos aquí no había. . . nada, nada, los negritos no vinieron aquí hasta este siglo cuando se los trajo el ejército. . . y sí, señor, allí andaba la raza, en el ejército de la Unión unos, y con los confederados otros. . . guerreando como si tal cosa. . .

En todo andamos; hasta en la Revolución. . . Allá fue otro montón de raza de acá, de este lado. . . que con Madero, que con Villa, y otros que con Obregón y así. . . ¡Otra independencia!. . .

Ahorita que le hablaba de la crisis del treinta. . . ¡je! tan fregados esos tiempos y como quiera que sea allí andaba la raza, juntando dinero para mandarlo a México para que el país pagara las cuentas que se les debía a las compañías extranjeras por eso de la expropiación petrolera. . . ¡Qué cosa! no tiene ni qué . . . nosotros vivimos dando a los dos lados. . . pero eso no importa. . . es dinero y eso vuela con el tiempo. . .

Vamos a ver, ayer, como quien dice, en la Segunda Mundial. . . ¿fue la raza? Hell, yes. . . y hubo mucha que fue y que nunca volvió: allí están Chanito Ortega en la invasión de Francia, el Amador Mora en Okinawa, y antes de eso: Clemente Padilla, prisionero de los japoneses, que tampoco volvió. . . hubo otros que sí volvieron, como Vale Granjeno y José María Anzaldua. . . ¿Y los heridos? ¿Qué me dicen? Los hubo de a montón, como si fueran uvas, raza. . .

¿Independencia? ¡Je! ¡Arrastrados hipócritas! A ver, ¿cuántos jóvenes perdimos en Korea? Muchachos como Chale Villalón , David «el tío», Pepe Vielma y muchos más como aquel chaparrito Garcés que volvió medio zonzo . . . ¡Independencia! No la frieguen. . . El costo de sostenerla también lo ha pagado la raza; con creces, gentes, con creces. . . no me ande a mí con eso de la independencia. . .

¿Se acuerdan de los tiempos de la Segunda Mundial? . . . sí, h'mbre, ¿cuando la bolillada no quiso sepultar a Tito Robledo en el cementerio de Ruffing? Bien pudo en morir en África, ¿que no? y bien pudo caber en el ataúd y en el barco en que lo devolvieron. . . ¿verdá? p's sí. . . pero no cabía en el cementerio de Ruffing. . . Sí, sí. . . aquí mismo en Belken County, raza. . . Que era mexicano, tú. . . ¿apoco no lo sabían cuando me lo mandaron pa África? ¡qué bonito, diablos! . . . Sí, y como dije, después vino Korea y de repente, como si tal cosa, vino el Vietná. . . y allí va la raza de nuevo. . . ah, y esta vez muchos de los bolillos rehusaron ir—sí, raza—que no iban y no iban y no fueron. . . ¿qué tal si la raza no hubiera ido, eh? Se pueden imaginar.

Sí, en Vietná nos llevaron a los niños otra vez, y como en las cruzadas de hace mil años; recién salidos del cascarón y a la guerra. . . ¡Independencia! bonita palabra. . . eso de independencia es algo que nosotros tenemos que probar cada rato igual que cuando teníamos que mostrar papeles para probar que éramos ciudadanos de acá, de este lado. . . nosotros, h'mbre, nosotros los que regamos surcos enteros con sudor teníamos que probar que nacimos aquí. . . nosotros que desenraizamos cuanto huizachal y mezquital que había por allí. . . ¡je! linda la palabra. .

No, a nadie le dan ganas de morir, raza, a nadie. . . y sin embargo este país parece que se propone matar las cosas duraderas, las cosas de valor. . . ¡qué falta de tradiciones, raza! ¡Qué falta de respeto! ¿Y ellos? Ah, p's ellos creen que van muy bien. . . sí señor, que van en rieles, como quien dice. . . ¡Independencia! ¡Me río de la palabra! ¡Libertad es lo que deben decir! Y si no la entienden, ¡que se lo pregunten a la raza! Libertad, sí, ésa es la palabra. . . Independencia, no, independencia es una palabra hueca, la libertad es otra cosa. . . es algo serio. . . es algo personal. . .

Esteban Echevarría, originario de Flora, Texas, y vecino de Klail City, cuenta con 87 años y es uno de los pocos ancianos que se hayan escapado de una «Nursing Home»; vive solo, vive en paz, y como dice él, vive en plena libertad.

EJERCICIOS

I. *Complete estas oraciones con las frases que faltan, de acuerdo con el cuento «Feliz cumpleaños, E.U.A.». Escriba parrafitos completos, no se conforme con un par de palabras.*

MODELO: El título de este cuento se refiere *al bicentenario de Estados Unidos, a sus doscientos años de independencia (1776–1976).*

1. El narrador del cuento es _____.
2. Los chicanos han peleado en varias guerras junto a los «bolillos»: _____.

3. En la crisis económica de los años treinta la «raza» _____ .
4. Cuando la expropiación petrolera en México los chicanos _____ .
5. Algunos chicanos que el narrador menciona y que tomaron parte en las diferentes guerras fueron: _____ .
6. A Tito Robledo, como era mexicano, _____ .
7. Según Esteban Echevarría, hay una diferencia entre independencia y libertad: _____ .
8. Echevarría está resentido contra los «bolillos» porque _____ .

II. *Dé palabras sinónimas de las que aparecen señaladas en estas oraciones.*

1. Ellos *se la recargan* con eso de la independencia.
2. Soy muy viejo y tal parece que *no valgo sorbete*.
3. Lo que pasa es que no somos *encimosos*.
4. Andrés era un viejito que murió de *tis*.
5. Todos *guerrearon* en Cuba a fines del siglo XIX.
6. No se puede contar con *la bolillada (los bolillos)* del Valle.
7. A nosotros, *la raza*, nos daba pena pedir comida.
8. Esos tiempos estuvieron muy *fregados*.
9. Estábamos *juntando* dinero para *mandarlo* a México.
10. Aquel *chaparrito*, Garcés, *peleó* en Korea.
11. *Volvió* medio *zonzo* de la guerra.
12. Lo hemos pagado *con creces*.
13. No quisieron *sepultar* a Tito allí.
14. *El cementerio* estaba en Ruffing.
15. ¡Bien pudo caber en *el ataúd*!
16. Muchos de los jóvenes *rehusaron* ir.

III. *Haga una lista, siguiendo el orden de la narración, de las expresiones coloquiales que aparecen en este cuento y que reproducen la forma popular del habla (casi siempre se trata de palabras a las que les falta una letra o una sílaba). Escriba al lado las palabras «oficiales».*

MODELOS: 'ta bien = *está bien*
Maistro Castañeda = *Maestro Castañeda*
'merican Legion = *American Legion*

IV. *Conteste brevemente estas preguntas.*

1. ¿Qué significa la frase señalada? «El ejército vino desde San Antonio buscando vaqueros y esos tres muchachos *se dieron de alta*».
2. ¿Qué es el *wélfer* y cómo se llama en español?
3. ¿Cuáles son las *estampillas* que se mencionan en el cuento?
4. ¿Qué significa *ropa de mezclilla*?
5. ¿Por qué dice el autor que hubo heridos «de a montón, *como si fueran uvas*»?
6. ¿Qué quiere decir la frase «recién salidos del cascarón»?

7. ¿Qué son *los huizachales* y *los mezquitales*?
8. ¿Qué quiere decir la frase «van en rieles»?
9. ¿Cuál es el sentido de la frase «la independencia es una *palabra hueca*»?
10. ¿Qué quiere decir «cuenta con 87 años»?

V. *Ejercicio especial. Vea si Ud. puede contestar brevemente estas preguntas de historia.*

1. ¿Cuándo tuvo lugar la *Primera Guerra Mundial*?
2. ¿Qué es la *American Legion*?
3. ¿Cuándo tuvo lugar la guerra entre los norteamericanos y los españoles en Cuba?
4. ¿Qué tipo de crisis hubo en Estados Unidos en la década de los años treinta?
5. ¿Cuál fue la *guerra de los sediciosos*?
6. ¿Cuándo tuvo lugar la *Revolución Mexicana*?
7. ¿Quiénes fueron *Madero, Villa* y *Obregón*?
8. ¿Cuándo tuvieron lugar la *Segunda Guerra Mundial*, la *Guerra de Korea (Corea)* y la *Guerra de Vietnam*?

VI. *Composiciones.*

a. Explique, en no más de 100 palabras, cuál es el contenido de protesta social de este cuento, desde el punto de vista chicano.
b. ¿Cree Ud. que una persona puertorriqueña podría escribir una narración parecida a ésta? Explique su respuesta en un párrafo de no más de 100 palabras.

VII. *Dictado (en el manual del profesor).*

19

El adjetivo y su concordancia con el nombre

Lea estas oraciones y observe las palabras señaladas.

1. El presidente vive en la Casa *Blanca.*
2. En el comedor tenemos una mesa *ovalada.*
3. El niño estaba *enfermo* y no fue a clase.
4. La señora *española* es mi amiga.
5. Estos artículos son muy *complicados.*
6. Algunas piedras *preciosas* cuestan cientos y hasta miles de dólares.

Fíjese que cada una de esas palabras está describiendo o calificando a un nombre: casa *blanca,* mesa *ovalada,* niño *enfermo,* señora *española,* artículos *complicados,* piedras *preciosas.* Esas palabras se llaman **adjetivos** y es importante aprender a distinguirlos dentro de una oración.

Colocación de los adjetivos con respecto al nombre

Como regla general, los adjetivos en español se colocan detrás del nombre; como se sabe, en inglés se colocan delante del nombre: **the White House, an oval table, the sick child, the Spanish lady, these complicated articles, some precious stones.** En español hay bastante flexibilidad en la colocación de los adjetivos. Una persona bilingüe sabe que se puede decir *un paisaje magnífico* o *un magnífico paisaje.* También sabe que no suena bien una frase como *la cubana* *muchacha*. En la mayor parte de los casos, se sabe, por la práctica en hablar y escuchar español, dónde «pega» colocar un adjetivo.

En ocasiones se utilizan varios adjetivos para describir un nombre:

«*el **magnífico** paisaje **puertorriqueño, exuberante** y **verde** de El Yunque*»

Aquí tenemos el nombre *paisaje* modificado por los adjetivos: *magnífico, puertorriqueño, exuberante* y *verde*. Como se ve, *magnífico* se ha colocado delante del nombre y *puertorriqueño, exuberante* y *verde*, detrás. Esto se ha hecho para «equilibrar» la frase. Otras combinaciones serían posibles:

«*el **exuberante, magnífico** y **verde** paisaje **puertorriqueño** de El Yunque*»
«*el paisaje **puertorriqueño, magnífico, verde, exuberante** de El Yunque*»

Los adjetivos usados como nombres

Los adjetivos pueden usarse en una oración como si fueran nombres. Observe estos pares de oraciones.

Debemos ayudar a ese *muchacho pobre*. Ese *pobre* no tiene donde dormir.
Muchas *mujeres cubanas* trabajan en esa factoría. Muchas *cubanas* son profesoras de español.
Los *experimentos científicos* pueden ser peligrosos. Los *científicos* a veces están en peligro.
Los *sacerdotes católicos* no se casan. Millones de *católicos* visitan la Basílica de la Virgen de la Guadalupe.

Se ha visto que los adjetivos *pobre, cubano, científicos* y *católicos* se han usado solos, sin acompañar a un nombre. Por lo tanto, repetimos, actúan como si fueran nombres en esas oraciones.

Adjetivos que sufren ciertos cambios

Algunos adjetivos sufren cambios en ciertos casos. Estudie Ud. estas oraciones.

Se llevó un *buen susto* y pasó un *mal rato* con el robo que le hicieron.
París es, indiscutiblemente, una *gran ciudad*.
Bolívar fue un *gran héroe* y un *hombre bueno*.
¡El *trago malo* lo pasé al recibir las notas de mis exámenes!
El *perro grande* no pudo asustar al chico.
Tienen una *casa grande* en la plaza.

Quizá Ud. haya llegado a estas conclusiones: los adjetivos *bueno* y *malo* pierden la letra **-o** *delante* de un nombre masculino singular y el adjetivo *grande* pierde la sílaba **-de** delante de **cualquier** nombre, masculino o femenino.

un *buen* susto, un hombre *bueno;* un *mal* rato, un trago *malo*
un *gran* héroe, una *gran* ciudad; el perro *grande,* una casa *grande*

En el plural no hay cambios: unos *buenos sustos,* unos *malos ratos,* unas *grandes ciudades,* unos *hombres buenos,* los *tragos malos,* etc. Tampoco hay cambios si el adjetivo *bueno* o *malo* describe un nombre femenino: una *buena chica* o una *chica buena.*

Concordancia del adjetivo y el nombre

En todos los ejemplos anteriores se puede comprobar que el adjetivo y el nombre *concuerdan en número y en género:* mes*a* ovalad*a,* niñ*o* enferm*o,* artícul*os* complicad*os,* piedr*as* precios*as.*

Hay adjetivos que tienen la misma forma para ambos géneros, masculino y femenino: *pobre, inteligente, importante, idiota, hipócrita, cortés, feliz, mortal.* Vea estas frases: *un hombre pobre, una mujer pobre; un abogado hipócrita, una abogada hipócrita, una idea feliz, un final feliz,* etc. Muchos adjetivos terminan en **-o** en el masculino y en **-a** en el femenino según se ha visto. Algunos que terminan en **-n** y **-s** en el masculino como *haragán* y *francés* añaden **-a** en el femenino: *una niña haragana, la moda francesa*.*

Para el número, se siguen las mismas reglas que se estudiaron en la lección 12 sobre los nombres: se añade **-s** para formar el plural de un adjetivo que termina en vocal en el singular y se añade **-es** para uno que termina en consonante: *inteligente, inteligentes; haragán, haraganes.* Finalmente, igual que se vio en la lección 12 con los nombres *(pez, peces),* un adjetivo que termina en **-z** en el singular cambia esa letra a **-c** antes de añadir la terminación **-es** del plural: *feliz, felices.*

Usos del participio como adjetivo

Una última observación: el participio verbal** puede usarse también como adjetivo. Recuerde que el participio siempre termina en **-o.**

Él ha terminad**o** la tarea.
Ella le había hech**o** unas promesas al santo.

Cuando se usa como adjetivo, el participio concuerda en número y género con el nombre que modifica.

Él se fue a clase con su *tarea terminada.*
Ella cumplió las *promesas hechas* al santo.

---

*Los adjetivos que indican nacionalidad y que terminan en -s en el masculino añaden -a en el femenino: *holandés, holandesa; inglés, inglesa,* etc.
**Ver la lección 13.

EJERCICIOS

I. *Conteste brevemente estas preguntas.*

1. ¿Qué relación hay entre el adjetivo y el nombre?
2. ¿Dónde se colocan, generalmente, los adjetivos?
3. ¿Qué se hace cuando hay varios adjetivos que modifican a un mismo nombre?
4. ¿Qué función tiene el adjetivo en una oración como «Los *intelectuales* tratan de resolver los problemas del mundo»?
5. ¿Qué les sucede a los adjetivos *bueno* y *malo* delante de un nombre masculino singular?
6. ¿Qué le sucede al adjetivo *grande* delante de un nombre singular (masculino o femenino)?
7. ¿Qué significa la frase «el nombre y el adjetivo *concuerdan en número y en género*»?
8. ¿Cómo se señalan los géneros (masculino y femenino) con más frecuencia en los adjetivos?
9. Mencione cuatro adjetivos diferentes que tengan la misma terminación para el masculino y para el femenino y que no aparezcan en esta lección.
10. ¿Cómo se forma el plural de un adjetivo que termina en **-z** como *audaz*?

II. *Copie cuidadosamente este párrafo y subraye todos los adjetivos. Hay veinte en total.*

MODELO: Ayer asistí a una manifestación *política* del partido
republicano que tuvo lugar en el Parque *Central*.

El sábado fuimos a un bello concierto de música clásica en el Teatro Nacional. Los músicos de la orquesta sinfónica estaban con trajes muy elegantes, negros. Tocaron unas piezas muy alegres y animadas; después una marcha fúnebre, sombría y triste. Finalmente, un concierto romántico para piano y orquesta. El pianista era francés y había estudiado en uno de los conservatorios más conocidos del mundo entero. Pasamos un buen rato, sentados allí, calladitos, escuchando aquella música celestial que nos transportaba a un universo fantástico de sonidos y vibraciones.

III. *Haga una lista de los adjetivos que subrayó en el ejercicio II y diga a qué nombre o pronombre modifica cada uno.*

MODELO: *política* modifica a *manifestación*

IV. *Encuentre los errores en los adjetivos: ortográficos, de concordancia con el nombre, etc. Después, corríjalos.*

MODELO: Los jugadores italiano fueron los mejor.
*Los jugadores **italianos** fueron los **mejores**.* *

1. ¡Los niños majadero no van a salir durante el recreo!
2. El policía estaba sentada frente a su escritorio.
3. Hay algunos chicos muy idiotos en esta secundaria.
4. El bueno ladrón se llamaba Dimas.
5. Todas están sentada en el recibidor principal.
6. Mis amigos español pronuncian la *ce* diferente de la *ese*.
7. Estamos preocupado porque ellas no han llegado.
8. Tenían las puertas cerrada para que no se escapara el pajarito.
9. Se queja de los mal momentos que pasó en aquella horrible cárcel.
10. Se encontró con una grande sorpresa al llegar a su casa.
11. Ya que somos hispano, debemos interesarnos en estudiar español.
12. Como persona bueno, no hay quien le gane a don Ramón.
13. Ese tipo es muy holgazano: no quiere trabajar.
14. Ellos son capazes de hacer cualquier cosa.
15. Las frutas no deben comerse cuando están verde.

V. *Escriba una oración completa con cada uno de estos adjetivos, empleándolos como si fueran nombres.*

MODELO: *ricos*
*Los **ricos** viven con mucha elegancia y opulencia.*

1. humildes	3. chica	5. viejo	7. rojos
2. dominicana	4. miedosos	6. jovencitos	8. frío

VI. *En cada una de estas oraciones hay un participio señalado que forma parte de un tiempo verbal compuesto. Escriba una oración completa con cada participio empleándolo como adjetivo. Haga los cambios de género y número que se necesiten.*

MODELO: Ella ha *cerrado* la puerta.
*Vimos la puerta **cerrada** y no tocamos.*

1. De habérselo pedido, ella habría *cantado* una canción.
2. Las frutas se han *podrido* en el cajón.
3. Ya ellos habían *abierto* las ventanas.
4. Han *premiado* a los mejores alumnos.

---

*Cuidado de distinguir entre la lengua hablada y la escrita. Aunque muchas veces se digan frases como «los jugadores *italiano*», recuerde que el nombre y el adjetivo deben concordar en género y número. *Jugadores*, plural, concuerda con *italianos*, plural también. Al escribir, hay que tener esto en cuenta. Ver la sección de ortografía de la lección 24.

5. ¿Has *señalado* todos los adjetivos?
6. ¡El niño habrá *manchado* el mantel!

Sección de ortografía
La m y la n delante de consonante; la combinación nm

En español siempre se escribe *m* delante de las consonantes *b* y *p*. La *n* se escribe delante de otras consonantes pero *nunca* delante de *b* y *p*. Así tenemos: *hambre, cumbre, también, tampoco, simpático, componer, indio, tanto, incidente, énfasis, ingerir, insistir,* etc. Recordemos que la combinación *mm* no existe en español; por lo tanto, siempre se escribe *nm* en vez. Ejemplos: *inmediato, conmoción, inmenso.* También existen las combinaciones *mn* y *nn* como en *gimnasia, omnipotente, innecesario* y *perenne.*

EJERCICIOS

I. *Traduzca estas palabras al español.*

1. emphatic
2. commiseration
3. immigrant
4. immediately
5. immature
6. (to) commemorate
7. commotion
8. (to) commute
9. immobile
10. comfortable

II. *Escriba una oración completa con cada una de las palabras del ejercicio anterior.*

MODELO: *immense = inmenso*
Viven en un edificio **inmenso.**

III. *Dictado (en el manual del profesor).*

La literatura chicana.
Arte, ante todo.

Bruce-Novoa

Sergio Elizondo   Gary Soto
Rudolfo Anaya   Rosaura Sánchez   Rodolfo Gonzales
Sylvia S. Lizárraga   Lorna Dee Cervantes
Tino Villanueva
Abelardo Delgado   Margarita Cota Cárdenas
Rolando Hinojosa-Smith   Tomás Rivera
José Montoya   Bernice Zamora
Ron Arias   Miguel Méndez
Luis Valdez   Alurista
Verónica González-Mena de Lo Coco
Orlando Ramírez
José Antonio Villarreal

Al parecer las literaturas nacionales surgen cuando una nación está, o estable-ciéndose exuberantemente, o en crisis de desaparición inminente. En el caso de la literatura chicana—los escritos por mexicanos o descendientes de mexicanos que residen permanentemente en los Estados Unidos—ambas circunstancias parecen coexistir.

Durante la volátil década de 1960, cuando mil agitaciones sociopolíticas y culturales conmovían muchos países, en los Estados Unidos surgió la lucha me-xicanoestadounidense por los derechos civiles, que se conoce hoy como el Movimiento Chicano. Aunque la más conocida de las causas chicanas ha sido siempre la de los Trabajadores Campesinos Unidos de César Chávez, hubo fenómenos separados, a pesar de estar relacionados, tales como la Cruzada para la Justicia en Colorado, la Alianza para la recuperación de la tierra en Nuevo México, el partido de la Raza Unida en Texas y activismo estudiantil en las escuelas secundarias y universidades en todos los estados del sudoeste. Las luchas regionales independientes por objetivos específicos se unieron nominalmente a fines de la década de 1960, la publicidad de los medios de información coincidieron con los esfuerzos de unificación, haciendo que las luchas separadas se conocieran en la nación y entre sí; surgió el autorreconocimiento y todo ello venía a caer bajo la rúbrica de chicanismo. El término combina un inquebrantable mexicanismo y un reconocimiento de la separación de México debida a la residencia en los Estados Unidos. No a todos los que resultaban abarcados por el término chicano les agradaba, algunos lo rechazaban categóricamente, pero a pesar de la resistencia continuada en algunos sectores, el término se ha ido estableciendo para denotar un fenómeno sumamente heterogéneo.

La literatura chicana refleja esta heterogeneidad. No hay un amplio manifiesto que una a los escritores, y los pocos intentos persistentes en restringirlos al realismo social han fracasado. Como ha dicho el novelista Tomás Rivera, esta falta de preceptos dogmáticos resulta en una saludable variedad. No es que no se hayan escrito muchos trozos siguiendo una fórmula de protesta, pero como dijo Theodore Sturgeon acerca de la ciencia-ficción: el 90 por ciento no sirve, pero tampoco sirve el 90 por ciento de todo lo demás. Lo mismo pasa con la literatura chicana: gran parte es circunstancial y tendenciosa. Los escritores de mérito, sin embargo, por lo común se niegan a desvirtuar su arte, en la creencia de que su visión es válidamente chicana. Desde el trabajador campesino al estudiante urbano, desde el protagonista tradicionalmente mexicano al artificioso antihéroe del «pop-art», desde la preconización de papeles culturales establecidos al rechazo de cualquier código fijo de conducta, desde los archimachos a las feministas estridentes, desde los mexicanos tercos a los posibles estadounidenses, desde los izquierdistas militantes a los de extrema derecha, desde el inmigrante de hoy a las familias de raigambre secular en el territorio de los Estados Unidos, desde el español estándar al inglés estándar, pasando por el uso simultáneo de ambas lenguas en un texto, la literatura cubre una amplia gama. Sin embargo, bajo la superficie diversa yacen preocupaciones comunes.

Un sentimiento de que la asimilación a la cultura angloamericana amenaza la existencia de la cultura chicana se mezcla con la esperanza de que una nueva autoafirmación ha de perpetuar las viejas costumbres. Lo más frecuente es que resulte en una crónica de supervivencia. El paso de la supervivencia de lo viejo a la iniciación de una nueva cultura es lo que se representa en la literatura chicana.

. . . .

La literatura chicana se ha concentrado más y más en su necesidad de ser, ante todo, arte. Sin embargo, la pregunta cultural fundamental sigue en pie: ¿es éste el final o el principio de la literatura chicana? Cada poema nuevo afirma la constante de la pregunta incontestada. En tanto que se siga preguntando la cultura sobrevive. El tiempo en definitiva nos dirá si este período marca el inicio exuberante de una cultura nueva o el último aliento de una antigua, o quizás ambas cosas. Mientras tanto, los artistas chicanos tratan de inclinar la balanza.

EJERCICIOS

I. *Complete estas oraciones con las frases que faltan, de acuerdo con el ensayo «La literatura chicana. Arte, ante todo». Escriba parrafitos completos, no se conforme con un par de palabras.*

MODELO: Parece ser que las literaturas nacionales nacen cuando *una nación está estableciéndose o desapareciendo.*

1. La literatura chicana es la escrita por _____.
2. En los años de la década de 1960 _____.
3. La causa chicana más conocida es _____.
4. A fines de la década de 1960 _____.
5. La publicidad de los medios de información dio lugar a _____.
6. El *chicanismo* significa _____.
7. A pesar de cierta resistencia, el término *chicanismo* _____.
8. La literatura chicana es heterogénea porque _____.
9. Tomás Rivera ha dicho que _____.
10. Gran parte de la literatura chicana es _____.
11. Los escritores más destacados _____.
12. Algunos de los personajes que aparecen en la literatura chicana son _____.
13. La lengua que usa esta literatura va desde _____.
14. Hay un temor de que la cultura angloamericana _____.
15. Esencialmente la literatura chicana representa el paso de _____.
16. Su mayor concentración, como dice el título de este ensayo, está en _____.
17. La pregunta fundamental es: _____.
18. Al fin y al cabo el tiempo nos dirá _____.

II. *Sustituya las palabras señaladas por sinónimos.*

A. 1. Las literaturas nacionales *surgen* cuando una nación está *estableciéndose.*
2. También esto sucede durante una crisis de desaparición *inminente.*
3. Durante la *volátil* década de 1960, hubo *agitaciones de todo tipo.*
4. *Las luchas* regionales independientes se unieron *nominalmente.*
5. *El autorreconocimiento* venía a caer bajo *la rúbrica* de chicanismo.
6. *El término* implica un *inquebrantable* mexicanismo.

7. No a todos los que resultaban *abarcados por* el término «chicano» les *agradaba*.
8. Algunos lo *rechazaban categóricamente*.
9. Hay pocos intentos *persistentes* en *restringirlos* al realismo social.
10. Se han escrito muchos *trozos* siguiendo una fórmula de protesta.

B. 1. Los escritores *de mérito se niegan a desvirtuar* su arte.
2. En las novelas aparecen estudiantes *urbanos*.
3. Varias obras contienen *la preconización* de *papeles* culturales establecidos.
4. Hay *personas* que son muy *tercas*.
5. Se encuentran familias de *raigambre secular* en el territorio de los Estados Unidos.
6. La literatura *cubre una amplia gama*.
7. Bajo la superficie diversa *yacen* preocupaciones comunes.
8. Debemos *perpetuar* las *viejas* costumbres.
9. ¿Es éste el último *aliento* de una cultura antigua?
10. Los artistas chicanos tratan de inclinar *la balanza*.

III. *Conteste brevemente estas preguntas.*

1. ¿Qué significa el adjetivo *exuberante*?
2. ¿Qué quiere decir el prefijo *auto* en palabras come *autorreconocimiento* y *autoafirmación*? ¿Cómo se traduce ese prefijo al inglés?
3. ¿Qué quiere decir el adjetivo *heterogéneo* y cuál es su antónimo? ¿Puede Ud. nombrar otro adjetivo que empieza con el prefijo *hetero-* y dar también su antónimo?
4. ¿Qué es *un manifiesto*?
5. ¿Qué significa el adjetivo *dogmático* y cuál es su raíz?
6. ¿Qué quiere decir la frase «literatura tendenciosa»?
7. ¿Qué significa «el antihéroe artificioso»?
8. ¿Qué quiere decir *izquierdista* y *derechista*?
9. Escriba una familia léxica de ocho palabras derivadas de la raíz *migra*.
10. ¿Qué es una *crónica de supervivencia*?

IV. *Composición.*

Haga un poco de investigación y escriba una composición de unas 200 a 250 palabras sobre el tema «La literatura puertorriqueña».

V. *Dictado (en el manual del profesor).*

20

El modo imperativo. Las órdenes.

Ya se han estudiado todos los tiempos, simples y compuestos, de los modos indicativo y subjuntivo. Ahora lea Ud. cuidadosamente estas oraciones y observe las formas verbales señaladas.

> Mirta, *no estudies* en la cama; *estudia* en tu escritorio que para eso te lo hemos comprado.
>
> Mari, *llámame* esta noche pero *no me llames* entre siete y ocho porque estaré cenando.
>
> Por favor, Srta. Morales, *abra Ud.* la puerta porque están tocando y *no olvide* preguntar antes quién llama.
>
> Bien, *vamos a correr* pero *corramos* en el parque, no en el gimnasio.
>
> Estudiantes, *escriban* ahora esta lista de palabras que voy a dictarles; *no borren* nada, por favor.

Como se puede ver, estas oraciones son todas *imperativas**, es decir, que contienen órdenes o mandatos; por eso el modo también se llama *imperativo.* Las formas señaladas arriba, agrupadas en orden de acuerdo a cada persona gramatical, son:

> **tú:** estudia, no estudies; llámame, no me llames
>
> **Ud.:** abra, no olvide
>
> **nosotros:** vamos a correr *o* corramos
>
> **Uds.:** escriban, no borren

---

*Ver la lección 7.

Resumen de las órdenes

Infinitivos en -ar	*Infinitivos en -er, -ir*
estudiar	correr y abrir
(tú) estudia, no estudies	(tú) corre, no corras
	abre, no abras
(Ud.) estudie	(Ud.) corra, abra
(nosotros) vamos a estudiar *o*	(nosotros) vamos a correr *o*
estudiemos	corramos
	vamos a abrir *o* abramos
(Uds.) estudien	(Uds.) corran, abran

El único tiempo del modo imperativo es el presente. Como se puede comprobar, las formas verbales que se usan para expresar mandatos correspondientes a *tú (afirmativo)* son las mismas del presente de indicativo de la persona *él (ella, usted): estudia, corre, abre.* Todas las demás formas verbales correspondientes a *tú (negativo), Ud., nosotros* y *Uds.* son las mismas del presente del subjuntivo:

estudiar	*correr*	*abrir*
no estudies	no corras	no abras
estudie	corra	abra
estudiemos	corramos	abramos
estudien	corran	abran

Con la persona *nosotros* también se usa la forma: *vamos a estudiar, vamos a correr, vamos a abrir* (**let's study, let's run, let's open**).*

Los mandatos y los complementos pronominales

¡Atención!

Fíjese en la colocación de los complementos pronominales con respecto a los mandatos. Cuando van detrás de la forma verbal, se escribe todo en una sola palabra: *llámame, ábranla, entrégueselo.* Cuando van delante de la forma verbal, cada palabra se escribe separada: *no me llames, no la abran, no se lo entregue.***

---

*Más sobre las formas irregulares del imperativo en la lección 21.
**Ver también la lección 18.

Los mandatos en oraciones compuestas

Lea con cuidado estas oraciones.

Escríbele que *mande* pronto las fotografías.
Vamos a pedirles que nos *llamen* esta noche.
Abra la ventana para que *entre* más luz.
Envíenle Uds. un regalo aunque él no lo *haya hecho*.

Como se puede observar, se trata de oraciones compuestas subordinadas. La concordancia* de las cláusulas es la siguiente:

cláusula principal: *presente de imperativo*
cláusula subordinada: *presente o presente perfecto de subjuntivo*

EJERCICIOS

I. *Conteste brevemente estas preguntas.*

1. ¿Qué expresa el modo imperativo?
2. ¿Cuál es el único tiempo verbal del modo imperativo?
3. Escriba todas las formas verbales del imperativo de los verbos *visitar* y *coser*. Recuerde incluir también las formas negativas de *tú*.
4. ¿A qué es igual el presente de imperativo de *tú* (afirmativo)?
5. ¿A qué son iguales las formas del presente de imperativo correspondientes a *tú* (negativo), *Ud.*, *nosotros* y *Uds.*?
6. ¿Qué otra forma imperativa se puede usar con la persona gramatical *nosotros*? Dé dos ejemplos que no sean los de la lección.
7. ¿Dónde se colocan los complementos pronominales con respecto a los mandatos?
8. Cuando una oración subordinada contiene un presente de imperativo en la cláusula principal, ¿qué tiempo verbal se encuentra en la cláusula subordinada?

II. *Traduzca al español estas oraciones.*

1. Children, be quiet when your parents are talking.
2. Give us the pen; don't give it to her.
3. Give me my dress; let's wash it in cold water.
4. Gentlemen, bring your books and place (*colocar*) them on this table, please.
5. Let's buy three pounds of apples instead of two.
6. Lucía, get up quickly, wash your face; here is your breakfast, eat it up!

---

*Repase Ud. la concordancia de tiempos que aparece en las lecciones 16 y 17.

III. *Escriba cada mandato en su forma negativa.*

MODELO: *Búscala ahora.*
No la busques ahora.

1. Pégale duro.
2. Envíamelas pronto.
3. Bébela, Hildita.
4. Dáselo hoy.
5. Sácalos de la biblioteca.
6. Pártelo con el cuchillo.

7. Protégeme, Manuel.
8. Róbatelo, Pedro.
9. Averíguamelo, por favor.
10. Rézalo de memoria.
11. Mándales recuerdos míos.
12. Dedícaselas a ella.

IV. *Subraye los errores que aparecen en estas oraciones, referentes a los mandatos y a su combinación con los complementos pronominales. Corríjalos después.*

MODELOS: ¡María, no compras más baratijas!
¡María, no compres más baratijas!

No melo prestes, que no lo necesito.
No me lo prestes, que no lo necesito.

1. ¡Muchachos, vamos a toma un trago!
2. ¡No critiquen tanto a sus profesores!
3. Subanlo al tercer piso, por favor.
4. Baje mela de la repisa, Rita.
5. Cante selas, que hoy es el día de su santo.
6. Recoge Ud. el papel que se cayó, por favor.
7. Prepare Uds. las cestas para la excursión.
8. Escúchame Ud. lo que le advierto.

V. *Dictado (en el manual del profesor).*

Sección de ortografía
El sonido de la ñ no puede escribirse con nj ni con ny

Como ya se sabe, la letra *ñ* no existe en el idioma inglés, pero sí existe el sonido /ñ/, como en la palabra *canyon*. Muchas personas bilingües que tienen más práctica en la escritura del inglés que en la del español, se confunden al oír una palabra como *señor*, y la escriben *senyor*, *senjor* o hasta *senior*. La única forma de representar, en español, el sonido /ñ/ es con la letra *ñ*: *cariño*, *leña*, *otoño*, *cañería*, etc.

EJERCICIOS _____

I. *En cada una de estas oraciones, traduzca al español las palabras que aparecen en inglés. Preste atención a la letra* **ñ.**

1. Lo amenazó con el **fist.**
2. Trabajé mucho hoy y **I am sleepy.**
3. El **owner** del hotel salió a recibirlos.
4. ¡Me encanta el helado de **pineapple**!
5. Había una **spider** en la pared.
6. El **bathroom** queda a la izquierda del dormitorio.
7. La **babysitter** cuida bien al bebito.
8. Ese muchachito es muy **spoiled.**
9. Hizo **signals** con la mano.
10. La madre **scolded** a sus hijos.

II. *Dictado (en el manual del profesor).*

Repaso General IV

A. *Dictado (en el manual del profesor).*

B. *Su profesor va a leer en voz alta estas oraciones. Escuche atentamente y coloque las tildes que se necesiten.*

1. Ella actuara en una pelicula romantica.
2. Me sorprendio que el actuara tan pesimamente.
3. Yo toque la campana de bronce del campanario.
4. Ellos quieren que yo toque una sinfonia.
5. ¡Pensaras que estamos locos!
6. Temia que tu pensaras igual.
7. Si lo hubieramos comprado, ahora estariamos usandolo.
8. Buscaba una persona que me ayudara.
9. Encontre a una que me ayudara.
10. Esa profesora se la pasa regañando a los niños.
11. La nuestra jamas esta regañandonos, porque ya no somos chiquillos.
12. Traeme estas cosas de la carniceria, Delia.
13. Trae tambien un arbol de Navidad de la tienda.
14. Estan cantandoselas junto a su ventana.
15. ¡Ponganse de pie cuando entre el inspector!
16. Mi vecino es ingles pero sus hijos son franceses porque nacieron en Francia.
17. ¡Hagan hincapie en el aprendizaje de los verbos!
18. ¡Haganselo saber, que no estamos de acuerdo!
19. Traigame un helado de fresa, no me lo traiga de vainilla.
20. ¡No olvide pegarle una estampilla al sobre, mire que yo si me olvide!

C. *Conteste brevemente las siguientes preguntas.*

1. ¿Cómo se llaman los tres modos que ya se han estudiado?
2. Mencione los nombres de todos los tiempos del modo indicativo y todos los del subjuntivo.
3. ¿Qué diferencia vocálica (de las vocales) existe entre el presente de indicativo y el presente de subjuntivo?
4. Diga qué es una oración compuesta y cuántas clases hay.

5.   Escriba una lista de todos los pronombres que actúan como sujeto de la oración así como sus correspondientes complementos pronominales.
6.   ¿Puede Ud. dar una definición del *adjetivo*?
7.   ¿En qué función puede aparecer el adjetivo en una oración?
8.   ¿Por qué se dice «un maestro *bueno*» pero «un *buen* maestro»?
9.   ¿En qué concuerdan el nombre y el adjetivo? Dé dos ejemplos.
10.   ¿Cuál es el único tiempo del modo imperativo?

D. *Conjugue cada infinitivo en todas las personas gramaticales del presente y el imperfecto de subjuntivo.*

1. acariciar   2. retocar   3. deber   4. mecer   5. cubrir

E. *Conjugue los infinitivos anteriores en todas las personas gramaticales del presente perfecto y del pluscuamperfecto de subjuntivo.*

F. *Copie este párrafo. Subraye las formas verbales que aparecen en el mismo (20 en total) y clasifíquelas de acuerdo al siguiente cuadro sinóptico.*

Modo indicativo	presente	presente perfecto
	pretérito	
	imperfecto	pluscuamperfecto
	futuro	futuro perfecto
	condicional	condicional perfecto
Modo subjuntivo	presente	presente perfecto
	imperfecto	pluscuamperfecto
Modo imperativo	presente	

He preparado un platillo especial para mis invitados. Ya yo había experimentado antes con esa receta pero no me salió bien la primera vez. Si hubiera tenido todos los ingredientes, me habría quedado mejor; desgraciadamente me faltaba uno que no encontré en el supermercado. La próxima vez prepararé un platillo mexicano bien picoso. ¿Creen Uds. que les gustaría a mis amigos? Empezaré al mediodía y para las cuatro habré terminado. Espero que ellos disfruten con mis experimentos culinarios. No insisto en que yo haya estudiado el arte de la cocina, pero sí que me encantaría. Tal vez me quedaran mejor las comidas . . . Bueno, ¡prepárense Uds. y . . . que les aproveche!

G. *Escriba cinco oraciones compuestas coordinadas y cinco subordinadas. Subraye las formas verbales y clasifíquelas. En las oraciones compuestas coordinadas, encierre en un círculo cada conjunción que une las dos cláusulas; o encierre la coma en caso de que se trate de una oración compuesta yuxtapuesta. ¡Sea original!*

H. *Escriba un párrafo de unas 75 palabras empleando todos los adjetivos siguientes (pueden cambiarse de género y de número si resulta necesario). No tiene que seguirse el orden en que aparecen en esta lista.*

1. estudioso	6. asustado	11. alto
2. feliz	7. inteligente	12. hambriento
3. constante	8. exigente	13. juguetón
4. haragán	9. cortés	14. responsable
5. cansado	10. verde	15. hablador

A ese lugar de donde me llaman

Lino Novás-Calvo

Todo empezó —así lo recuerdo— a fines de septiembre. Era mi santo y cumpleaños, y mi madre me hizo una nueva camisa. Mientras la hacía empezó a toser y ponerse pálida. Se le agrandaron los ojos, se puso de pie y marchó, con las manos abiertas sobre el pecho, hacia la otra pieza.

No vino el médico. Cuando parecía más grave con las fiebres altas (y grandes variaciones) vino a vernos mi tía Sol. Traía alguna noticia. Miró, con expresión secreta, a mi madre desde la puerta. Mi madre se incorporó en la cama, la observó, y su rostro empezó a animarse. Luego empezó a llorar en silencio.

Tía Sol salió en seguida y, en su ausencia, mi madre se levantó, se puso el mejor vestido, se compuso el pelo, se aplicó los afeites. Pero al atardecer regresó tía Sol y yo vi cómo aquel resplandor súbito del rostro de mi madre se apagaba. Hablaron un momento en voz baja. Tía Sol venía abatida; bajó los párpados y se fue diciendo:

—Quizá se hayan equivocado en la fecha. Pudiera venir en otro barco . . .

Se volvió lentamente hacia la puerta. Mi madre estaba de pie, en el centro, con las manos abiertas sobre el pecho. Dijo con voz tomada:

—¡Gracias, Sol, de todos modos!

Ése fue el principio. Por varios meses, había de ir observando yo, sin comprender, estos cambios. O bien los comprendía sin explicármelos. Sabía que *alguien* debía venir, cada mes, en un barco; pero no venía. En tanto mi madre se enfermaba, curaba (al parecer) de pronto, se acercaba otra fecha (y otra esperanza) y, cuando volvía, decepcionada, tía Sol, mi madre volvía a enfermarse.

Pero ella no decía nunca que estuviera enferma; sólo cansada, a veces. Nunca dejaba su costura. Dijo un día, cuando Sol se había ido:

—Todo fue el diablo. ¡Qué le vamos a hacer!

Ahora la veo pálida, delgada, más alta que la puertecita del fondo del cuarto. Me la imagino yéndose, inclinada; entrando por la puertecita, como por la de un panteón, en el otro cuarto. Los dos vivíamos entonces solos, en el Cerro. Ella me dijo:

—Voy a traer una inquilina aquí para la sala. Otra costurera. Nos sobra espacio, y yo trabajaré en el cuarto.

Este cuarto daba al placel. Era allí donde jugaba yo con otros niños. La mujer que vino a ocupar la sala era una negra gruesa y maciza de piel muy tersa. Mi madre cerró la puerta intermedia y los dos salíamos por el placel a otra calle.

—Nos sobra la sala —repitió mi madre—. Y esa calle de alante está llena de baches y charcos cuando llueve. Por detrás se ve el campo. Se ve poner el sol en el campo.

No parecía hablar conmigo. Había trasladado aquí (al cuarto y el cuartito de desahogo y ducha) la máquina de coser y las telas. No venían ya las marchantas. Ella salía a veces temprano a entregar y recoger costura. Ésta no era mucha. Ahora trabajaba lentamente. Yo la veía a veces, por la ventana, desde el placel, parar la máquina, quedarse sentada, tiesa (de espalda a la ventana), mirando a la pared. Y cuando volvía a dar al pedal, todavía su busto seguía erguido, como presa de un dolor que lo paralizaba.

—Voy a mandarte unas semanas con tu tía Sol —me dijo un día—. O quizá con tu tío Martín. Tengo que ir ahí, a un pueblo de campo, a hacer unos trabajos. Puede que tarde algunas semanas.

Nunca había ido al campo. Nunca la recordaba yo sino, un poco, allá en España, y luego viniendo en el barco, y al fin aquí, en el Cerro, en esta accesoria. Yo le dije:

—¿Y mis otros tíos?

Paró la máquina, bajó la vista, murmuró:

—Ellos no son malos. Andan por ahí. Pero ellos creen que yo soy la mala. ¡Ha sido el diablo!

Martín vino esa noche. Había venido otras veces, de pasada. Hablaba poco. Era un hombre enteco, prietuzco, triste, picado de viruelas. Llevaba siempre un cinto ancho, y en él, limas, tenazas, martillos . . . Le dijo a mi madre al despedirse:

—Tú mira a ver. Si quieres, mándame el niño.

Ella se apresuró a explicar (para mí, pero hablando con su hermano):

—Yo vuelvo pronto, ¿sabes? Unos trabajos que tengo que hacer ahí, a Artemisa . . . Pero quizá sea mejor que el niño vaya con su tía Sol. Allí hay campos y flores . . .

Martín nos miró a los dos con expresión recogida. Paseó, como extrañado, la vista por la pieza.

—Como quieras. Pero ya tú sabes.

Se fue lentamente, algo encorvado, por el placel. Ella apagó la luz y se dejó caer en el balance, llevándome a la vez hasta el borde de la cama.

—Tus tíos son buenos —me dijo—. Puede que yo haya sido la mala. Pero no he querido deberles favores, a ellos ni a nadie. Te he traído para acá para que no crecieras viendo al *Adán*. Él es el malo. ¡Qué Dios nos perdone a todos! ¡Ha sido el diablo!

Yo no entendí del todo. Otras veces le había oído hablar del *Adán*, y sabía que ése (nunca lo había visto) era mi padre. Mi madre añadió:

—Él es tu padre; pero recuerda, si lo ves algún día, que ni siquiera te ha reconocido. Además, tú no te pareces a él. Tú eres un Román.

Calló y la sentí llorar por dentro. Luego alzó fuerte e irritadamente la voz:

—¡Acuéstate! ¡No sé por qué te estoy hablando de esto!

Al día siguiente se hallaba de nuevo envuelta en aquel porte seco, digno, reservado y altivo que hoy, recordándolo, se me figura extraño en una aldeana. Pero nada en ella indicaba la aldeana y, además, vivía en una tensión que no le permitía a uno pensar en lo que era, sino en lo que sentía. Los mismos vecinos se extrañaban. Ella le dijo un día a la negra:

—A ustedes les extraña que yo sepa hablar y vista de limpio. ¡Para ustedes debiera estar trabajando de criada!

La negra abrió mucho los ojos, se encogió de hombros, y empezó a rezongar. Mi madre dijo luego, sosegada, a una clienta:

—Comprendo que a veces me irrito. Yo era muy joven y me ocurrió *aquello*. Y no había nadie allí para defenderme. Todos mis hermanos estaban en Cuba.

Estaba de pie, y vestida, antes del amanecer. Lucía bella, pero espectral, en su vestido claro y largo, sus ojos verdes y fijos, las trenzas negras como un halo en la cabeza. Me parecía muy alta —más que Martín y más que la negra—, quizá porque se iba afinando para morir.

—¡Criada de servir! —reiteró otro día—. Ninguno de los míos ha sido jamás criado. ¡No quiera Dios que lo sea!

Mi tío Martín volvió al día siguiente por la noche. Mi madre parecía animada. Por Romalia, una vecina, Sol le había enviado un recado esa mañana. Otra vez estaba al llegar un barco.

—He aplazado el viaje a Artemisa —le dijo a mi tío—. Hoy es sábado. Quiero pasar aquí el domingo, y quizá me quede una semana más. Por otro lado, el niño irá con Sol. Allí tiene más espacio. No quiero dejarlo encerrado en un cuartucho como el tuyo, como una tumba . . .

Los dos callaron. Martín bajó los párpados y salió doblegado. Al salir me miró con tristeza, pero no la miró a ella. ¡No la volvió a ver viva!

Por la mañana, Sabina, la negra, llamó tímidamente a la puerta del tabique.

—Teresa, Teresa, ¿tú estás bien?

Yo había dormido como drogado. Quizá lo estuviera. Al acostarme, me había dado un cocimiento de hojas. A veces, en sueño, me parecía oírla toser, pero no estaba seguro. Mi sueño era pesado. A veces también tenía sueños y creía oír lamentos, pero no podía saber si eran reales o imaginarios. Mi madre, por la mañana, estaba de pie, peinada, con una amplia, fina y limpia y almidonada bata floreada. Abrió un poco la puertecita y miró muy dignamente a la negra:

—Sí, gracias, Sabina. Estoy bien. Solamente que tuve una pesadilla.—Y repitió—: ¡Gracias, Sabina!

Nunca le había oído decir que estuviera enferma. Nunca había venido el médico. A veces se ausentaba una mañana o una tarde enteras. Últimamente —me decía— cosía también *en* la calle: no solamente *para* la calle.

—He dejado el viaje al campo para otra semana. Tengo que terminar aquí unos vestidos.

Hablaba sin mirarme y se movía con cuidado como si temiera que algo fuera a rompérsele. Se sentó a la máquina y empezó a orillar una tela. A ratos paraba, miraba fijamente al campo por la puerta. Una vez me sorprendió observándola, y me dijo muy severa:

—Anda, toma tu leche y vete a jugar. Luego tienes que ir con la maestra.

Yo no iba a la escuela. El aula estaba lejos; la maestra vivía enfrente y me daba clases después del almuerzo y la comida.

—¡Y ten cuidado!—añadió mi madre—. No te vayan a dar otra pedrada.

Yo salí al placel, pero no a jugar. Me tumbé entre la hierba y empecé a olfatear, como los perros. Mi olfato era excepcionalmente agudo y algunos vecinos lo sabían, y se extrañaban. Un día dije que un cuarto olía a cadáver y, tres días después, se murió allí una anciana. Mi madre lo sabía.

Cuando regresé, a mediodía, Sabina estaba con ella. Estaban examinando y clasificando piezas de costura. Con ellas estaba Romalia. Ésta era una mujer flaca y cetrina y sin dientes, con un pequeño vientre redondo delante. Mi madre le dijo, dándole un paquete:

—Lleva esto a mi hermana Sol. Dile que venga por aquí mañana.

Se volvió para explicar a Sabina:

—Mi media hermana. Hermanos, no tengo más que uno: Antón, que trabaja con ella en el jardín. Pero medios hermanos tengo varios regados por ahí: Martín, allá abajo, en una saquería; Javier, rodando en su carro de mulas; y Sol, en Jesús del Monte . . . ¡Romanes por todas partes!

Trató de sonreír, pero ya su sonrisa no era más que una mueca. Estaba horriblemente pálida y los afeites que se había puesto hacían resaltar aún más su lividez. Pero se esforzaba por parecer firme y erguida. Dijo viéndome a la puerta:

—Y éste. Éste también se llama Román. No tiene otro apellido . . . ¡Ni falta que le hace!

Y añadió para sí en un tono profundo y rencoroso:

—¡Semejante renacuajo!

Las otras —Sabina, Romalia— la escuchaban calladas, quietas, fingiéndose impasibles. Pero sus ojos iban de ella a mí. Mi madre repitió:

—Eso era su padre: ¡un renacuajo! Yo no sé cómo . . . ¡Pero que Dios me perdone!

Bajó la vista, cruzando las manos sobre el pecho.

—¡Y que Dios lo perdone también a él!

Su voz se había ido suavizando; ella misma se encorvó un poco. Se dio cuenta, se irguió de nuevo, dijo con voz forzada y casi imperiosa:

—Anda, Romalia. Lleva eso. Dile a Sol que venga mañana. Quizá salgo un día de éstos para el campo . . .

Romalia retrocedió poco a poco, mirándonos, extrañada. Salió por el cuarto de Sabina. Ésta se quedó sentada en el taburete, cerca de la máquina, inclinándose a un lado y a otro para mirarnos. Mi madre me dijo luego:

—He pensado que quizá me quede algún tiempo en Artemisa. Me ofrecen mejor trabajo. En tanto ¿con quién quieres quedarte? ¿Con tu tía Sol o con tu tío Martín? Sol tiene campo, flores . . .

Estaba anocheciendo. Fue hasta la puerta y miró, callada, largo tiempo, al campo. Al volverse me pareció que tenía los ojos húmedos, pero no me dejó mirarlos. Se fue al fondo y se puso a servir la comida de cantina. Empezó a canturrear.

Al otro día por la mañana vino tía Sol. No era en nada parecida a mi madre. Era mayor, algo rubia, ancha y rústica. También su voz era tosca y quebrada. Miraba a mi madre con la misma expresión de extrañeza y compasión que las vecinas.

—Voy a esperar una semana más —dijo mi madre—. Hoy estamos a veinte. El veintisiete llega el *Alfonso XII*, ¿verdad?

Me vio y cambió de tema:

—Si demoro por allá, ya tú sabes. Lo mandas a la escuela. Tendrá que estudiar. Nunca le gustará mucho doblar el lomo.

Luego se le escapó esta confidencia:

—Hoy me siento bien. Realmente, me siento mucho mejor. ¿Crees tú que en el *Alfonso*? . . .

Por primera vez me di (aunque aún vagamente) cuenta de la razón de sus variaciones, del abatimiento a la exaltación. Otra vez el barco estaba en camino. Sol le dijo:

—Tú, del niño, no tengas cuidado. Nosotros sabremos cuidarlo.

—Y quizá no tengan que hacerlo —dijo mi madre, sonrojada, olvidándose de mi presencia—. Se lo he pedido mucho a Dios estos días.

Pero un pensamiento ensombreció su semblante:

—Bien es verdad que quizá yo no me lo merezca. Algunos dicen que soy mala . . .

Trató de rehacerse. Se contrajo, se puso de pie, con una mueca. Todos los días cambiaba de vestido, y éste llevaba el más lindo. Pero se estaba haciendo otro, y había comprado un frasco de perfume. Este perfume avivó en mi nariz cierto hálito todavía muy sutil, pero extraño, que empezaba a percibir en la casa. Me dije entonces, con la mente: Está decayendo; desde hace meses se viene gastando rápidamente; ahora está animada, parece más joven, pero vuelve a apagarse fácilmente; se enciende y se apaga; ya no tiene músculos: sólo piel, huesos y tendones.

Sol se fue como de mala gana:

—Tú di la verdad . . . , ¿cómo te sientes? ¿No quieres que me lo lleve todavía?

Mi madre habló un poco como en delirio. No miraba a la gente y, a veces, sus palabras parecían dirigidas a alguien ausente.

—Lo que yo le estaba diciendo a Sabina —dijo—. En el mundo hay personas malas. Te atropellan, te vejan, te humillan. Y no hay quien les pida cuentas. ¿Dónde está la justicia?

Se sacudió la cabeza, se llevó las manos a las sienes y exclamó por lo bajo:

—¡Que Dios me perdone!

Después de un silencio concluyó:

—No. No te lo lleves todavía. Vamos a esperar una semana. Quiero que me hagas ese favor una vez más. Que vayas al muelle . . .

Sol se fue moviendo su cabeza pequeña sobre su cuello corto. La vi apretar los puños y le oí decir, como para sí, cuando salía:

—¡Pobre hermana! ¡Tantas desgracias, no se las tenía merecidas!

Mi madre no la siguió. No pudo oírla. Estaba de espalda a la puerta de cara a la del tabique. Al otro lado la máquina de Sabina había dejado de zumbar. Dijo mi madre sin volverse:

—Coge ese paquete que está en la silla. Es el vestido de la del once. Llévaselo.

Salí, pero me quedé por la parte de afuera, escuchando. Entonces sentí entrar a Sabina.

—Hoy se te ha visto mucho mejor —dijo la negra—. Pero, en tu lugar, yo no esperaría más para ir al hospital. Allí estarás mejor atendida.

Hubo un silencio y mi madre repuso:

—Quiero estirar el tiempo lo posible. Quiero ver al niño. Pero no quiero que él me vea fea y descompuesta. Quiero que me recuerde como yo soy . . . , como yo era. Cuando vuelva, estaré remozada. Estaré hecha otra moza —hizo una pausa—. Pero todavía no es seguro que me vaya. Todavía puede ocurrir algo, tú sabes . . .

Al regreso la encontré encorvada, agarrada con las manos al borde de la mesa. Luego se metió detrás de la cortina y por largo rato la sentí respirar trabajosamente. Pero el día siguiente amaneció repuesta y con el vestido nuevo que se había hecho. Tía Sol vino pronto, muy animada, y hablaron en voz baja. Luego

Sol salió muy apurada y mi madre quedó como expectante. Le había vuelto el brillo a los ojos y se movía con una soltura que no le había visto en muchos meses. Se duchó, se volvió a poner el vestido nuevo, se aplicó los afeites. Después se sentó otra vez a la máquina y empezó a canturrear.

En toda la tarde no volvió a hablar de mi vuelta al reparto. Sabina entreabrió la puerta y la observó con asombro. Dijo mi madre:

—Entra, Sabina, entra. Tú sabes, me siento muy bien. Y creo que vamos a tener visita.

No explicó más nada. Yo entraba y salía y, durante varias horas, mi madre pareció no darse cuenta de mi presencia. Le dijo a Sabina:

—Tú sabes, Sabina, nadie puede ser juez de nadie. Cada uno tiene su alma y a veces no es lo que otros piensan. Si tenemos visita, vamos a invitarte a la fiesta. Porque vamos a dar una fiestecita. ¡Sabina, tú eres buena amiga!

Entonces vi que lloraba, pero era de alegría. La negra miraba a un lado y a otro como si temiera ver fantasmas.

—Lo que te digo —dijo mi madre—. Mi hermana Sol tuvo noticias de que cierto *personaje* viene en el *Alfonso XII*. Y si eso es cierto . . .

En ese momento miró hacia la puerta, se contuvo, cambió para un tono más bajo y receloso:

—No quiero ser soberbia. Soy como los chinos. Esperemos. ¿Sabes tú cómo se llama ese niño? *Román* es su segundo apellido. Pero debe tener otro. Todas las personas tienen dos apellidos. ¿Por qué había de ser él menos que otras personas? Su otro apellido es Pérez. Mi hermana dice que viene cierto personaje en el *Alfonso*. Y si viene, yo sé por qué. ¡Tú verás, Sabina; tú verás cómo todo se arregla todavía!

Yo estaba aplanado en el suelo, detrás de la cortina, olfateando. Ella no parecía sentir mi presencia.

—¡Tú verás, Sabina; tú verás! —dijo mi madre.

La negra cerró lentamente la puerta, como se hace con los enfermos, pero atemorizada. Yo di la vuelta a la cuadra, entré por la calle y me asomé a la puerta de Sabina. Ésta estaba recogiendo la costura, y diciendo, sola:

—Un personaje . . . , cierto personaje . . . ¡La pobre! ¡Delira!

Me vio y calló. Yo seguí corriendo. Algo (quizá aquel olor nuevo) me agitaba. Al volver al cuarto, mi madre había encendido todas las luces. Me mandó ducharme y me puso el mejor traje. Explicó tan sólo:

—Ponte eso, siquiera hoy, que es domingo. Estás creciendo. ¿Para cuándo guardas la ropa? Además, quizá tengamos visita. ¡Ya verás, ya verás!

Estaba alborozada. Se había ido entonando más y más, hasta que parecía francamente exaltada. Luego, de pronto, se quedó como paralizada. No ocurrió nada. No vino nadie. Se oía volar una mosca. Pero algún mensaje llegó a su alma, y cuando, horas después, volvió tía Sol con la noticia (o la ausencia de noticias), estaba como endurecida para recibirla. Dijo mi tía:

—¡Es inútil, Teresa! Las cosas son como son. ¡No vale hacerse ilusiones! Debe de haber sido un error. No viene para acá. ¡Se ha ido a Buenos Aires!

Mi madre estaba de pie y la miró impasible. En las últimas horas, su rostro, antes encendido, se había ido consumiendo, hasta un grado espectral. No era ya un rostro; era una máscara. Pero su voz todavía pronunció con firmeza:

—¡Está bien, hermana! Ahora, llévate el niño. ¡Creo que voy a ir a ese lugar donde me llaman!

Por el momento (y por algún tiempo más), esa imagen de mi madre persistió en mi mente. Pero luego se fue disipando y, en su lugar, reapareció aquella otra que ella había querido dejarme cuando dijo:

—No quiero que me recuerde fea y descompuesta. Quiero que me recuerde como yo soy . . . , como yo era.

EJERCICIOS _____

I. *Complete las oraciones siguientes con las frases que faltan, de acuerdo con el cuento «A ese lugar de donde me llaman». No se conforme con escribir dos o tres palabras sino parrafitos completos.*

MODELO: Sabemos que la familia de Teresa consistía en
su hijo, su hermana Sol y sus hermanos Martín, Antón y Javier.

1.   Debido a su enfermedad, Teresa tenía estos síntomas: _____.
2.   Las ocupaciones de Teresa eran: _____.
3.   Sabina y Romalia eran, respectivamente, _____.
4.   En España, Teresa y el Adán _____.
5.   La esperanza de Teresa era que el Adán _____.
6.   Teresa y su hijo vivían ahora en _____.
7.   Teresa tenía remordimientos acerca de su pasado: ella decía _____.
8.   A pesar de su enfermedad, Teresa era bonita y tenía el aspecto físico siguiente: _____.
9.   El título del cuento quiere decir _____.
10. Al final del cuento Teresa pierde sus esperanzas cuando _____.
11. El narrador de este cuento parece ser _____.
12. Teresa prefería que el niño se quedara con Sol porque _____.

II. *Busque un sinónimo para cada palabra señalada.*

1.   Ella tenía *un rostro bello.*
2.   Sabina era *maciza* y tenía la piel *tersa.*
3.   *Las marchantas* querían *trasladarse* a otro barrio.
4.   Teresa se sentó en *el balance tiesa, erguida.*
5.   Tenía un aspecto *espectral*, estaba *enteco.*
6.   *La aldeana* no pudo *añadir* lo que faltaba.
7.   Después de darle *el recado*, se puso a *rezongar.*
8.   *Los lamentos* llegaban hasta *el aula.*

9. Romalia era una mujer *flaca* y *cetrina*.
10. Estaba *aplanado* en *el suelo* y *olfateaba* el ambiente.
11. Se sentía *alborozada;* se le veía *remozada*.
12. *La lividez* de su cara se acentuó al acercarse *al tabique*.

III. *Conteste brevemente estas preguntas.*

1. ¿Qué quiere decir la frase «se aplicó los afeites»?
2. ¿Qué significa *tener la voz tomada*?
3. ¿Qué es *un panteón* y dónde se puede ver uno?
4. ¿Sabe Ud. lo que es *una accesoria*?
5. ¿Qué son *los baches*?
6. ¿Qué significa la frase «picado de viruelas»?
7. ¿Sabe Ud. lo que es *un placel**?
8. ¿Quiénes emplean *limas, tenazas* y *martillos*?
9. ¿Qué significa «reconocer a un hijo»?
10. ¿Qué es «orillar una tela»? ¿Qué traducciones conoce Ud. de la palabra inglesa *hem*?
11. ¿Qué clase de animal es *un renacuajo* y cómo se traduce al inglés?
12. ¿Qué tipo de mueble es *el taburete*?
13. ¿Sabe Ud. lo que quiere decir «la comida de cantina»?
14. ¿Qué quiere decir «doblar el lomo»?
15. ¿Qué es *una saquería*?
16. ¿Qué significa el verbo *zumbar*?
17. ¿De qué verbo se deriva *canturrear* y cómo se traduce al inglés?
18. ¿Qué quiere decir la frase «soy como los chinos»?

IV. *Subraye y corrija los errores que aparecen en estas oraciones.*

1. Mi familia vivieron en esta ciudad hace muchos años.
2. Estas lecciones son importante para la práctica de los verbos.
3. A ellas no le gusta el baile; prefieren los deportes.
4. Teresa parecía de una enfermedad que se llama *tuberculosis*.
5. Ella lo esperaba anciosamente en el muelle.
6. Nos sentíamos feliz a pesar de su indiferencia hacia nosotros.
7. Los países subdesarroyados tienen problemas con su economía.
8. Ellos tenía poquito dinero para gastar en cosas superfluas.
9. Teresa vía venido de España en un barco de pasajeros.
10. El niño era iligítimo porque su padre no lo quería reconocer.
11. Ella estaba ilucionada con la llegada del barco.
12. El libro de el estudiante está en el suelo pero el de él no.
13. En esa communidad hispana no vive ningún americano.
14. En algunos citios se ven colas para comprar pan.

---

*También se escribe *placer*. ¡**Atención**! Aquí no se trata de **pleasure**.

V. *Composiciones.*

1. Explique en unas 100 palabras qué haría Ud. si tuviera una enfermedad incurable y le dieran dos o tres meses más de vida.
2. ¿Cree Ud. que «el mal paso» de Teresa sería algo tan serio y vergonzoso en estos tiempos? Explique su respuesta en unas 100 a 125 palabras.
3. Resuma el cuento «A ese lugar de donde me llaman» en tres párrafos principales y empleando unas 175 a 200 palabras.
   a. Qué le pasó a Teresa en España cuando era jovencita; qué hizo después, adónde fue, qué familiares vivían cerca de ella, cuáles eran su situación económica, su oficio, cuál era la enfermedad de Teresa.
   b. Qué noticia le llegó a Teresa al principio del cuento, cuál fue su reacción, qué pensaba ella con respecto a su hijo y su situación de ilegítimo, qué hablaba Teresa con sus hermanos.
   c. Cómo termina el cuento: la desilusión de Teresa, sus planes para el futuro de su hijo. Relación entre el final del cuento y el título del mismo.

VI. *Dictados (en el manual del profesor).*

21

Los verbos irregulares I

Se llama **verbos irregulares** a los que durante la conjugación:

a. Sufren cambios en la raíz

Pienso ir de tiendas este fin de semana. *(pens-ar;* la forma regular del presente de indicativo sería *yo pens-o)*

b. Sufren cambios en la terminación

Estoy encantado de haberla conocido. *(est-ar;* la forma regular del presente de indicativo sería yo *est-o)*

c. Sufren cambios en la raíz y en la terminación

No *pude* terminar el ejercicio. *(pod-er;* la forma regular del pretérito de indicativo sería *yo pod-í)*

En esta lección vamos a estudiar *las irregularidades del tiempo presente* en los tres modos: *indicativo, subjuntivo* e *imperativo.*

Es importante recordar aquí que el presente de subjuntivo se forma tomando la persona gramatical *yo* del presente de indicativo, quitándole la terminación **-o** y añadiéndole a esa raíz las terminaciones del presente de subjuntivo que corresponden a cada tipo de verbos, según terminen en **-ar, -er** o **-ir** en el infinitivo. Por lo tanto, todas las irregularidades que se van a ir estudiando en el presente de indicativo afectarán igualmente al presente de subjuntivo. Hay unos pocos verbos cuyos presentes de subjuntivo se forman de modo especial y esto se verá también. Lea estas oraciones para repasar el presente regular de subjuntivo.

Quiero que *cantes* más alto.
Espero que ellas no *coman* mucho.

En cuanto al presente de imperativo, repasemos su formación: las formas verbales que se usan para expresar mandatos correspondientes a *tú (afirmativo)* son las mismas del presente de indicativo de la persona *él (ella, usted).* Las formas verbales correspondientes a *tú (negativo), Ud., nosotros* y *Uds.* son las mismas del presente de subjuntivo.* Lea estas oraciones para repasar el presente de imperativo.

Habla despacio, niño.
No *bebas* demasiado en la fiesta.
Escriban Uds. estas oraciones.

Irregularidades del presente de indicativo, subjuntivo e imperativo

1. El verbo *ser*.
   Observe Ud. estas oraciones.

   Yo *soy* de Puerto Rico, ¿de dónde *eres* tú?
   Rosita y Paquita *son* hermanas gemelas.

   Las formas *soy, eres, es, somos, son* constituyen *el presente de indicativo* del verbo *ser*. Como Ud. puede apreciar, se trata de formas irregulares.
   Observe ahora las oraciones siguientes.

   Mi novio quiere que yo *sea* más cariñosa con él.
   Para tus padres resulta importante que tú *seas* la mejor de la clase.

   Las formas *sea, seas, sea, seamos, sean* constituyen *el presente de subjuntivo* del verbo *ser*. Son irregulares porque se intercala una **e** entre la **s** de la raíz y las terminaciones.

2. Otros verbos irregulares que también añaden **-y** en la primera persona del *presente de indicativo*.
   Lea Ud. estas oraciones.

   Siempre les *doy* limosnas a los pobres.
   Estoy encantado de conocerla, señorita.
   Me *voy* mañana para Quito.

   El infinitivo de cada una de esas formas verbales es, respectivamente: *dar, estar, ir*. En *el presente de indicativo* se conjugan así:

   doy, das, da, damos, dan
   estoy, estás, está, estamos, están
   voy, vas, va, vamos, van

   Como se puede observar, el verbo *ir* es el más irregular de los tres. En *dar* y *estar* sólo la persona gramatical *yo* tiene una forma irregular. Vea ahora estas oraciones.

---

*Ver la lección 20.

Ellos prefieren que les *demos* una sorpresa.
El maestro no cree que Raúl *esté* enfermo.
No quiero que *vayas* al cine con ese muchacho.

Las formas del *presente de subjuntivo* de *dar*, *estar* e *ir* son, respectivamente:

dé, des, dé, demos, den
esté, estés, esté, estemos, estén
vaya, vayas, vaya, vayamos, vayan

Este último verbo, *ir*, es el más irregular y no sigue las reglas normales de la formación del presente de subjuntivo.

3.   El verbo *saber*.
    Lea esta oración compuesta:

Yo *sé* lo que sucedió ayer en la reunión pero no creo que ellos lo *sepan*.

Tanto *el presente de indicativo* como *el presente de subjuntivo* de *saber* presentan irregularidades. Ambos presentes son:

indicativo : *sé, sabes, sabe, sabemos, saben*
subjuntivo: *sepa, sepas, sepa, sepamos, sepan*

4.   Verbos que cambian una vocal de la raíz en el tiempo presente:
    e > *ie*
    o > *ue*
    Lea cuidadosamente estas oraciones, comparando las formas de *los presentes de indicativo y subjuntivo* con las de cada *infinitivo*.

Cuando *calientes* la leche, cuida de que no se derrame. *(calentar)*
Te *apuesto* a que el subjuntivo va a salir en el examen. *(apostar)*

Hay muchos verbos que sufren esos cambios en la raíz. Entre los que más se emplean, tenemos:

e > *ie:*   *acertar, apretar, atender, atravesar, calentar, cerrar, comenzar, confesar, defender, empezar, encerrar, entender, helar, manifestar, negar, pensar, perder, querer, regar, sentar, tropezar,* etc.

o > *ue:*   *acordar, acostar, almorzar, apostar, aprobar, avergonzar, colar, colgar, comprobar, contar, costar, demostrar, devolver, doler, encontrar, forzar, mostrar, mover, poder, probar, recordar, resolver, rogar, soltar, volar, volver,* etc.

También el verbo *jugar*, que sufre el cambio u > *ue:*

¿*Juega* Ud. al dominó?

Estos cambios **nunca** ocurren con la persona gramatical *nosotros*.

Defendemos lo nuestro como Uds. defienden lo suyo.
Colgamos la ropa mientras ellos cuelgan los cuadros.

La profesora desea que *entendamos* los verbos irregulares.
Tú juegas bien al ajedrez pero nosotros *jugamos* muy mal.

Como resumen, veamos los verbos *pensar* y *poder* conjugados en el:

presente de indicativo: *pienso, piensas, piensa, pensamos, piensan*
puedo, puedes, puede, podemos, pueden

presente de subjuntivo: *piense, pienses, piense, pensemos, piensen*
pueda, puedas, pueda, podamos, puedan

¡Atención!

El verbo *oler* añade una *h* delante del diptongo *ue**: *hueles, huelan*, etc.
Pero: nosotros *olemos* (no hay diptongo).

5. Verbos que sufren dos clases de cambios en la raíz:
   e > ie   o > ue
   e > i   o > u
   Lea estas oraciones.

Tú te *diviertes* con esas películas y esperas que nosotros nos *divirtamos*
igual. (*divertir*)

Ella siempre *duerme* como un lirón y nos desea que *durmamos* del mismo
modo. (*dormir*)

Hay un grupo de verbos, todos pertenecientes a la tercera conjugación (infinitivo
terminado en **-ir**) que pasan por esos cambios. Entre ellos: *advertir, convertir,
divertir, hervir, invertir, mentir, preferir, sentir* sufren los cambios e > ie, e > i.
Dormir y *morir* son los únicos que presentan los cambios o > ue, o > u.

EJEMPLOS: *hervir y dormir:*

Presente de indicativo: *hiervo, hierves, hierve, hervimos, hierven
duermo, duermes, duerme, dormimos,
duermen*

Presente de subjuntivo: *hierva, hiervas, hierva, hirvamos, hiervan
duerma, duermas, duerma, durmamos,
duerman*

6. Verbos que sufren el cambio e > i.
   Observe estos ejemplos.

El camarero les *sirve* una cena deliciosa. (*servir*).
Me *pides* mi opinión y voy a dártela. (*pedir*)

Entre los verbos más comunes que pasan por ese cambio están:
*competir, corregir, despedir, elegir, impedir, medir, pedir, reír, rendir, re-
petir, seguir, sentir, servir, sonreír, vestir*, etc.

---

*Esta regla se aplica a todas las palabras que empiezan con **hue-:** *hueso, hueco, huevo*, etc.

EJEMPLO: *pedir*

> **Presente de indicativo:** *pido, pides, pide, pedimos, piden*
>
> **Presente de subjuntivo:** *pida, pidas, pida, pidamos, pidan*

7.   Verbos que intercalan **g** y **z** en *el tiempo presente.*
Lea estas oraciones.

> Los viernes *salgo* temprano del trabajo. *(salir)*
> Siempre *obedezco* a mis mayores. *(obedecer)*

Entre los verbos que intercalan **g** en la persona *yo* del *presente* tenemos:

> *caer* (caigo), *decir* (digo), *hacer* (hago), *oír* (oigo), *poner* (pongo), *salir* (salgo), *tener* (tengo), *traer* (traigo), *venir* (vengo), etc.

Además de esa irregularidad, muchos de estos verbos también tienen otras a la vez. Veamos el verbo *decir* en el *presente de indicativo* y en el *presente de subjuntivo* respectivamente:

> *digo, dices, dice, decimos, dicen*
> *diga, digas, diga, digamos, digan*

Igualmente pasa con los verbos *oír, tener,* y *venir.*

> **Presente de indicativo:** *oigo, oyes, oye, oímos, oyen*
> *tengo, tienes, tiene, tenemos, tienen*
> *vengo, vienes, viene, venimos, vienen*

El *presente de subjuntivo* sigue las reglas generales para su formación: *oiga, oigas,* etc.; *tenga, tengas,* etc.; *venga, vengas,* etc.

Entre los verbos que intercalan **z** en la persona *yo* del *presente*, tenemos:

> *agradecer* (agradezco), *aparecer* (aparezco), *complacer* (complazco), *conocer* (conozco), *crecer* (crezco), *lucir* (luzco), *obedecer* (obedezco), *ofrecer* (ofrezco), *oscurecer* (oscurezco), *padecer* (padezco), *parecer* (parezco), y todos los terminados en *-ducir* como *conducir* (conduzco), *introducir* (introduzco), *producir* (produzco), *reducir* (reduzco), *traducir* (traduzco), etc.

Esa irregularidad de añadir una **z** a la forma verbal de la persona *yo* del *presente de indicativo* afecta, por supuesto, a todas las personas gramaticales del *presente de subjuntivo.* Por ejemplo:

> *parecer: parezca, parezcas, parezca, parezcamos, parezcan*

8.   Verbos que terminan en **-uir** en *el infinitivo* y que añaden **y.**
Observe estos ejemplos.

> ¿*Contribuyes* a la «liga contra el cáncer»? *(contribuir)*
> No me gustan las guerras porque *destruyen. (destruir)*

Estos verbos intercalan una **y** delante de todas las terminaciones *del presente de indicativo,* menos la que corresponde a la persona gramatical *nosotros.*

EJEMPLO: *destruir*

> **Presente de indicativo:** *destruyo, destruyes, destruye, destruimos, destruyen*

Presente de subjuntivo: *destruya, destruyas, destruya, destruyamos, destruyan*

Entre estos verbos, tenemos: *construir, contribuir, destruir, huir, incluir, instruir, obstruir,* etc.*

9. Los *presentes de imperativo* irregulares.

El presente de imperativo de los verbos irregulares sigue las reglas generales que se vieron en la lección 20 y que se repasaron al principio de esta lección 21. Hay, sin embargo, siete verbos que tienen mandatos con la persona gramatical *tú (afirmativa)* que no siguen las reglas generales. Estos verbos son: *decir, hacer, poner, salir, ser, tener* y *venir.*

Presente de imperativo *(tú, afirmativo): di, haz, pon, sal, sé, ten, ven.*
Lea estas oraciones.

Vamos, ¡*di* la verdad!
José, *pon* la mesa que ya vamos a comer.
¡Niño, *sé* bueno y siéntate!
Después de clase, *ven* a mi oficina.

Recordemos que, en el negativo, se siguen las reglas generales.

No digas mentiras.
No seas majadero.
No vengas tarde y *no te pongas* pesado.

EJERCICIOS

I. *Conteste brevemente estas preguntas.*

1. ¿A qué se llama *verbos irregulares?*
2. ¿Cuáles son las formas del presente de indicativo y del presente de subjuntivo del verbo *ser?*
3. ¿Qué otros verbos irregulares añaden -y a la persona gramatical *yo* del presente de indicativo?
4. ¿Cuál es el presente de subjuntivo del verbo *ir?*
5. ¿Qué cambios sufre el verbo *cerrar* en el presente de indicativo?
6. ¿Qué cambios sufre el verbo *acostar* en el presente de subjuntivo?
7. ¿Cómo se conjuga el verbo *oler* en el presente de indicativo y en el presente de subjuntivo?
8. ¿Cómo se conjuga el verbo *hervir* en el presente de indicativo y en el presente de subjuntivo?
9. ¿Cómo se conjuga el verbo *dormir* en el presente de indicativo y en el presente de subjuntivo?

---

*Repase la lección 4, la parte sobre la combinación vocálica *ui*.

10. ¿Cómo se conjuga la persona gramatical *nosotros* del verbo *pedir* en el presente de indicativo y en el presente de subjuntivo?
11. Escriba el infinitivo y el presente de indicativo de la persona gramatical *yo* de tres verbos que intercalen **g** y de tres que intercalen **z.**
12. Escriba el presente de indicativo y el presente de subjuntivo del verbo *huir*.
13. Escriba los mandatos irregulares con la persona gramatical *tú* de los verbos *decir, hacer* y *poner*.
14. ¿Cuáles son las formas del presente de subjuntivo del verbo *saber*?

II. *Escriba el infinitivo de cada una de estas formas verbales irregulares.*

1. eres	5. juegas	9. hirvamos	13. padezco
2. vamos	6. huela	10. repito	14. instruyes
3. sepas	7. aprueban	11. digo	15. di
4. aprieto	8. durmamos	12. traigan	16. sepamos

III. *Escriba el presente de indicativo y el presente de subjuntivo de cada infinitivo en la persona indicada.*

1. estar, yo	5. oler, tú	9. competir, él
2. ser, ella	6. forzar, yo	10. oír, yo
3. entender, nosotros	7. morir, nosotras	11. ofrecer, yo
4. jugar, ustedes	8. mentir, nosotros	12. incluir, nosotros

IV. *Escriba una oración compuesta con cada par de presentes (indicativo y subjuntivo) del ejercicio III.*

MODELO: yo voy, yo vaya
*Yo siempre **voy** a pie a la universidad pero mis padres quieren que yo **vaya** en autobús.*

V. *Vuelva a escribir cada oración con el nuevo sujeto que aparece entre paréntesis. Todos los tiempos verbales son* **presentes**, *indicativo y subjuntivo.*

MODELO: Le *manifestamos* nuestra aprobación. (tú)
*Le **manifiestas** nuestra aprobación.*

1. ¿*Cuelas* el jugo? (nosotros)
2. Es necesario que *reguemos* las plantas todas las semanas. (tú)
3. Ojalá que *duerman* bien. (nosotros)
4. *Sigo* estudiando lenguas. (ustedes)
5. Ellas *repiten* el curso. (nosotras)
6. *Traemos* buenas noticias. (yo)
7. Les *ofrecen* un vaso de agua. (yo)
8. *Obstruimos* la salida. (la caja)

VI. *Subraye los errores que aparecen en las formas verbales de estas oraciones. Escriba la forma normativa para cada uno.*

MODELO: Ojalá que tú <u>sabes</u> la respuesta correcta.
          sepas

1.   ¡Pepito, sale inmediatamente de la habitación!
2.   ¡Siéntate y has tus deberes!
3.   Voi a tu fiesta esta noche.
4.   Debes calientar la comida, ya está fría.
5.   ¿Queres que te traiga algo de la tienda?
6.   No puedo recuerdar lo que hice el domingo pasado.
7.   Si soltan tan pronto al ladrón, volverá a robar.
8.   Es importante que nos devertamos mientras somos jóvenes.
9.   Lo que te dicemos es la mera verdad.
10.   Siempre tradusco bien las oraciones.
11.   El niño construe puentes de madera.
12.   No contribuyimos a ningún partido político.

Sección de ortografía
¿Cuándo se escribe r y cuándo rr?

Escuche atentamente el sonido de estas palabras.
  caro, carro, vara, barra, pero, perro, pera, perra
Como Ud. ha oído, la letra *r* en las palabras *caro, vara, pero y pera* tiene un sonido diferente al de *carro, barra, perro y perra*. El sonido más suave /r/, se representa en la escritura con una sola *r* y el más fuerte /r̄/ con dos.
  Escuche ahora estas palabras.
  carne, sabor, puerta, carta, tarde, primor, traje, acre, brisa, primer
Aquí también se escribe una sola *r* porque el sonido /r/ es semejante al de *caro, vara*, etc.
  Finalmente, escuche estas palabras.
  Rosa, rana, Rita, risa, rato, Renato
Aquí el sonido es fuerte /r̄/, como en *carro* y *perro*, pero sólo se escribe una *r*. Ninguna palabra en español empieza con *rr*; pero la *r* inicial en una palabra siempre suena /r̄/, como si hubiera dos *rr*; es decir, tiene el sonido más fuerte.

EJERCICIOS

I. *Escuche la lectura de esta lista de palabras. Escriba r o rr en cada espacio en blanco, según sea correcto (en el manual del profesor).*

A.

1. bu__o
2. aho__a
3. aho__a
4. bu__oc__acia
5. __oja
6. a__oja
7. co__al
8. co__al
9. ca__ta
10. ca__eta
11. ca__eta
12. ca__ita
13. ca__ito
14. de__oga__
15. de__ota__
16. do__a__
17. po__tal
18. pa__ada
19. pa__anda
20. __omano
21. g__eco__omano
22. a__oma
23. sast__e
24. ente__a__
25. ente__a__

B.

1. to__o
2. tu__ón
3. __aíz
4. en__aiza__
5. __odeo
6. __odilla
7. a__odilla__
8. __eve__ente
9. i__eve__ente
10. __eal
11. i__eal
12. i__ita
13. peli__ojo
14. ca__o
15. ca__o
16. ciga__illo
17. ga__ito
18. co__de__o
19. co__edo__
20. de__ote__o
21. en__eda__
22. __oga__
23. __ota__
24. pe__e__a
25. de__iba__

II. *Escriba una oración completa con cada par de palabras. Emplee el diccionario si no sabe el significado de algunas.*

MODELO: Caro, carro
        *Este **carro** me costó muy **caro**.*

1. coro, corro
2. enterado, enterrado
3. moro, morro
4. moral, morral
5. para, parra
6. cura, curra
7. mira, mirra
8. foro, forro

México y sus máscaras

Louisa Reynoso

Miles de años antes de que vinieran los europeos, en muchas partes del Nuevo Mundo se hacían máscaras. Todavía se hacen y se usan en México, uno de los lugares donde el patrimonio indígena vive aún. Las máscaras, fascinantes de ver, son más que esculturas; son símbolos de creencias sobre dioses y hombres, el bien y el mal, el peligro y el bienestar y brindan una clave para entender la vida interior de un pueblo.

Unos cincuenta grupos mexicanos, o más, hablan aún lenguas indias y visten trajes tradicionales y en su mayoría se aferran a sus costumbres tradicionales en el beber, comer, alojarse y danzar. Muchos de ellos pertenecen a la población rural y constituyen un porcentaje muy alto de los artesanos del país. La población urbana conserva también mucho de ese patrimonio, combinándolo muy variadamente con un sinfín de elementos europeos.

Esa mezcla, la esencia del México moderno, tiene raíces hondas. Desde el momento en que Cortés, como concesión a Moctezuma, permitió que las esculturas de los dioses indios compartieran el mismo lugar con la cruz del cristianismo en el templo principal de Tenochtitlán, estableciendo así un culto conjunto, se plantaron las semillas del sincretismo y en realidad, la cruz tenía también un antiguo significado indio. En las culturas prehispánicas era el símbolo del hombre y se representaba por un árbol mítico en el centro del espacio con las raíces en la tierra y las ramas creciendo hacia el cielo.

Antes de la conquista española, las máscaras eran una parte integral e íntima de la vida religiosa de la gente. En las zonas rurales principalmente, esto sigue siendo verdad. Pero también se usan en el medio urbano: en época de carnaval, durante la celebración del Día de los Difuntos, en las peregrinaciones y celebraciones importantes de los santuarios famosos, y en el ciclo de la Navidad, comenzando con las Posadas y terminando con la Candelaria el dos de febrero. Danzas, que no han cambiado en más de cuatro siglos de sincretismo, todavía se ven el doce de diciembre en el Santuario de Nuestra Señora de Guadalupe, en la Ciudad de México, donde miles de indios se solían reunir para adorar a Tonantzín, la diosa azteca de la tierra y la maternidad.

En las pinturas murales y las esculturas en los sitios arqueológicos se pueden ver los festivales religiosos militares y poéticos del antiguo México. Los famosos «bebedores» de los murales de uno de los templos precolombinos en Cholula, Estado de Puebla, nos ayudan a reconstruir una orgía sensual con acompañamiento de instrumentos musicales. En el sitio de Las Higueras, en el Estado de Veracruz, los bailarines que simbolizan el mal llevan las mismas máscaras que se usan hoy día en la región de Papantla durante las celebraciones de Semana Santa. En Bonampak, Estado de Chiapas, en un templo maya que tiene doce siglos de antigüedad, hay unos murales en la segunda cámara que representan una batalla en la selva. Los guerreros triunfantes están suntuosamente ataviados con cascos en forma de animales fantásticos y llevan máscaras.

Las excavaciones arqueológicas han revelado bellas máscaras de piedra, además de figuras de arcilla y de piedra representando bailarines, ceremonias e instrumentos musicales. Los relatos de los frailes que llegaron en los primeros años de la conquista mencionan las máscaras. Todas estas fuentes representan las festividades religiosas, militares y de cada día con música, danzas, trajes típicos y máscaras. Todos, ricos y pobres, jóvenes y viejos, participaban en los festivales, actividad vital que unía a las familias, comunidades y los dioses para atraer bienestar a la comunidad. Rara vez se separaban las tradiciones seculares de las actividades religiosas y en todas se usaba mucho el simbolismo.

. . .

La antigua cultura perdura en dos importantes y sutiles denominadores comunes del México moderno: el antiguo concepto de dualidad y el sincretismo de lo indio y lo europeo.

En el México precolombino el dualismo era la clave de la mente mexicana; se percibía constantemente en la naturaleza y se expresaba en la religión. La serpiente emplumada, símbolo de Quetzalcóatl, representaba la dualidad tierra-aire, lo que se arrastra y lo que vuela, materialismo-espiritualidad, hombre-dios.

En las fiestas mexicanas de hoy día, los enmascarados están subconscientemente expresando pautas ancestrales latentes que caracterizan el dualismo de la conciencia mexicana y que cristalizaron en la imagen y el concepto de Quetzalcóatl. El dualismo es el motivo central de muchas versiones de la danza del tigre que aún se baila por todo el país.

El sincretismo de rasgos indios y europeos se expresa vívidamente en los festivales tradicionales de las aldeas indias. Las danzas se celebran en honor de antiguas deidades disfrazadas bajo nombres cristianos e incorporan ritos cristianos, tanto religiosos como cívicos.

Las fiestas modernas también reflejan el aspecto teatral de las antiguas. Antes de la conquista se creaban escenas suntuosas y complejas como fondo para actores que disfrazados de pájaros y animales, llevaban máscaras apropiadas e imitaban los movimientos de éstos en las danzas. Entre los mayas, los comediantes recorrían las aldeas divirtiéndose y recogiendo regalos, o los sacerdotes se vestían de dioses, se ponían máscaras y andaban por las calles pidiendo regalos.

Las fiestas actuales se componen de una variedad de elementos importantes: música, danza, comida, trajes especiales y ceremonias religiosas relacionadas con la iglesia católica de la aldea. Las fiestas son un elemento de enlace sumamente importante que reúne grupos dispersos con el fin de compartir una actividad cultural tradicional, y ayuda a las comunidades indias a defender sus creencias en un mundo moderno, invasor, en el cual es cada vez más difícil lograr un sincretismo de la magia y el misterio y la ciencia. En las ciudades, las máscaras por lo común pierden su sentido mágico y dejan de representar seres sobrenaturales. Una excepción de lo anterior son las máscaras del diablo y la muerte que se usan durante el carnaval y las fiestas religiosas.

Algunos grupos indígenas—los yaquis y los mayos del Estado de Sonora, los huaves en el Istmo de Tehuantepec y los coras de los estados de Jalisco y Nayarit—han podido mantener las ceremonias bastante inalteradas por su aislamiento geográfico. Aún en la mayoría de los festivales que se celebran durante todo el año en México, las máscaras siguen siendo una parte integral de los trajes que se usan en las danzas tradicionales.

No nos debe sorprender que los festivales antiguos que coincidieron con los de los recién llegados santos cristianos, llegaran a ser las fiestas más populares entre la gente y, al parecer, movieron a la fe más profunda. A San Francisco, San Miguel y San Isidro se les asoció fácilmente con animales e inmediatamente evocaron recuerdos de nahualismo, la creencia en una criatura auxiliar asociada inmediatamente con cada individuo en el momento del nacimiento, un ser vivo, no humano. A San Juan se le asoció con Tlaloc, el dios del agua. La Virgen de Guadalupe ocupó el trono construido encima del santuario de Tonantzín, la diosa madre, y Cristo, que ofreció su sangre para salvar la humanidad, era una continuación lógica del sol que nutre para salvar a la humanidad y el mundo de la destrucción.

Otras influencias del Viejo Mundo se reconocen también en muchas de las danzas modernas. Precisamente donde los festivales indígenas coincidían con los europeos en el ciclo anual, los frailes usaron las mismas formas de celebración, reemplazando las imágenes indias con las católicas, dioses paganos con santos y ajustando deliberadamente la religión católica a las creencias y expresiones indias y viceversa, en tanto que las alteraciones fueran inocuas para la doctrina católica. Las Posadas y las Pastorales vinieron bien para introducir enseñanzas religiosas europeas en la población india.

La mayoría de los festivales son regionales, particularmente las Pastorales, las danzas del tigre, las de la fertilidad y las de moros y cristianos. El carnaval y la Semana Santa se celebran en todo México, con variaciones locales particulares.

· · ·

Las originales máscaras mexicanas deben tener un lugar importante entre las máscaras famosas de las diferentes partes del mundo y, sin duda, las máscaras contemporáneas sobresalen por su variedad y cantidad. Dondequiera que hay danzas, se halla un aldeano que hace máscaras. Muchos de los bailarines se tallan sus propias máscaras, que a menudo se pasan de padres a hijos. Pero ya sean de madera, metal, fibra o arcilla, las máscaras mexicanas son siempre un producto original y espontáneo, hijo de la ingeniosidad del artista popular mexicano.

En México, el pasado vivo en la imaginación y el presente vital son como la urdimbre del tapiz que representa la sociedad actual que se extiende por un vasto territorio en el cual las lenguas, trajes, música, danzas, comidas y costumbres crean un rico brocado de colores cambiantes que constituyen la misteriosa belleza del país. El antiguo tema de la dualidad y el sincretismo de lo indio y lo europeo son los factores que unen la sociedad mexicana hoy día.

EJERCICIOS

I. *Complete estas oraciones con las frases que faltan, de acuerdo con el ensayo «México y sus máscaras». No se conforme con escribir dos o tres palabras sino parrafitos completos.*

MODELO: Las máscaras mexicanas son más que esculturas:
son símbolos de creencias sobre dioses y hombres.

1. En México hay alrededor de cincuenta grupos indígenas diferentes que _____.

2. Cortés, al llegar a Tenochtitlán, permitió _____.
3. En las culturas precolombinas, la cruz _____.
4. En las ciudades hoy día se usan las máscaras _____.
5. El doce de diciembre se celebra la fiesta de _____.
6. En las antiguas pinturas murales _____.
7. Hay dos conceptos fundamentales que perduran en el México moderno: _____.

8. Quetzalcóatl representaba _____.
9. Los antiguos dioses y diosas indios se disfrazan hoy día bajo _____.
10. En la época prehispánica los comediantes mayas _____.
11. Un aspecto importante de las fiestas es que sirven para reunir _____.
12. Las máscaras diabólicas y de la muerte se usan _____.
13. Los santos que se han asociado con animales son _____.
14. A Cristo, la Virgen de Guadalupe y San Juan se les asoció respectivamente con _____.

15. Los festivales que se celebran en todo México son _____.
16. Generalmente las máscaras no tienen un aspecto comercial sino que _____.

17. Las máscaras se hacen de _____.
18. La sociedad mexicana es muy variada y se extiende por un vasto territorio con diferentes _____.

II. *Sustituya las palabras señaladas por sinónimos.*

1. *Las máscaras* son símbolos *del bienestar.*
2. *Brindan una clave* para *entender* la vida del pueblo.
3. Ellos *se aferran* a sus *costumbres tradicionales.*
4. No cambian en cuanto a las tradiciones de *alojarse y danzar.*
5. Pertenecen a la población *rural* y son *artesanos.*
6. Todo lo combinan con *un sinfín* de elementos europeos.
7. *Esa mezcla* tiene raíces *hondas.*
8. Cortés lo *permitió* como *concesión* a Moctezuma.
9. Establecieron un culto *conjunto,* parte *integral* de *la vida de la gente.*
10. Siempre celebran el Día de los *Difuntos.*
11. Los guerreros *triunfantes* están *suntuosamente ataviados.*

12.   Viven en *antiguas aldeas* indias.
13.   Antes se creaban escenas suntuosas y *complejas*.
14.   Las fiestas son elementos de *enlace* que reúnen grupos *dispersos*.
15.   Las ceremonias se han mantenido *inalteradas* por su *aislamiento* geográfico.
16.   El sol *nutre* para salvar a la humanidad.
17.   *Ajustan deliberadamente* la religión católica a las creencias indias.
18.   Muchas alteraciones eran *inocuas* para la doctrina cristiana.

III.   *Conteste brevemente estas preguntas.*

1.   ¿Qué significa la frase «el patrimonio indígena»?
2.   ¿Quién fue *Hernán Cortés*?
3.   ¿Quién fue *Moctezuma*?
4.   ¿Qué era *Tenochtitlán*?
5.   ¿Sabe Ud. lo que significa *sincretismo*?
6.   ¿Qué es *una peregrinación*? Dé cuatro palabras más de la misma familia léxica.
7.   ¿Qué son *las Posadas*?
8.   ¿Sabe Ud. lo que es *la fiesta de la Candelaria*?
9.   *Nuestra Señora de Guadalupe* es la patrona de México. ¿Puede Ud. nombrar el patrón o la patrona de otros cinco países hispanoamericanos?
10.   ¿Qué significa la frase «una orgía sensual»?
11.   ¿Qué es *un casco*?
12.   ¿Cuál es la diferencia entre *rebelar* y *revelar*?
13.   ¿De qué raíz proviene la palabra *vital*? Dé cinco palabras más de la misma familia léxica.
14.   Dé una frase sinónima de *rara vez*.
15.   ¿Qué significa el concepto de *dualidad*?
16.   ¿Qué quiere decir el adjetivo *precolombino*?
17.   ¿Qué es *una serpiente emplumada*?
18.   ¿Qué quiere decir la frase «están expresando pautas ancestrales latentes»?
19.   ¿Qué son *las deidades*?
20.   ¿Qué son *los seres sobrenaturales*?
21.   Mencione cuatro grupos de indios que se nombran en este ensayo.
22.   ¿Qué quiere decir *el nahualismo*?
23.   ¿Qué quiere decir la palabra latina *viceversa*?
24.   ¿Qué relación existe entre los verbos *esculpir, tallar* y *repujar*?
25.   ¿Cómo se dice *ingeniosidad* en inglés? ¿Es lo mismo *ingeniosidad* que *ingenuidad*? Explique su respuesta.
26.   ¿Qué es *la urdimbre del tapiz*?

IV.   *Composición.*
En este ensayo se menciona el sincretismo religioso que existe en México. Haga Ud. un poco de investigación sobre «El sincretismo religioso afroantillano» y explíquelo en unas 200–250 palabras.

V.   *Dictado (en el manual del profesor).*

Las preposiciones, las conjunciones y los adverbios

Lea cuidadosamente las oraciones siguientes, prestando especial atención a las palabras señaladas.

1. *Mañana* se celebrará la boda *de* mis primos.
2. El juego se ve *perfectamente desde aquí*.
3. *Tal vez* quieras ir *allí más tarde*.
4. Vamos *a* salir *por* la puerta trasera.
5. La bombilla estaba fundida *y* buscamos los papeles *a ciegas*.
6. Me llevo *bien con* Matías, *pero realmente no* somos amigos *porque* nuestras edades son *muy* diferentes.

Se dice que todas esas palabras son *invariables;* es decir, que no cambian o varían. Se ha visto lo que sucede con los nombres y sus determinantes, los adjetivos y los verbos: todos pasan por transformaciones de género, número, persona, tiempo, etc.

Las **palabras invariables** que hemos visto en los ejemplos anteriores se dividen en tres clases:

preposiciones: de, desde, a, por, con
conjunciones: y, pero, porque
adverbios: mañana, perfectamente, aquí, tal vez, allí, más, tarde, a ciegas, bien, realmente, no, muy

Con frecuencia no resulta fácil distinguir entre esos tres tipos de palabras.

Las preposiciones

Todas las preposiciones que existen en español son 17:

> *a, ante, bajo, con, contra, de, desde, en, entre, hacia, hasta, para, por, según, sin, sobre, tras*

Si uno logra aprenderse de memoria las preposiciones, entonces le será más fácil reconocer los adverbios y las conjunciones, aunque sea por eliminación.

Las preposiciones y las conjunciones se parecen en cuanto a que son elementos de enlace, es decir, que sirven para enlazar palabras, frases y oraciones. Más ejemplos del uso de las preposiciones y las conjunciones:

> Me sorprendí *ante* tanta belleza.
> Estamos *contra* la pena *de* muerte.
> Me casé *con* él, *aunque* mis padres se oponían.
> Me voy *para* Puerto Rico.
> La invité *al** cine *pues* es bonita *y* simpática.
> *Como* lo sospechaba, ellos están casados.
> La vi caminando *hacia* el parque.

¿Puede Ud. distinguir entre las preposiciones y las conjunciones que aparecen señaladas en las oraciones anteriores? Como Ud. ya conoce las preposiciones, puede deducir cuáles son las conjunciones.

Los pronombres que siguen a las preposiciones

En la lección 18 se estudiaron los pronombres personales. Observe Ud. estas oraciones.

> Quiero el pastel de guayaba *para mí*.
> Ellos vinieron *conmigo* a la reunión.
> *Entre nosotros* existe una verdadera y sólida amistad.
> ¿Habló ella *contigo* del asunto que le preocupaba?

Detrás de una preposición se escriben los pronombres siguientes:

> *mí, ti, él, ella, usted, nosotros, nosotras, ellos, ellas, ustedes*

Como puede comprobarse, con la excepción de *mí* y *ti*, los demás pronombres son los mismos que se emplean como sujetos de la oración. *Conmigo* y *contigo* son formas especiales equivalentes al inglés **with me** y **with you**. Cuando se usa el tratamiento de cortesía, entonces **with you** se traduce *con usted*.**

---

*Al es una contracción de la preposición *a* y el artículo *el*. Ver la lección 15.
**Vea también la lección 15, la parte sobre los posesivos y la lección 10, la sección sobre la tilde diacrítica.

Las conjunciones

En la lección 17 se vio que las oraciones compuestas coordinadas incluyen, por lo general, conjunciones que unen sus dos partes o cláusulas. Vea Ud. nuevamente la lista de las conjunciones más comunes que aparecen en esas oraciones: *y, ni . . . ni, o, pero, mas, sino, aunque, porque, pues, puesto que, ya que, por lo tanto, conque.*

¡Atención!

Pero, mas y *sino* se traducen **but** en inglés. *Pero* y *mas* son sinónimos: Quise ir mas (pero) no pude. *Sino* se usa cuando la primera cláusula es negativa y la segunda la contradice en una oración compuesta coordinada. Vea estos ejemplos.

> Ella no es cubana *sino* dominicana. (*sino que es dominicana*)
> No es que deteste el baile, *sino* que estoy cansado.

Cuidado no confundir *sino* con *si no.* Vea estas oraciones.

No vayas al mercado *si no* tienes tiempo.	*Don't go to the market if you don't have time.*
No vayas al mercado *sino* a la verdulería.	*Don't go to the market but to the vegetable stand.*

Otras conjunciones de uso frecuente son: *a causa de, a pesar de, con tal que, de modo (manera) que, para que, por eso, sin embargo, si* (**if**)*, *siempre que,* etc.

¡Una aclaración!

Las conjunciones *y, o* pasan por los siguientes cambios.

Mirta *y* Roberto son de San Antonio pero Rita *e* Hilario no.
Necesito aprender francés *e* inglés porque ya sé hablar alemán *y* ruso.
¡*O* te portas bien *o* te castigo!
¿Qué condimento prefieres, comino *u* orégano?
Rosendo *u* Horacio, no recuerdo cuál de los dos te llamó.

¿A qué conclusiones ha llegado Ud.? Verifíquelas con las siguientes reglas:

1. *y* cambia a *e* delante de una palabra que empieza con **i-, hi-**.
2. *o* cambia a *u* delante de una palabra que empieza con **o-, ho-**.

---

*Ver la lección 10, la parte sobre la tilde diacrítica.

¡Cuidado!

Si la segunda palabra empieza con **hie-**, la *y* se queda igual.

La escultura está hecha de bronce *y hierro*.
Los caballos comen cereales *y hierba*.

Esto se debe a que el sonido que corresponde a *hie* es /ye/; por lo tanto, no es necesario cambiar la *y* a *e* para evitar la repetición /i/ /i/ como se ha visto, por ejemplo, en *francés e inglés*.

Los adverbios

Los adverbios se usan para modificar:

1. a un verbo (Toca *mal* el piano. Se fue *enseguida*.)

2. a un adjetivo (Ella es *bien* inteligente. Me parece *bastante* guapo.)

3. a otro adverbio (Debes llegar *más* temprano. Dibujas *muy* bien.)

En muchos casos, como ya se ha visto, tanto los adverbios como las conjunciones están formados por más de una palabra.

Me caí *de espaldas*.
Siempre actúa *a tontas y a locas*.
De vez en cuando peleo con mi hermana.
Nadamos *por debajo del* agua.

Adverbios compuestos o frases adverbiales

No estudié, *por lo tanto*, no pasé el examen.
Ella sacó A, *ya que* se mató estudiando.
Se fue de vacaciones *a pesar de* su enfermedad.
Estaba hospitalizado, *por eso* no iba a clase.

Conjunciones compuestas o frases conjuntivas

Hay una clase de adverbios muy fácil de distinguir: los que terminan en **-mente** (**-ly** en inglés):

Me leí *rápidamente* la novela.
Los ancianos caminan *lentamente*.

EJERCICIOS

I. *Conteste brevemente estas preguntas.*

1. ¿Por qué se dice que los adverbios, las preposiciones y las conjunciones son *invariables*?
2. ¿Puede Ud. repetir de memoria las 17 preposiciones que se usan con más frecuencia en español?
3. ¿En qué se parecen las preposiciones y las conjunciones?
4. ¿Qué función tienen los adverbios?
5. ¿A qué se llama adverbios y conjunciones *compuestas (frases adverbiales y conjuntivas)*?
6. ¿A qué sufijo inglés corresponde el español **-mente**? Dé cinco ejemplos de adverbios terminados en **-mente**.
7. ¿En qué casos se cambian a *e, u* las conjunciones *y, o*?
8. ¿Qué conjunción se coloca delante de las palabras que empiezan con **hie-**: *y* o *e*? Dé dos ejemplos.

II. *Escriba el antónimo de cada adverbio señalado.*

MODELO: Ellos caminan *deprisa*.
     Ellos caminan **despacio**.

1. Ella todo lo hace *bien*.
2. La profesora enseña *cerca* de su casa.
3. Escribe *mejor* que sus hermanos.
4. Lo puse *arriba* de la silla.
5. Dejé el carro *fuera del* garaje.
6. *Siempre* estudio en la biblioteca.
7. Ellas trabajan *mucho* en esa factoría.
8. Hoy escribo *más* que ayer.
9. Hablaban *alegremente* de los tiempos pasados.
10. Esta novela se lee *con facilidad*.
11. Ella cree que *sí* vendrán.
12. Siempre me siento *delante de* mi amiga.
13. Vamos a correr *antes de* la cena.
14. ¿Tú *tampoco* fuiste al restaurante?
15. Coloca este muñeco *al revés*.

III. *Escriba una oración completa con cada par de adverbios.*
MODELO: hoy, mañana
     Hoy no lo voy a hacer, **mañana** *lo haré*.

1. enseguida, temprano
2. aquí, allí
3. algo, nada
4. bastante, demasiado
5. verdaderamente, con cuidado
6. por fin, a escondidas
7. de repente, a la carrera
8. a menudo, de memoria

IV. *Subraye en cada oración la preposición que pegue mejor.*

1. Nos dirigimos (*hacia, para, por*) la cabaña que se divisaba a lo lejos.
2. Vendré (*para, en, por*) ti a eso de las ocho y media.
3. Guardé mis papeles (*en, sobre, ante*) la gaveta del escritorio.
4. (*Ante, Tras, Para*) tanta belleza, casi se desmayó.
5. El policía corría (*para, sobre, tras*) el ladrón.
6. Se refugiaron de la lluvia (*bajo, desde, con*) un paraguas.
7. Estamos (*hacia, contra, para*) la pena de muerte.
8. Vinimos a pie (*desde, hacia, entre*) la tienda.
9. (*En, De, Entre*) su casa y la mía hay un patio de cemento.
10. A causa del apagón nos quedamos (*con, sin, sobre*) luz.
11. (*Para, Por, De*) ser alemán, habla muy bien el español.
12. Ella está vestida (*con, en, de*) negro porque tiene luto.
13. Vamos a correr solamente (*en, hasta, por*) aquel banco; al llegar allí, nos sentamos.
14. Le pusieron una multa (*para, por, de*) no haber cruzado la calle en la esquina.
15. Compró una casita (*para, bajo, por*) sólo veinte mil dólares.

V. *Escriba una oración compuesta con cada conjunción o frase conjuntiva.*

MODELO: por lo tanto
          *Ya cumpliste los dieciocho, **por lo tanto** eres mayor de edad.*

1. aunque	3. a causa de	5. siempre que
2. ya que	4. sin embargo	6. para que

VI. *Vuelva a escribir cada oración invirtiendo el orden de las palabras unidas por y/o y haciendo solamente los cambios necesarios.*

MODELO: Hilda *y* Carmen van a patinar todos los domingos.
          Carmen *e* Hilda van a patinar todos los domingos.

1. No sé si se llama Orlando *o* Rolando.
2. La escultura está hecha de hierro *y* acero.
3. Allí sólo había hielo *y* nieve a montones.
4. Hinojosa *y* Ortiz son sus apellidos.
5. Ella es tan inocente *y* candorosa como una palomita.
6. No sé si debo comprar oleomargarina *o* mantequilla.
7. Visitaron Holanda *o* Bélgica, no recuerdo bien.
8. Hay hierba *y* flores en profusión en ese parque.

VII. *En cada oración, señale la forma correcta de las tres que aparecen entre paréntesis.*

1. No me gustan los rubios (*pero, sino, si no*) los morenos.
2. Le gusta ir de parranda (*mas, si no, sino*) su novia no se lo permite.
3. No tengo dinero para ir al juego de pelota, (*sino, pero, si no*) préstamelo y te acompaño.

4. No iré a conocer a tus padres (*si no, sino, mas*) te gusta la idea.
5. Ni Petra ni Soledad, (*pero, sino, si no*) Leticia cuidará al niño esta noche.

Sección de ortografía ▨▨▨▨▨▨▨▨▨▨▨▨▨▨
La sinéresis: ea/ia/, ae/ai/, ee/ie/, eo/io/, oa/ua/, oe/ue/

Escuche con atención la lectura de estas dos columnas de palabras.

peleados	/**peliados**/
maestro	/**maistro**/
deseé	/**desié**/
apeó	/**apió**/
toalla	/**tualla**/
poeta	/**pueta**/

¿Qué pronunciación le parece a Ud. más frecuente, la que ha oído en la columna a la izquierda o en la columna a la derecha? Realmente muchas personas emplean la pronunciación de la columna a la derecha y podemos decir que ésta es la pronunciación «popular». Sin embargo, en la escritura existen solamente las formas de la columna a la izquierda. Cuando dos vocales que están en hiato, como en la palabra *rodeada,* se pronuncian como si formaran un diptongo, /**rodiada**/, se dice que ha habido **sinéresis.**

Es importante recordar cómo se escriben las palabras para, aun en el caso de que se pronuncien con otros sonidos vocálicos, como hemos visto en los ejemplos anteriores, se escriban con las vocales que realmente tienen.

EJERCICIOS _____

I. *Corrija los errores de sinéresis que aparecen en las palabras señaladas en estas oraciones. Coloque las tildes necesarias al efectuar los cambios.*

1. Si no tienes cuidado, te *cairás.*
2. Trazó unas *linias* en el papel.
3. En *rialidad,* yo no sé por qué vinieron.
4. El *herue* recibió tres medallas.
5. Le gusta mucho escribir *puesías.*
6. La música *contemporania* es mi favorita.
7. ¡No te *priocupes,* mi amigo!
8. Se compró una *almuada* de plumas.
9. Tanto *menió* todo que acabó por romperlo.
10. Nos *pasiamos* por toda la ciudad.
11. Tocó el piano con gran *maistría.*
12. Me *pelié* con mi novio el mes pasado.

II. *Escriba una oración completa con cada par de palabras.*

MODELO: toalla, suave
            *Esta **toalla** azul es muy **suave**.*

1. aeropuerto, aire   3. peor, miope   5. me apeé, pie
2. teatro, diablo   4. creador, criado 6. poema, puerta

Estefanía

Carmen Lyra

En la playa interminable y desierta que va desde la Barra del Tortuguero a la del Colorado, encontramos la cruz de madera tosca, pintada de negro en alguna ocasión, ya desteñida casi toda. A lo largo de los brazos, un nombre, y tal vez la primera letra del apellido dentro de poco completamente ilegible, Estefanía R. Quizá Rojas, quizá Ramírez o Ramos.

Muchas millas se habían recorrido sin encontrar nada que rompiera la monotonía del paisaje; mar y cielo a la derecha; la arena de la playa al frente y a la izquierda la vegetación de icacos, almendros y cocoteros. Caía la tarde dentro de aquella soledad inmensa. De pronto, la cruz negruzca enclavada en la arena, los brazos tendidos frente a la inmensidad azul. El mar la había llevado hasta allí.

Estefanía R . . .

¿Cómo habría sido la mujer que llevó este nombre?

Y una fila de siluetas femeninas como las que uno encuentra por esas playas o en las fincas de banano comenzó a desfilar por la imaginación, figuras pálidas, marchitas, tostadas por el sol, las fiebres y la sensualidad del hombre, amorales e inocentes como los animales. Hay una que se destaca sobre el friso doliente, ¿se llamaría Estefanía? El nombre se ha borrado de la memoria. Un triángulo oscuro el rostro entre el alboroto del cabello negro; la esclerótica y los dientes muy blancos, los pies desnudos, fuertes y sarmentosos, los brazos muy largos.

¿Cómo llegó a las fincas de bananos de las vegas del Reventazón y del Parismina? La vida la trajo rodando desde el Guanacaste. Creo que en Santa Cruz, el juez que más tarde llegó a ser un honorable magistrado de la Corte de Justicia, le hizo un chiquillo cuando ella apenas entraba en la adolescencia. Por supuesto que después el estimable caballero ni se acordaba de la insignificante aventura. Ella dejó al hijo en la primera casa propicia y comenzó a rodar. Luego otro, ella ni recordaba bien el nombre, la dejó embarazada y siguió rodando, rodando. Nació una niña. Era como esos pedazos de palo que van en la corriente de los ríos. La vida la depositó con todo y chiquilla en una finca de bananos de la región del Atlántico. Y así siguió de finca en finca, hoy con uno, mañana con otro, si hasta con un chino dueño de un comisariato tuvo que ver la pobre, y la chiquilla siempre pegada de ella como un hongo de una rama desgajada.

En una ocasión se metió a vivir con un hondureño y se fue con él a una finca en donde sólo admitían hombres solos. La muchacha era la única mujer que allí había. Una noche se convinieron los peones y asaltaron la casa del hondureño para quitarle la mujer. Lo apuñalearon e hicieron lo que gana les dio con ella. No se sabe cómo no salieron de la chiquita que entonces tendría unos tres años. En la finca en donde la conocí de cocinera era fiel al hijo del dueño como un perro. El mozo era bello y amable y por él se habría dejado ella matar. Venía el muchacho cada mes a la hacienda a inspeccionar el estado de los cultivos y a la muchacha estas visitas la hacían tan dichosa como a una santa las de un ángel que bajara de los cielos. Por él aguantaba que el administrador de la finca en sus borracheras la pateara lo mismo que a su hija y a su perrillo; y por él, no permitía que se perdiera un cinco en el comisariato, ni que se extraviara un huevo, no se llevaran un palo de leña. Entretanto en la ciudad, las ganancias de la finca servían para que el padre y el hijo fueran socios del Club Unión, para que la señora que tenía juanetes y callos no se bajara de su automóvil y para que la hija se vistiera muy chic y fuera cada año a Europa y a los Estados Unidos y trajera unos vestidos y una ropa interior que dejaban envidia en el corazón de sus mejores amigas.

Varios años sirvió allí, pero cuando se puso muy mal del paludismo, nadie hizo nada por ella. Tuvo que coger a su hija y venirse para el Hospital San Juan de Dios. Quién sabe cómo haría con la muchachita . . . porque no creo que en caritativo establecimiento la admitieran con todo y criatura. Y el buen mozo hijo del dueño de la finca ni siquiera se acordó en la ciudad de la pobre sirvienta enferma. En cuanto a la señora de los juanetes y su distinguida hija ignoraban hasta la existencia de aquella mujer que se desvelaba porque en la finca no se les perdiera ni un huevo, ni un cinco, desvelos que contribuían humildemente a pagar el automóvil, los viajes al extranjero y la fina ropa interior de la señorita.

La vi la última vez a su regreso del hospital, en uno de los trenes de los ramales que salen de Siquirres, en un carro lleno de negros que reían a carcajadas, de negras vestidas de colorines que chillaban como loras nicaragüenses de voz suave. Siempre la niña pegada de ella, marchita ya como una persona vieja, y tan seria, que uno se preguntaba si la risa nunca habría jugado sobre sus labios. Daba congoja ver esta chiquilla cuyos ojos eran duros como guijarros y con una boca seca que hacía pensar en la tierra en donde nunca ha llovido. La madre venía vestida de celeste y la hija de amarillo, unas telas brillantes. ¿Por qué se habrían puesto estos trajes vistosos? Entre ellos la tristeza de su vida adquiría doliente ridiculez.

¿Quién hubiera dicho que esa mujer apenas si habría cumplido los veinticinco años? Estaba tan flaca que parecía se estaba chupando los carrillos; en la piel de un negro verdoso, la esclerótica brillaba con un amarillento siniestro y en los pómulos, en las clavículas y en los codos, ya los huesos rompían el pellejo. Al hablar hacía una mueca que dejaba al descubierto las encías descoloridas de las cuales la debilidad había ido arrancando aquellos sus dientes tan blancos y tan bonitos con la misma indiferencia con que una mano deshoja una margarita.

Al llegar al término descendió penosamente apoyada en su hija y se confundió entre el grupo de gente que esperaba la llegada del tren. De allí se fue a buscar acomodo con otros pasajeros en uno de los carros-plataforma tirados por mulas que corren sobre la red de líneas que surcan las fincas, y sirven para el transporte de la fruta. ¿A qué lugar se dirigía? Se sentó con su hijita entre un montón de sacos y cajones. Se veía que tenía dificultad para respirar. No es extraño que estuviera tuberculosa.

El mulero hizo restallar el látigo y la mula comenzó a trotar arrastrando tras sí el vehículo sobre los rieles. En el fondo del callejón por donde corría el tranvía temblaba la mancha viva formada por los trajes de la madre y de la hija, que se internaban de nuevo entre los bananales.

¿De qué humilde cementerio de estos caseríos de la Línea, la venida de un río o las olas del mar arrancaron la humilde cruz?

Estefanía R . . .

Una de las tantas mujeres que han pasado por las fincas de banano.

Tras de nosotros quedó la cruz sembrada en la arena, los brazos abiertos hacia la inmensidad del mar sobre el cual comenzaba a caer el crepúsculo.

EJERCICIOS

I. *Complete estas oraciones con las frases que faltan, de acuerdo con el cuento «Estefanía». No se conforme con escribir dos o tres palabras sino parrafitos completos.*

MODELO: Hay una cruz de madera tosca en
una playa interminable y desierta.

1. A la derecha se ve la arena de la playa y del otro lado _____.
2. Estefanía R. era el nombre que _____.
3. Las mujeres que trabajaban en las fincas de banano eran _____.
4. Había una (¿Estefanía?) que tenía la piel oscura, _____.
5. Cuando ella estuvo en Santa Cruz, _____.
6. Tuvo una niña que siempre andaba junto a ella como si fuera _____.
7. Una noche, en una finca donde vivía con un hondureño, _____.
8. Estefanía fue a parar, de cocinera, a una finca donde el hijo del dueño _____.
9. El administrador de la finca la maltrataba: _____.
10. La familia del dueño estaba compuesta de _____.
11. Cuando Estefanía se enfermó de paludismo, _____.
12. Los dueños de la finca no hicieron nada por ella a pesar de que sus desvelos contribuían a _____.
13. Después de salir del hospital, Estefanía y la niña viajaban en un tren junto con _____.
14. La niña siempre estaba muy seria: sus ojos _____.
15. En aquella época Estefanía sólo tenía veinticinco años y parecía mayor porque _____.
16. La pobre mujer llegó con su hija al fin del viaje y se subió _____.
17. Ella iba allí para _____.
18. Se sabe que murió poco después porque _____.

II. *Conteste brevemente estas preguntas.*

A. 1. ¿A qué se llama «los brazos» de una cruz?
2. ¿Qué quiere decir *ilegible*?
3. ¿Qué significa la frase «la monotonía del paisaje»? Escriba cinco palabras más que empiecen con el prefijo **mono-** (uno).
4. ¿Qué relación hay entre las palabras *negruzca* y *negra*? Escriba derivados del mismo tipo para estos colores: *verde, blanco, rojo, azul, amarillo.*
5. ¿A qué se atribuye el adjetivo *marchitas* generalmente?
6. ¿Cuál es la diferencia entre *amoral* e *inmoral*?
7. ¿Qué es *un friso*? ¿Qué es *una frisa* en Puerto Rico? Dé sinónimos de esta última palabra.
8. ¿Qué significa «los pies sarmentosos»?
9. ¿Sabe Ud. lo que son *vegas*?
10. ¿Qué quiere decir la frase «dejó al hijo en la primera casa *propicia*»?
11. ¿Es lo mismo **embarrassed** que *embarazada*? Explique su respuesta.
12. ¿Por qué la frase «si hasta con un chino . . . tuvo que ver la pobre» se puede interpretar como discriminatoria contra los asiáticos?
13. *Apuñalear es dar de puñaladas.* Escriba el infinitivo apropiado para: *dar de*

bofetadas, dar de palos, dar de pisotones, dar de mordiscos, dar de balazos.
(**¡Atención!** Cuidado con la sinéresis: se escribe *apuñalear*, **no** *apuñaliar*.*)

14. ¿Qué quiere decir «por él no permitía que se perdiera un cinco»?

15. ¿Dónde se tienen *los juanetes* y *los callos* y qué son?

B. 1. ¿Qué significa «se vestía muy **chic**»?

2. ¿Qué es *el paludismo*?

3. ¿Qué significa *desvelarse*?

4. ¿Qué quiere decir vestirse «de colorines»?

5. ¿Cuál es el color que corresponde a *celeste*?

6. ¿Sabe Ud. lo que son *las encías, la esclerótica, los pómulos, las clavículas* y *los codos*?

7. ¿Qué quiere decir *deshojar*?

8. ¿Qué es *la tuberculosis*?

9. ¿Qué es *callejón* con respecto a *calle*?

10. ¿Qué es *un caserío*?

III. *Sustituya las palabras señaladas por otras sinónimas.*

1. La cruz estaba hecha de madera *tosca*.

2. Había estado pintada de negro pero ahora se veía *desteñida*.

3. *Caía la tarde* dentro de aquella soledad *inmensa*.

4. Ante sus ojos pasó una fila de *siluetas femeninas*.

5. Trabajaban en *las fincas de banano*.

6. Tenía *el rostro bello*, *el cabello* negro, los pies *desnudos*.

7. Aquel juez llegó a ser un *honorable* magistrado.

8. Estaba pegada de ella como *un hongo* de una rama *desgajada*.

9. Allí sólo *admitían* hombres solos.

10. Una noche los peones *se convinieron*.

11. Era *fiel* al hijo del dueño como un perro.

12. *El mozo* era *bello*.

13. Venía a inspeccionar el estado de *los cultivos*.

14. Estas visitas la *hacían dichosa*.

15. La *pobre sirvienta* estaba enferma.

16. Daba *congoja* ver a aquella *chiquilla*.

17. Sus ojos eran duros como *guijarros*.

18. Parecía que se estaba chupando *los carrillos*.

19. Ya los huesos rompían *el pellejo*.

20. *Descendió penosamente apoyada* en su hija.

21. El mulero hizo *restallar* el látigo.

22. La mula arrastraba *el vehículo* sobre *los rieles*.

---

*Ver la sección de ortografía de la lección 22.

IV. *Composiciones.*

a. Escriba una composición de unas 150 palabras comparando a Teresa («A ese lugar de donde me llaman») con Estefanía.

b. Escriba una composición de unas 200 a 250 palabras destacando el contenido de protesta social del cuento «Estefanía».

c. Escriba un resumen del cuento «Estefanía» empleando unas 225 a 250 palabras.

V. *Dictado (en el manual del profesor).*

Los verbos
irregulares II

Las irregularidades verbales en el pasado

Lea cuidadosamente estas oraciones:

Anduvieron por el campo toda la tarde. *(andar)*
Le *propuse* un buen negocio. *(proponer)*
Me *pidió* que le *hiciera* un bizcocho de cumpleaños. *(pedir, hacer)*
Quisieron que les *trajéramos* un recuerdo del viaje. *(querer, traer)*

Las formas verbales señaladas son *pretéritos de indicativo* e *imperfectos de subjuntivo* que presentan irregularidades en su construcción. Como se vio en la lección 16, ambos tiempos están relacionados: *el imperfecto de subjuntivo* se construye con la raíz de la forma verbal que corresponde a *ellos* en *el pretérito de indicativo*. Por lo tanto, las irregularidades de un tiempo aparecen también en el otro.

1. Verbos que añaden **-uv-** en el pretérito de indicativo.
    Lea estas oraciones.

    Anoche *tuve* una pesadilla. *(tener)*
    Nos *entretuvimos* mirando las vidrieras. *(entretener)*
    No creía que *estuvieras* enojada. *(estar)*

    Entre los verbos que presentan esta irregularidad, tenemos: *abstener, andar, contener, detener, entretener, estar, mantener, obtener, retener, sostener, tener,* etc.
    Ejemplo: *tener*
      Pretérito de indicativo: *tuve, tuviste, tuvo, tuvimos, tuvieron*

Imperfecto de subjuntivo: *tuviera, tuvieras, tuviera, tuviéramos, tuvieran*

2. Verbos que cambian la vocal de la raíz en el pretérito de indicativo:
   e > i   o > u
   Observe estas oraciones.

El agua *hirvió* durante cinco minutos. *(hervir)*
Los zapatos no me *sirvieron*. *(servir)*
Se le *murió* el canario. *(morir)*

Los verbos de la tercera conjugación (infinitivo terminado en *-ir*) que sufren cambios vocálicos en la raíz en el tiempo presente* también los sufren en el pretérito pero solamente en las personas *él (ella, usted)* y *ellos (ellas, ustedes)*.
Ejemplos: *hervir, dormir, y pedir*

Pretérito de indicativo: *herví, herviste, hirvió, hervimos, hirvieron*
dormí, dormiste, durmió, dormimos, durmieron
pedí, pediste, pidió, pedimos, pidieron

Imperfecto de subjuntivo: *hirviera, hirvieras, hirviera, hirviéramos, hirvieran*
durmiera, durmieras, durmiera, durmiéramos, durmieran
pidiera, pidieras, pidiera, pidiéramos, pidieran

3. Los verbos *ir* y *ser*.
   Lea estas oraciones.

Él *fue* un bebé precioso. *(ser)*
Ellas *fueron* al parque zoológico. *(ir)*
Me pidió que *fuera* a visitar a sus padres. *(ir)*
Le gustaría que *fuéramos* los mejores estudiantes. *(ser)*

Ambos verbos tienen las mismas formas en *el pretérito de indicativo* y *el imperfecto de subjuntivo* respectivamente:
fui, fuiste, fue, fuimos, fueron
fuera, fueras, fuera, fuéramos, fueran

4. Otros pretéritos que contienen las vocales *i, u* en la raíz.
   Observe estos ejemplos.

No *quisieron* comprar la casa. *(querer)*
¿*Pusiste* las revistas donde te señalé? *(poner)*

---

*Para una lista de los verbos de este tipo que se usan con más frecuencia, consulte la lección 21.

Entre los verbos que sufren esos cambios se encuentran: *anteponer, caber, deponer, deshacer, hacer, imponer, poder, poner, posponer, prevenir, proponer, querer, rehacer, saber, satisfacer, venir,* etc.

EJEMPLOS: *venir, poner*

Pretérito de indicativo: *vine, viniste, vino, vinimos, vinieron*
puse, pusiste, puso, pusimos, pusieron

Imperfecto de subjuntivo: *viniera, vinieras, viniera, viniéramos, vinieran*
pusiera, pusieras, pusiera, pusiéramos, pusieran

5. Pretéritos que contienen la consonante *j.*
Lea estas oraciones.

¿Te *dijo* que se va a casar? *(decir)*
La secretaria *tradujo* el documento. *(traducir)*
Nos pidieron que *trajéramos* un plato típico dominicano. *(traer)*

Entre los verbos que sufren estos cambios en *el pretérito* están: *bendecir, contradecir, contraer, decir, distraer, maldecir, retraer, sustraer, traer,* etc. y todos los que tienen infinitivo terminado en **-ducir:** *conducir, deducir, inducir, producir, reducir, seducir, traducir,* etc.

Ejemplos: *decir, reducir, traer*

Pretérito de indicativo: *dije, dijiste, dijo, dijimos, dijeron**
reduje, redujiste, redujo, redujimos, redujeron
traje, trajiste, trajo, trajimos, trajeron

Imperfecto de subjuntivo: *dijera, dijeras, dijera, dijéramos, dijeran*
redujera, redujeras, redujera, redujéramos, redujeran
trajera, trajeras, trajera, trajéramos, trajeran

Los verbos haber y hacer usados de modo impersonal

Lea Ud. cuidadosamente estas oraciones.

Hay muchos estudiantes hispanos en mi universidad.
La semana pasada *hubo* un ciclón en el Mar de las Antillas; dicen que *hubo* vientos de más de cien millas por hora.
Hace años que no veo a tus padres; ¿cómo se encuentran de salud?
Ayer *hizo* tres meses que nos comprometimos mi novia y yo.

Los verbos *haber* y *hacer* se usan de modo impersonal (sin sujeto) en la forma verbal de la tercera persona singular de cualquier tiempo del indicativo o del subjuntivo.
En el habla popular se emplea frecuentemente el plural en esos casos:

---

*Observe que el verbo *decir* cambia la vocal *e* a *i* además de añadir una *j* en *el pretérito de indicativo.* También lo hacen *bendecir, contradecir* y *maldecir.*

Hubieron heridos a causa del ciclón.
Ayer *hicieron* dos años de la muerte de mi madre.

Es importante que Ud. recuerde escribir siempre esas formas en el singular aunque las use en el plural cuando habla o conozca a muchas personas que las usan así.

EJERCICIOS

I. *Conteste brevemente estas preguntas.*

1. ¿A qué otro tiempo verbal afectan las irregularidades del pretérito de indicativo?
2. ¿Qué añade el verbo *tener* a la raíz del pretérito?
3. ¿Qué les sucede a los verbos *hervir, dormir* y *pedir* en el pretérito?
4. ¿Qué vocal aparece en la raíz del imperfecto de subjuntivo de los verbos *hervir, dormir* y *pedir*?
5. ¿Cuál es el pretérito de *ir* y *ser*?
6. ¿Cuál es el imperfecto de subjuntivo de *ir* y *ser*?
7. ¿Cómo se forma el pretérito de los verbos *venir* y *poner*?
8. ¿Cómo se forma el pretérito de los verbos terminados en **-ducir**?
9. ¿Qué características presentan los verbos *hacer* y *haber* cuando se usan de modo impersonal?
10. ¿Cómo se debe escribir una frase que en la lengua popular sería: *Hubieron* muchos accidentes durante los días feriados?

II. *Escriba el pretérito de indicativo y el imperfecto de subjuntivo de cada infinitivo en la persona gramatical indicada.*

1. seguir, tú
2. vestir, yo
3. producir, ellos
4. morir, el lorito
5. obtener, nosotros
6. pedir, Ud.
7. ir, tú
8. poner, Uds.

III. *Escriba una oración compuesta con cada par de las formas verbales del ejercicio II.*

MODELO: yo pospuse, pospusiera
Yo *pospuse* la reunión hasta el jueves pero el jefe quería que la *pospusiera* hasta dentro de un mes.

IV. *Escoja la forma «oficial» de cada pretérito de indicativo e imperfecto de subjuntivo.*

MODELO: Mis tíos nos (pidieron, pedieron, pideron) la dirección del juez.

1. Ellos me (trajieron, trayeron, trajeron) un regalo del viaje.
2. El policía lo (detenió, ditenió, detuvo) a la salida del banco.
3. No le (sirvió, servió, sirvó) el vestido.
4. Esperamos a que (herviera, hervera, hirviera) la leche.
5. Ya se (dormieron, durmeron, durmieron) los nenes.
6. Los payasos (entretenieron, entretuvieron, entreteniron) al público.
7. Ayer (andamos, anduvimos, andujimos) por toda la playa.
8. El jarrón no (cupo, cabió, cabó) en la caja.
9. Tú no (queriste, quisistes, quisiste) acompañarla.
10. La niña no (hizo, hico, hació) lo que le mandaron.
11. Yo no lo (sabí, supí, supe) hasta el anochecer.
12. Le (reducieron, redujeron, redujieron) el interés en el carro.
13. Me insistió en que le (dejera, diciera, dijera) la verdad.
14. Los directores (imponieron, imponeron, impusieron) las reglas.
15. (Prevenimos, Previnimos, Previsimos) lo que iba a suceder.

V. *Traduzca al español las formas del verbo* **haber** *que aparecen en inglés.*

MODELO: *(There is)* un estudiante uruguayo en mi clase de español.
                Hay

1. **(There were)** cohetes en la celebración del domingo pasado.
2. Cuando yo era niña, en mi pueblo **(there used to be)** bodas casi todas las semanas.
3. **(There are)** varias tiendas nuevas en la Calle Central.
4. **(There will be)** un examen el martes próximo.
5. **(There will be)** diez preguntas para responder en español.
6. **(There have been)** tres personas interesadas en postularse para alcalde del pueblo.
7. **(There would have been)** más si el puesto no exigiera tanto.
8. Espero que **(there have been)** muchos platillos sabrosos en el bautizo.

Sección de ortografía
La confusión oral entre l y r en posición final de sílaba y palabra; sus implicaciones ortográficas

Las letras *l* y *r* se llaman **consonantes líquidas** y su punto de articulación en los órganos de fonación es muy cercano: la lengua y el paladar (popularmente conocido como *el cielo de la boca*). Esto da lugar a una confusión en el habla de diversos países y regiones del mundo hispano. Así, se oye decir (come*l*) en vez de *comer*, (*a*rgo) en vez de *algo*, etc. Esto causa problemas ortográficos ya que se tiende a escribir lo que se dice. Esta confusión ocurre generalmente cuando los sonidos /l/ y /r/ están en posición final de sílaba o de palabra.

Ya se sabe que cada región lingüística tiene su pronunciación característica y que ésta nunca se debe considerar incorrecta. Como se ha dicho con anterioridad, sí existe la escritura incorrecta; de aquí la importancia de practicar las palabras que contienen las letras *l* y *r* en la posición antes mencionada para evitar los errores de ortografía.*

EJERCICIOS

I. *Traduzca estos infinitivos al español, recordando que siempre terminan en -r.*

1. to go	4. to finish	7. to coordinate	10. to hide
2. to mark	5. to calculate	8. to lose	11. to bite
3. to forgive	6. to live	9. to jump	12. to break

II. *Escuche atentamente la lectura de estas oraciones con pronunciación «oficial» y corrija los errores ortográficos que aparecen en las mismas con respecto a las letras **l** y **r**.*

1. Compré tres libras de calne de cerdo.
2. Esa mujel pasó varios meses encerrada en una celda.
3. Ese corte así, con el pelo colto, te va de lo mejor.
4. Arguien me dijo que le iban a ordenar que saliera del país.
5. El pan de trigo integral debe integral una buena dieta.
6. Pielna y pernil tienen la misma raíz.
7. El cielo se ve muy azur hacia el sur.
8. Me pidió peldón por haber derramado la miel.

III. *Escriba una oración completa con cada palabra de esta lista. Emplee el diccionario si lo necesita.*

MODELO: formal
*El novio de Juanita es un muchacho muy **formal**.*

1. formar	5. comerciar	9. almuerzo	13. servir
2. alfiler	6. comercial	10. armario	14. servil
3. alquiler	7. actuar	11. personar	15. farsante
4. arquitecto	8. actual	12. personal	

IV. *Dictado (en el manual del profesor).*

*Vea el cuento «Garabatos» en las páginas 147–155.

El primer pitillo

Miguel Delibes

Al fin concluyeron los quince días. Fue, como todo, cuestión de empezar. El primer día le pareció que le faltaba aire que respirar; se ahogaba, desazonado, en la irremediable abstención. Había prometido no fumar un solo pitillo en dos semanas y la perspectiva de los días que faltaban agudizaba y hacía menos soportable la privación presente. «No podré resistir; no me será posible», se decía, pero su formación moral le impedía quebrantar la promesa. Fuera como fuese, había que resistir, que privarse de humo durante dos semanas, aguantar, aguantar y aguantar . . .

Los días fijados transcurrieron, al fin. Al despertar, el dieciseisavo, lo primero que se representó la mente de Gerardo fue una tenue voluta de humo blanco retorciéndose, contorsionándose, ascendiendo paulatinamente hacia el techo, borrándose al cabo. «Dios mío, esto se acabó, ya puedo fumar», se dijo sigilosamente, atenazado por un temor inconcreto de que alguien pudiera aún ordenarle la prolongación de la promesa:

—¡Hola, hijita! ¿Cómo has descansado?

Sonreía al besar a su esposa. (Evocaba ya el leve bulto del pitillo separando los labios, ofreciéndole generosamente su extremo para que aspirase hasta saciarse.)

—¡Buenos días, chico! ¿Por qué hoy de tan buen humor?

Él continuaba sonriendo beatíficamente, regodeándose en una espera voluntariamente impuesta ahora.

—Es igual; no lo entenderías. Es hoy el día más feliz de mi vida y eso basta.

Se estiró en el lecho un momento, luego se incorporó, hizo unas leves flexiones de piernas y se duchó, después, frotándose ásperamente el pecho con agua fría.

Ya vestido se encerró en su despacho. Diríase que todo, por dentro y por fuera, había cambiado su fisonomía a la aguda observación de Gerardo. Los ruidos mañaneros ascendían de la calle optimistas y claros. Se asomó un instante a la ventana y vio discurrir bajo sí una interminable hilera de carros que llegaban del campo cargados de leña. (Una leña poblada de aristas, desmenuzada a golpes de hacha, sacrificada en los lejanos pinares). Entornó los ojos y aspiró fuerte, pareciéndole que con esta profunda, enérgica inspiración, se colmaba todo él de las aromáticas emanaciones de aquellos pinos muertos y despedazados. En el fondo de todo ello había un deleite sensual, una morosidad consciente y prevista para hacer más deseable la reanudación del vicio.

Cerró el balcón y se sentó lentamente en el sillón, frente a su mesa. Ante él humeaba el desayuno y aquellas espirales columpiándose en la atmósfera, reavivaron su deseo voluptuoso de verse repleto, saciado de un humo más denso y macizo que aquél, impregnando, paulatinamente, todo su cuerpo.

Desayunó con calma. Sin él advertirlo sus labios se entreabrían en una sonrisa de complacencia, como si alguien le cosquillease tenuemente en las comisuras. Notó la templanza del café en el estómago, estimulándole, y entonces constató muy íntimamente que había llegado el momento. De una tabaquera de cuero repujado, junto a él, extrajo un librillo de color teja y, tonta, incomprensiblemente, al notar el liviano rectángulo entre los dedos el corazón comenzó a brincarle aceleradamente.

—Si seré tonto—se dijo en alta voz. Pero a pesar de esta convicción, no muy firme, sus labios continuaban entornados, revelando un ancho y hondo deleite.

Observó el librillo con ojos escrutadores. Levantó la primera tapa y leyó con fruición: «Verificar el contenido por la abertura de encima». Sonrió y luego, efectivamente, verificó el contenido. Era hoy uno de esos días que se hallaba predispuesto a dar satisfacción a todo el mundo. Tornó a verificarlo, lanzando sobre «la abertura de encima» una mirada ávida.

Existía un recreo meticuloso en todas estas operaciones preliminares a la posesión. En cada una se escondía un aliciente sabroso y estimulante. «Aún quedan hojas para dar y tomar», pensó, y luego, con dedos temblorosos, prendió el translúcido extremo de la hoja que asomaba y tiró de ella «con movimiento de ida y vuelta», como se aconsejaba en letras bien visibles en la parte inferior del estuche.

Gerardo hubo de dar, de pronto, un sorbetón inusitado para evitar que una baba tibia y resbaladiza se le deslizase barbilla abajo. Entre las yemas de sus dedos índice y pulgar sostenía ahora la hojita blanca, sutil e ingrávida como una pluma de pechuga de ave. La volvió hacia la luz para comprobar la situación del filete engomado; después tomó con la otra mano el extremo opuesto y, oprimiendo levemente con los pulgares en ambas esquinas y cerrando, casi simultáneamente, la pinza que formaban índice y pulgar de cada mano, obtuvo el pliegue de seguridad que apetecía.

—No, no, en estos tiempos no puede desperdiciarse una molécula de tabaco— se dijo en un cuchicheo mientras destapaba de nuevo el cofre de cuero repujado que tenía junto a sí. Tomó un puñadito de tabaco y lo volcó de una vez en el papel plegado. El corazón volvía a brincarle como la primera vez que besó a su mujer, con la misma intranquila, impaciente, palpitación. Ahora rebuscaba en el montoncito como si espigase en un rastrojo. Lo purificaba de elementos nocivos con crispante minuciosidad, solazándose en la proximidad de la satisfacción íntegra de su deseo. Oía a su mujer entrar y salir de la cocina, entenderse con los niños que ya se habían despertado.

—Oh, Dios, Dios, que no entren ahora; que no se les ocurra entrar ahora— balbuceó.

Deseaba saborear las delicias de aquel primer pitillo en una soledad no interrumpida; creía firmemente que una irrupción en aquellos solemnes instantes podría acarrearle más graves consecuencias que un corte de digestión. Continuaba expurgando el insignificante y oscuro montoncito. Eliminaba de él minúsculas trizas de rígida dureza, los nervios de la hoja insensatamente mezclados con las briznas de tabaco puro y el autorizado porcentaje de follaje de patata. Aún restó un pellizco del montón, que reintegró cuidadosamente al cofre de cuero repujado. Seguidamente igualó con parsimonia el tabaco en el ángulo diedro del papel, y a continuación introdujo el extremo inferior de la hojita bajo el lado opuesto e hizo resbalar el pequeño cilindro sobre las falanges de sus dedos anulares. Aquello iba apretándose, haciéndose duro y compacto, adquiriendo un maravilloso equilibrio de proporciones.

—No se me ha olvidado, no. ¡Vive Dios, que está saliéndome como nunca (pasó con precaución la punta de la lengua sobre el borde engomado y añadió con voz sofocada, en un cálido susurro, al tiempo que contemplaba extasiado la obra concluida), como nunca, vive Dios, como en mi vida! . . .

Sostenía el insignificante cilindro en la palma de la mano y su tono blanco resaltaba sobre la epidermis oscura del hombre. Lo contemplaba con sonrisa de vencedor, como un enconado criminal a la presunta víctima en los segundos anteriores a la consumación del crimen. Momentos después se incorporó de súbito y fue a sentarse en el sillón de enfrente, de blandos y profusos muelles.

—Así—dijo, y repitió—: Así, cómodamente, que no merme mi placer el menor asomo de molestia física.

Raspó un fósforo. (Sentía ya el breve volumen del pitillo entre los labios, el picorcillo de una mota de tabaco, exhalando su exigua carga de nicotina sobre la lengua.) Al aproximar la mano con el fósforo encendido, notó que todo él temblaba, que aquella dicha que casi percibía ya sobre sí era inmerecida para él, miserable pecador; para él y para todos los humanos. La punta de la llama mordisqueaba el extremo del papel que se retorcía transformándose inmediatemente en una pavesa despreciable y gris, como una pizca de caspa. El fuego lamía los primeros corpúsculos de tabaco y el aire se saturaba de un aroma intenso y penetrante. Se le detenía la respiración a Gerardo, se le paralizaban los músculos bucales impidiéndole la succión. Sujetaba el pitillo con los labios con una avidez descompuesta, como un niño hambriento se aferra a la tetilla del biberón. De repente se sintió a sí mismo fuerte y poderoso, disponiendo de una cabal autonomía. Fue entonces cuando inspiró con todas sus energías, con todo su poder físico, notándose morir, desaparecer, bajo la influencia de aquellos efluvios punzantes que se le adherían a las paredes esponjosas de los pulmones, impregnándolas, colmándolas, filtrándose por todos los resquicios, invadiendo su estructura porosa hasta los más recónditos pliegues.

Arrojó el fósforo al suelo mecánicamente y recostó la cabeza sobre el respaldo del sillón. Retuvo la bocanada con fruición viciosa y sensual. (Deseaba notar aquella extraña y deliciosa quemazón en todos los extremos de su cuerpo, desde la punta de los cabellos hasta la planta de los pies; ansiaba rendirse a la invasión plena de aquel humo azulado, denso y picante que le arrebataba por completo de su monotonía cotidiana).

Se estremeció al oír abrir una puerta allá lejos, en el extremo más distante del pasillo.

—¡Oh, Dios, Dios, que no entren ahora!—susurró.

Y sus palabras parecían dilatarse en el aire al compás de la humareda que las circundaba. Eran sus palabras, y no el humo, las que tomaban forma en el espacio y se diluían luego, ascendiendo lenta, muy lentamente, hacia el techo . . .

EJERCICIOS

I. *Complete estas oraciones con las frases que faltan, de acuerdo con el cuento «El primer pitillo». No se conforme con escribir dos o tres palabras sino parrafitos completos.*

MODELO: Gerardo, el protagonista del cuento, había pasado
            quince días sin fumar y ahora iba a empezar de nuevo.

1. Al principio creyó que no resistiría, pero _____.
2. El día dieciseisavo se despertó y le dijo a su esposa que _____.
3. Después de bañarse fue _____.
4. Antes de sentarse en su sillón, Gerardo _____.
5. Después de sentarse frente a su mesa _____.
6. Terminado el desayuno, sacó _____.
7. Estaba preparándose para _____.
8. Al oír las voces de su mujer y de sus hijos se asustó pensando que _____.
9. Gerardo preparó su cigarrillo de la siguiente manera: _____.
10. Después de prepararlo fue a _____.
11. Al absorber la primera bocanada de humo Gerardo sintió _____.
12. Quería estar solo para _____.

II. *Conteste brevemente estas preguntas.*

1. ¿Qué clase de numeral es *dieciseisavo* y de qué otra forma se expresa normalmente?
2. ¿Por qué Gerardo llama *hijita* a su esposa?
3. En España se dice *carro* cuando se trata de un vehículo tirado por un animal. ¿Qué palabra se emplea en España para **car**? ¿Puede Ud. dar dos sinónimos más?
4. En este cuento se mencionan *los pinares*, conjuntos de *pinos*. ¿Recuerda Ud. los nombres, en español, de diez árboles?
5. El verbo *columpiarse* es derivado del nombre *columpio* (**swing**). ¿Puede Ud. mencionar en español cinco aparatos de diversión infantil que se encuentren en un patio o en un parque? (**slide, merry-go-round,** etc.)
6. ¿Qué son «las comisuras de los labios»?
7. ¿Puede Ud. dibujar *una espiral*?
8. En España todavía es común que las personas se fabriquen sus propios cigarrillos. ¿Cuál es una probable causa de eso?
9. ¿Qué significa la frase «aún quedan hojas *para dar y tomar*»?
10. ¿Sabe Ud. los nombres de los dedos de la mano? (¡en español, por supuesto!)
11. ¿Qué es *la baba*? Dé dos derivados de ese nombre.
12. ¿De qué palabra se deriva *pechuga*? Dé cinco derivados más.
13. Cuando el autor menciona *el filete* engomado del papel, ¿cree Ud. que eso tiene algo que ver con *un filete de carne o de pescado*?
14. ¿Qué tienen en común estas palabras que aparecen en el cuento: *moléculas, briznas, motas, trizas, corpúsculos*?
15. ¿Qué es *una patata* y con qué otro nombre se le conoce? ¿Sabe Ud. cuál es el origen de esa palabra?
16. ¿En qué curso se estudian *los ángulos diedros*?
17. ¿Qué son *las falanges de los dedos*?
18. ¿De qué verbo se deriva *mordisquear*?
19. ¿Qué es *la caspa*?
20. El autor escribe que «el fuego *lamía* . . .». ¿Qué significa realmente *lamer*?

III. *Escriba un sinónimo para cada palabra de esta lista.*

A.
1. concluir
2. un pitillo
3. quebrantar
4. transcurrir
5. paulatinamente

6. sigilosamente
7. la leña
8. las emanaciones
9. la reanudación
10. verificar

11. preliminar
12. el aliciente
13. el estuche
14. la fisonomía
15. desmenuzar

B.
1. meticuloso
2. inusitado
3. ingrávida
4. simultáneamente
5. nocivo

6. balbucear
7. la irrupción
8. reintegrar
9. la parsimonia
10. la epidermis

11. mermar
12. exigua
13. una pizca
14. adherir
15. los resquicios

IV. *Explique el contenido de cada oración empleando palabras de uso común.*

MODELOS: Se ahogaba, desazonado, en la irremediable abstención de
pitillos.
Estaba inquieto porque había dejado de fumar.

La perspectiva de los días que faltaban sin pitillos agudizaba
la privación presente.
*Cuando pensaba en los días que le quedaban sin fumar, se
sentía peor.*

A.
1. Una tenue voluta de humo blanco ascendía paulatinamente.
2. Al cabo, se sentía atenazado por un temor inconcreto.
3. Continuaba sonriendo beatíficamente, regodeándose en aquella espera voluntaria.
4. Se incorporó del lecho e hizo unas leves flexiones de piernas.
5. Vio discurrir bajo sí una interminable hilera de carros.
6. Entornó los ojos con una morosidad consciente.
7. Sin advertirlo casi, se acercó a su tabaquera de cuero repujado.
8. Extrajo, con recreo meticuloso, un librillo de color teja.
9. Prendió el translúcido extremo de la hoja entre sus dedos índice y pulgar.
10. Gerardo hubo de dar un sorbetón inusitado para evitar que la baba se le saliera.

B.
1. Rebuscaba en el montoncito como si espigase en un rastrojo.
2. Purificaba el tabaco de elementos nocivos, con crispante minuciosidad.
3. El tabaco puro estaba mezclado con el autorizado follaje de patata.
4. Lo contemplaba como un enconado criminal a la presunta víctima.
5. Sintió en los labios el picorcillo de una mota de tabaco.
6. La punta de la llama mordisqueaba el extremo del papel.
7. El papel quemado se retorcía transformándose en una pavesa despreciable.
8. Se aferró al pitillo como un niño hambriento a la tetilla del biberón.
9. Se sintió a sí mismo fuerte y poderoso, disponiendo de una cabal autonomía.

10. Los efluvios punzantes del pitillo le invadieron la estructura porosa de los pulmones.

V. *Composiciones*

Exprese sus ideas de forma ordenada, en cuatro o cinco párrafos. Preste atención a los signos de puntuación.

a. Escriba, en unas 225 a 250 palabras, qué opina Ud. del hábito de fumar.

b. Escriba, en unas 225 a 250 palabras, qué piensa Ud. sobre la posible legalización de la marihuana.

VI. *Dictado (en el manual del profesor).*

Prefijos y sufijos. La etimología.

Como ya se estudió en la lección 6, los prefijos y sufijos se colocan delante y detrás de las raíces para formar distintas palabras.

En la lección preliminar se vio que el español es una lengua derivada del latín, como el francés, el italiano, el portugués, etc. El latín a su vez, recibió influencia del griego. Esto hace que haya prefijos y sufijos provenientes de esas dos lenguas, el griego y el latín, que intervienen en la formación de muchas palabras españolas.

El estudio y la memorización de esas palabras no resulta muy difícil porque, en general, también existen en inglés. Algunas personas bilingües que conocen la palabra *appendicitis* en inglés se sorprenderán al saber que, en español, se escribe *apendicitis*, es decir, igual con la excepción de la doble *p*. El sufijo *-itis* significa *inflamación;* por lo tanto, *apendicitis* quiere decir inflamación del apéndice.

A continuación, lea Ud. estas listas con algunos prefijos y sufijos de origen latino y griego así como ejemplos de palabras en que aparecen. Fíjese Ud. que muchas de esas palabras forman parte del vocabulario de ciertas ramas de la tecnología, como la medicina y la filosofía.

Algunos prefijos de origen latino

ad (cerca de) admirar
ante (anterior) anteponer
bi, bis (dos) bicicleta, bisabuelo
circun (alrededor) circunnavegar

co, con (con) coterráneo, compatriota, condiscípulo
contra (opuesto a) contraveneno
de, des (sin) demente, despoblado
ex, extra (fuera) exprofesor, extraordinario
i, in (no) irregular, inmoral
infra (debajo de) infrahumano
inter (entre) internacional
intra (dentro) intravenosa
maxi (grande) maxifalda
mini (pequeño) minifalda
pre (delante de) prerrequisito
re (repetición) revolver
retro (hacia atrás) retroactivo
sin (falta de) sinnúmero
so, sub (debajo de) soterrar, subterráneo
sobre (superior a) sobresaliente
super (por encima de) superhombre
tras, trans (más allá de) trasatlántico, transparente
tri (tres) trimestre
ultra (más allá de) ultraterrestre
vi, vice, viz (en lugar de) vicario, vicepresidente, vizconde

Algunos prefijos de origen griego

a (no) amoral
anfi (alrededor) anfiteatro
anti (contra) anticomunista
arcai (antiguo) arcaísmo
archi, arqui (superioridad) archisimpático, arquidiócesis
caco (malo) cacofonía
di (dos) diptongo
epi (sobre) epidermis
hemi (medio) hemisferio
hiper (mayor) hipersensible
hipo (menor, debajo de) hipodérmica
macro (grande) macrobiótica
micro (pequeño) microscopio
meta (cambio, más allá) metamorfosis, metafísica
para (junto a) paramédico
peri (alrededor) pericardio
pro (delante de) prólogo
tele (lejos) televisión

Algunos sufijos de origen latino

cida (que mata) homicida
cultor (que cultiva) agricultor
forme (de forma) uniforme
fugo, fuga (que huye o hace huir) centrífugo
pedo, peda (pies o patas) bípedo
voro, vora (que come) carnívoro

Algunos sufijos de origen griego

algia (dolor) neuralgia
céfalo, céfala (cabeza) macrocéfalo
ciclo (rueda) triciclo
cracia (poder) democracia
dromo (carrera) hipódromo
fago (que come) antropófago
filia (amistad) anglofilia
fobia (miedo, odio) claustrofobia
grafo (que escribe) bolígrafo
grama (escrito) telegrama
itis (inflamación) gastritis
logia, logo (ciencia) biología, biólogo

Algunos de estos afijos pueden actuar como prefijos y como sufijos: *cefal*algia, micro*céfala*, *graf*ólogo, bol*ígrafo*.

La etimología

En esta lección se presenta una introducción a **la etimología** que es la parte de la gramática que se ocupa del origen de las palabras. Al decir, por ejemplo, que el sufijo **-itis** es de origen griego, nos estamos refiriendo a la etimología del mismo. Pongamos otros ejemplos: las palabras *caballo, equitación* e *hipódromo*. Las tres tienen algo en común: *el caballo* es un animal doméstico, *la equitación* es el deporte que consiste en aprender a montar a *caballo, el hipódromo* es el lugar donde se celebran las carreras de *caballo*. Las palabras *caballo* y *equitación* provienen de raíces latinas *(caballus, equus)* mientras que *hipódromo* proviene de una raíz griega *(hippos)*. Las tres se traducen *caballo* en español. En este texto no nos vamos a detener en el estudio de la etimología pues se trata de una parte de la gramática que requiere, generalmente, algún conocimiento, al menos, del latín. Sólo nos referimos, como ya se vio, al desarrollo del vocabulario mediante la práctica de diversos afijos.

EJERCICIOS

I. *Conteste brevemente estas preguntas.*

1. ¿Cuál es la función de los prefijos y sufijos?
2. ¿De qué origen son muchos prefijos y sufijos?
3. ¿Puede Ud. citar de memoria cinco prefijos de origen latino y cinco de origen griego?
4. ¿Puede Ud. citar de memoria tres sufijos de origen latino y tres de origen griego?
5. ¿Qué es la etimología?

II. *Explique brevemente qué significa cada una de las palabras señaladas fijándose en los prefijos empleados.*

MODELOS: El caballo es un animal *cuadrúpedo.*
             (que tiene 4 patas)
             Padece de *hipotensión* arterial.
             (por debajo de la tensión o presión normal de la sangre)

1. ¡Qué suerte tengo de ser *bilingüe*!
2. Se llevó una *desilusión.*
3. Los seres *extraterrestres* llegaron en un platillo volador.
4. Algunos se oponen a las películas *indecentes.*
5. Los vuelos *interplanetarios* ya son una realidad.
6. Fuimos a visitar unas ruinas *prehistóricas.*
7. La casa tiene un sótano y un *subsótano.*
8. Le compraron un *triciclo* nuevo al niño.
9. Mario es muy *anticlerical.*
10. Después del accidente, sufre de *hemiplejia.*
11. Es una niña *hiperactiva.*
12. Le enviamos un *telegrama.*

III. *Explique brevemente qué significa cada una de las palabras señaladas fijándose en los sufijos empleados.*

MODELOS: El *suicida* murió instantáneamente.
             (el que se mata a sí mismo)
             El muchacho padece de *claustrofobia.*
             (miedo a los lugares cerrados)

1. Mi padre es *floricultor.*
2. Se ha puesto *deforme* de lo gruesa que está.
3. El oso es un animal *omnívoro.*
4. Nos conviene que la *hispanofilia* se extienda por todo el mundo.
5. Mi tía padece de *artritis.*
6. A ella le interesa la *grafología.*

IV. *Escriba una oración completa con cada una de estas palabras y explique el significado de cada una.*

MODELO: anónimo
           Apareció un poema *anónimo* en esa revista. (sin firma)

1. ateo
2. anormal
3. hipercrítico
4. colaboración

5. expresidente
6. inexperta
7. contraveneno

8. sociología
9. infanticida
10. herbívoro

Sección de ortografía
La aspiración y/o supresión oral de la s en posición final de sílaba y palabra; sus implicaciones ortográficas

En diversas zonas lingüísticas del mundo de habla española, el sonido /s/ en posición final de sílaba o palabra se aspira, es decir, se pronuncia /h/ o desaparece totalmente. Así se oye decir: el niño feli/h/, lo/h/ niño felice, apaga la lu, apaga la/h/ luce, e/h/to no me gu/h/ta, e/h/to no me gu/h/tan, etc.*

Como ya se ha dicho antes en este texto, no hay pronunciación «incorrecta», sólo escritura incorrecta. De ahí que esas frases deberán escribirse: *el niño feliz, los niños felices, apaga la luz, apaga las luces, esto no me gusta, estos no me gustan.* Es importante insistir en la escritura de palabras como éstas para evitar los errores ortográficos que resultan al escribir tal y como se habla.

EJERCICIOS

I. *Escuche atentamente la lectura de estas oraciones con pronunciacion «oficial» y corrija los errores que aparecen en las mismas con relación al sonido /s/.*

1. En Hondura hay varia/h/ indu/h/tria nueva.
2. Lo/h/ inglese tienen fama de flemático.
3. No insi/h/ta en eso que va/h/ a perder.
4. Lo/h/ mató a todito con un tiro de su e/h/copeta.
5. Los e/h/tudiante gritaban:—¡Abajo lo/h/ imperiali/h/ta!
6. La fie/h/ta de Luisito quedan fantá/h/tica.
7. Mucho/h/ accidente automovilí/h/tico se deben a la rapide/h/.
8. No quiero má/h/ arró, Co/h/me.

---

*La /h/ representa aquí una aspiración del sonido /s/.

9. Nosotro ganamo/h/ poco dinero el año pasado.
10. Tú debe salir a eso de la cinco.

II. *Escriba una oración completa con cada palabra de esta lista.*

MODELO: espantoso
  *Hoy hace un calor **espantoso**.*

1. tesis	6. crisis	11. despistados
2. impuestos	7. castañuelas	12. disgustadas
3. instituciones	8. acostados	13. costado
4. escuelas	9. antes	14. ante
5. escandalosos	10. adiós	15. disgusta

La magia de la música andina de los Huayanay

Vicente Cabrera

Aproximadamente a partir de 1950, el arte hispanoamericano toma una nueva dirección técnica que lo va a diferenciar del anterior como en ninguna otra época en la evolución de su historia. El nuevo artista siente la urgencia de trascender con su creación lo local y alcanzar lo universal, o mejor, utilizando lo local forjar una nueva síntesis estética. Esta nueva sensibilidad es evidente especialmente en el campo de la literatura, del cine y de la música. En cada uno hay figuras claves y representativas, como por ejemplo: el guatemalteco Miguel Ángel Asturias, el colombiano Gabriel García Márquez y el mexicano Carlos Fuentes en literatura; los brasileños Anselmo Duarte y Nelson Pereira dos Santos, el cubano Tomás Gutiérrez Alea y el boliviano Jorge Sanjines en el cine, y en la música folklórica los chilenos Víctor Jara, Violeta Parra, y conjuntos como los Quilapayún, Inti-Illimani, Jatarí, Calchakis, y Huayanay, del Ecuador, uno de los grupos más jóvenes e innovadores en la música folklórica sudamericana.

El grupo de los Huayanay se organizó en 1975 con la participación de sus actuales miembros: Carlos Alfredo Quiroz y su hermano, Jorge Humberto Quiroz, René Estrella, César Suárez y Ramón Fernando Godoy. Los cinco son estudiantes de la Universidad Central del Ecuador y sus edades varían de los veinte a los treinta años. En 1975 el grupo ganó el premio Martín Fierro por su actuación en el teatro Colón de Buenos Aires; en 1976 fue premiado por su actuación en el Palacio de Bellas Artes de México, a invitación del Presidente Echevarría. En febrero de 1978, en el Festival de las Américas de Costa Rica, ganó el primer premio por ser el mejor grupo. El gobierno ecuatoriano lo ha reconocido como el mejor del país.

Las principales grabaciones del conjunto son: *Sentimiento andino, América, Cuando el indio llora, Los Huayanay, El llanto de la india* y *Homenaje al Ecuador.*

Con la excepción de « Danzante del destino», una pieza política, su música es esencialmente folklórica y recoge composiciones de todos los países sudamericanos y, en especial, del Ecuador, Bolivia, Perú, Argentina y Chile. Este énfasis en lo folklórico le va a permitir al grupo penetrarse con más serenidad en el refinamiento de su arte, que mira más hacia el modo de expresión que hacia la naturaleza sociopolítica de su mensaje.

Carlos Quiroz explica que el ideal del grupo es crear una solidaridad musical americana y mostrar al mundo su calidad estética. Creen además que ésta es la oportunidad de hacer de su música autóctona no sólo la de Latinoamérica sino la de todo aquél que teniendo corazón y sensibilidad pueda sentir el alma o el «ethos» de la misma. Y efectivamente esto lo consiguen sobre todo con su grabación *América.*

Su espontaneidad y control de los instrumentos forjan un mundo poético y mágico en que el oyente no sabe si es realidad o fantasía el efecto melódico y rítmico que escucha. No se sabe si es la fuerza del viento de los páramos o la boca del artista lo que opera la quena, la zampoña o el rondador. No se sabe tampoco si aquel caprichoso y sutil trino silvestre proviene de un instrumento o conjunto de éstos. Y si son instrumentos, ¿cuáles son éstos? Pues ninguno. Porque aquel multiforme sonido no es sino una de las más elementales formas acústicas: el silbido de un hombre. Suárez, el artista del silbido, se pasó un tiempo en la selva entre los indios de Santo Domingo de los Colorados para asimilar los sonidos mágicos del viento, de las aves, de los animales y del agua. Al cabo de un tiempo su talento, que desde niño había venido refinando, habría de ser una de las marcas más originales y distintivas del conjunto. Que se sepa ningún otro grupo lo usa.

En sí el silbido es todo un espectáculo en que el artista logra acoplar una variedad de giros, ritmos, vuelos de sonido vertical y horizontal sobre una base de guitarra que sirve de plataforma para dicho espectáculo. Por ejemplo, en "Silbando por el camino", Suárez, viene a ser el creador, el actor y el ritmo; se lo visualiza caminando, feliz, por el sendero. Pasa por frente al oyente y se pierde allá en la lejanía. La composición evoca, en cierto modo, la primera parte de «Antoñito el Camborio en el camino de Sevilla», de Lorca, que avanza por el sendero con su belleza gitana y su vibrante vara de mimbre en la mano. Es tal vez la canción más ejemplar de los Huayanay en que forma y contenido son una misma cosa. La composición "Pájaro campana" es un mosaico de aves. Tanto el arpa como la guitarra, los instrumentos de viento y los silbidos humanos producen el mismo efecto acústico: el fervoroso trino de las aves en la fronda. Tal es la precisión que casi es imposible identificar el instrumento. ¿Cuál es el tema? Es la fusión cósmica de lo humano con lo natural y animal matizado a través de una orgía silvestre.

En cuanto a la zampoña, éste es el grupo que más denodadamente la utiliza. En «Casacada» o «Mi raza», la lenta y sutil continuidad rítmica de la zampoña, más la sensación de su eterno vacío en que el viento y su eco retumban, asimilan, como en las modernas pinturas abstractas, las líneas que perfilan la imagen. Esta calidad visual que los Huayanay sugieren con su variedad instrumental y especial virtuosismo técnico se evidencia en la pintura de Anthony Goddard (1952).

Tanto las notas de los Huayanay como los colores de Goddard matizan una exuberancia telúrica controlada y medida que induce al que las escucha y al que los ve a forjarse un fabuloso mundo que en vez de decir algo elípticamente, lo sugiere. No hay instrumento —y el conjunto cuenta con treinta y tres— que se escape de la vitalidad artística del grupo y que no produzca los efectos más insólitos que uno pueda imaginarse auditiva y visualmente.

Se nota en muchas de sus ejecuciones una especial estructura bimembre. Esto les permite encauzar la imaginación del oyente en una dirección especial para luego, con la gradual entrada de nuevos instrumentos, introducir otra contraria y complementaria que se enriquece con el continuo palpitar del primer tema con el instrumento que la introdujo. En «Yupaichisllica», la quena del primer tema da paso a otro instrumento de viento, el rondador, para luego volver y terminar la composición. La quena aquí ha servido de elemento unificador de dos estructuras antitéticas pero complementarias. La primera es básica y elemental, si se quiere monótona: un platón metálico —que en realidad es la tecla del contrabajo de un piano— con una quena que evoca un sacrificio incaico; y, la segunda, una danza en que el ritmo sugiere la celebración que sigue al sacrificio. Entran en esta segunda la quena, las maracas, el rondador, el pandero, la guitarra, el charango y el bombo. «El cóndor pasa», harto interpretada y manoseada por otros grupos, me refiero específicamente a la versión de Simon y Garfunkel, con los Huayanay vuelve a su primitiva sencillez a través de una elaborada estructura dividida en cinco tiempos principales que aluden al majestuoso vuelo del cóndor y a la presencia de su espíritu en la raza que simboliza. Hay un preludio etéreo y misterioso del que sale el ave; entonces una marcha incaica; por último, una celebración y un epílogo asimismo etéreo y misterioso al que retorna el cóndor.

El grupo Huayanay interpreta especialmente la música sudamericana y la estudia, la arregla y la vuelve a arreglar cuidadosamente de acuerdo a sus necesidades artísticas. De tal manera que al pasar por sus instrumentos poco o nada queda de la canción originaria, con la excepción deliberada de un mínimo de elementos que preservan a fin de que en la mente del que la escucha se dé la fusión original de lo antiguo con lo nuevo o Huayanay y sea tal reconocimiento en sí un motivo de fruición estética. En «La bocina», las ráfagas del viento y el silbido añaden matices cósmicos que le enriquecen a este hermoso e indígena «aire ecuatoriano». Lo mismo ocurre con «El cóndor pasa», «La vasija de barro» o «Riobambeñita», al haber sido arregladas con el silbido y otras exóticas asociaciones instrumentales que ayudan a superar las fáciles versiones comerciales.

Dependiendo del espíritu de la canción, el arreglo instrumental va desde la austeridad lineal más simple, que recuerda la sobriedad de Machu Picchu de «Mi raza», hasta la más suntuosa ornamentación barroca de las catedrales coloniales o las coloridas fiestas de las flores y las frutas en un valle andino, como en «Ambato, tierra de flores», en que la proliferación de instrumentos claves derrama el esplendor deseado en la composición que, por otra parte, lleva en su alma —a manera de subestructura o andamiaje— la solitaria queja de la quena, el rondador o la zampoña. Y esta antítesis de la pena y la alegría se da mejor en este grupo que en los otros. La selección y la yuxtaposición de los instrumentos es más agresiva y por tanto más novedosa y efectiva.

El proceso de transformación que el grupo realiza en cada canción de su repertorio es purificación, refinamiento, a través del cual extraen el alma o el «ethos» de la canción y hacen relucir su primor y encanto prístinos ocultos por la mediocridad de grupos comerciales. Una de las misiones del conjunto es preservar la pureza de la música folklórica de la región frente a la plaga de *rock and roll* que no sólo está debilitando la sensibilidad de la juventud latinoamericana, sino que además está deformando su música. Y es contra esta avalancha de grotesca deformación musical que los Huayanay y otros grupos están luchando. Por otra parte, buscan con ahínco reeducar a esa juventud que despreciando el valor de su música folklórica se ha consagrado a la extranjera de discoteca. Y es esta reeducación, una de las vías para reconquistar su independencia espiritual y cultural. Los Huayanay están convencidos de que con su arte no podrán cambiar el mundo, pero sí comunicar que su música, que es auténtica música popular americana, es artísticamente universal.

EJERCICIOS

I. *Complete las oraciones siguientes con las frases que faltan, de acuerdo con el ensayo «La magia de la música andina de los Huayanay». No se conforme con escribir dos o tres palabras sino parrafitos completos.*

MODELO: Después del año 1950, el arte en Hispanoamérica
toma una nueva dirección que lo hace diferente del de épocas anteriores.

1. El nuevo artista hispanoamericano _____.
2. Algunas de las nuevas figuras representativas en la literatura, el cine y la música son _____.
3. El grupo Huayanay es _____.
4. Este grupo ha ganado varios premios: _____.
5. Algunos de los discos que estos músicos han grabado son: _____.
6. En general, su música es _____.
7. El ideal del grupo es _____.
8. Entre los instrumentos musicales que emplean están _____.
9. Suárez, el artista del silbido _____.
10. En la pieza «Silbando por el camino», Suárez _____.
11. Otras composiciones son: _____.
12. La música de los Huayanay y los cuadros de Goddard se parecen en _____.
13. La estructura bimembre de su música les permite _____.
14. «Yupaichisllica» se caracteriza por _____.
15. «El cóndor pasa», una melodía tan interpretada, se vuelve diferente cuando los Huayanay la tocan porque _____.
16. Las partes de esa composición son: _____.
17. El grupo Huayanay toma una melodía tradicional y la transforma: _____.
18. El autor de este ensayo compara la ornamentación barroca de la música con _____.
19. Los Huayanay se oponen a la música de *rock and roll* porque creen que _____.
20. Finalmente, los Huayanay están convencidos de que _____.

II. *Escriba sinónimos de las palabras que aparecen señaladas en estas oraciones.*

A.
1. Son figuras *claves*, representativas.
2. Se organizó en 1975 con la participación de sus miembros *actuales*.
3. La pieza se titula «*Danzante* del *destino*».
4. Esto le permite al grupo *penetrarse* con más *serenidad* en su arte.
5. Toda la música de *Latinoamérica* es su música *autóctona*.
6. Todo el que tiene corazón puede sentir *el «ethos»* de la música.
7. Tiene *espontaneidad* en su interpretación artística.
8. El viento de *los páramos opera* la flauta.
9. Se oye *el trino* silvestre de los pajaritos.
10. Se trata de un *bello* sonido *multiforme*.
11. *El silbido* es una forma acústica elemental.
12. *Al cabo* de un tiempo se descubrió su talento.
13. El artista logra *acoplar* una variedad de ritmos.
14. Se lo *visualiza caminando, feliz,* por *el sendero*.
15. Su voz se pierde allá en *la lejanía*.

B.
1. Llevaba *una vara* de mimbre en la mano.
2. Éste es el grupo que más *denodadamente utiliza* la zampoña.
3. Produce los efectos más *insólitos* que uno pueda *imaginarse*.
4. Sus ejecuciones tienen una estructura *bimembre*.
5. Esto les permite *encauzar* la imaginación.
6. Se trata de una melodía elemental y *monótona*.
7. Tiene cinco tiempos principales que *aluden* al majestuoso vuelo del cóndor.
8. El cóndor *retorna* a su *lugar de origen*.
9. Esa *fusión* de *lo antiguo* con *lo nuevo* constituye un motivo de *fruición* estética.
10. «La *vasija* de *barro*» es el título de una canción.
11. La pieza tiene *la sobriedad* de Machu Picchu.
12. Para tocar esa música se necesita *una proliferación* de instrumentos.
13. *El andamiaje* de la melodía se expresa con la quena.
14. La canción tiene *un primor* que *resalta*.
15. Buscan con *ahínco reeducar* a la juventud.

III. *En este ensayo aparecen adjetivos que indican nacionalidad:* **guatemalteco, colombiano, brasileño, cubano, boliviano, chileno, ecuatoriano.** *Escriba, junto al nombre de cada país, el adjetivo nacional correspondiente.*

A. América

1. Venezuela	5. Perú	8. Nicaragua	11. Jamaica
2. Argentina	6. Panamá	9. El Salvador	12. Haití
3. Paraguay	7. Costa Rica	10. Honduras	13. Canadá
4. Uruguay			

B. Europa

1. Inglaterra	5. Noruega	8. Holanda	11. Suiza
2. Irlanda	6. Dinamarca	9. Bélgica	12. Austria
3. Francia	7. Finlandia	10. Alemania	13. Portugal
4. Suecia			

IV. *Conteste brevemente estas preguntas. Consulte un diccionario y una enciclopedia, si es necesario.*

A.
1. ¿Qué significa *forjar*?
2. ¿Qué quieren decir estas palabras: *síntesis, antítesis*?
3. ¿Qué es *la acústica*?
4. ¿Qué es *un gitano*?
5. ¿Qué quiere decir *fervoroso*?
6. ¿Qué quiere decir *cósmico*?
7. ¿Qué es *una orgía*?
8. ¿Qué es *la pintura abstracta*?
9. ¿Quién es el pintor *Anthony Goddard*?
10. ¿Qué significa *la exuberancia telúrica*?

B.
1. ¿Qué es *una elipse*?
2. ¿Qué significan estas palabras: *estética, antitética*?
3. ¿Qué quiere decir *incaico*?
4. ¿Qué significan las palabras *prólogo* y *epílogo*?
5. ¿Qué quiere decir *andino*?
6. ¿Qué significa la palabra *yuxtaposición*?
7. ¿Qué quiere decir *prístino*?
8. ¿Qué es *una plaga*?
9. ¿Qué es *una avalancha*?
10. ¿Qué significa *grotesco*?

V. *En este ensayo aparecen los nombres de varios instrumentos musicales: **la quena, la zampoña, el rondador, el contrabajo, el piano, las maracas, el pandero, la guitarra, el charango, el bombo**. Exceptuando **el contrabajo, el piano, las maracas, el pandero, la guitarra** y **el bombo**, los demás son instrumentos típicos suramericanos. ¿Puede Ud. nombrar cinco instrumentos típicos antillanos? ¿Puede Ud. nombrar cinco instrumentos de orquesta sinfónica que no aparezcan en la lista anterior? Con esa lista de diez instrumentos, escriba una oración con cada uno.*

MODELOS: instrumento antillano: *las maracas*
*En los carnavales de Cuba se oye el sonido de **las maracas**.*

instrumento de orquesta sinfónica: *el piano*
*La joven guatemalteca interpretó magníficamente un concierto para **piano** y orquesta.*

VI. *Composiciones*

a. Escriba una composición de unas 200 a 225 palabras comparando la música clásica y la música popular. Explique cuál prefiere Ud. y por qué. Si prefiere la música clásica, diga qué período le gusta más: el clásico, el romántico o el contemporáneo y cuáles son sus compositores predilectos. Haga lo mismo si se trata de música popular: ¿hispana o norteamericana? ¿de qué región o de qué tipo específico? ¡No olvide nombrar a sus artistas y conjuntos preferidos!

b. Escriba un resumen del ensayo «La magia de la música andina de los Huayanay». Emplee entre 225 y 250 palabras.

VII. *Dictado (en el manual del profesor).*

Las interferencias lingüísticas: los anglicismos

Es muy natural, en un medio bilingüe, que aparezcan «mezclas» de ambos idiomas. Como el inglés es la lengua oficial de Estados Unidos, resulta lógico que se convierta en la lengua «dominante». Esto quiere decir que, aun entre personas que hablan normalmente el español en diversos medios (familiar, en el barrio, etc.) ocurre a veces que se toman palabras «prestadas» del inglés, se «inventan» palabras que parecen españolas pero que, en realidad, no están en el diccionario o se usan frases completas con estructura propia del inglés.

Por ejemplo, para ilustrar el primer caso, cuando decimos que se acercan las «*Crismas*» (**Christmas**), estamos tomando una palabra «prestada» del inglés. En el segundo caso hay muchísimos ejemplos: la «*norsa*» (**nurse**), el «*rufo*» (**roof**), la «*troca*» (**truck**), etc. Como ejemplo del tercer caso se puede citar una frase como «*estamos supuestos a estudiar*» (**we are supposed to study**).

Todos los bilingües que vivimos en Estados Unidos (¡incluyendo a los profesores de español!) vamos a emplear en algún momento ciertas palabras y frases como las que se han visto en los ejemplos anteriores al hablar e, inclusive, al escribir de manera informal. Esto no debe asustarnos pues ya se dijo que es algo lógico, natural. Lo importante es estar consciente de que esas formas lingüísticas existen en un medio bilingüe pero, mucho menos, en un medio monolingüe.

Decimos mucho menos porque también en países de habla exclusivamente española se escuchan palabras y frases «tomadas» de otras lenguas. Igualmente en Estados Unidos y entre anglohablantes se usan «hispanismos», «galicismos», etc. Estas dos últimas palabras entre comillas significan respectivamente «palabras tomadas del español» y «palabras tomadas del francés». A nosotros nos interesan los «anglicismos» que son las palabras tomadas del inglés.

Esta lección quiere enseñarle a Ud. tres cosas:

1. a estar consciente de los anglicismos que emplea al hablar aunque no haga ningún esfuerzo por eliminarlos
2. a conocer la palabra española «oficial» para cada anglicismo que emplea
3. a tratar de usar esas palabras «oficiales» en las composiciones y cartas «formales» que escriba

Al tener conciencia de que uno emplea anglicismos en la conversación y al aprender las palabras «normativas» del español paralelamente a las que ya se usan «tomadas» del inglés se evitará una confusión como ésta: va Ud. de vacaciones a la República Dominicana o a México o vienen de visita sus primos de Guatemala, por primera vez, a Estados Unidos. Durante una conversación Ud. dice frases como:

«¡Qué bonito tu **coat brown**!» *(tu abrigo marrón, pardo)*
«A ese chico no se le puede *trostear*» *(no se puede confiar en ese chico)*
«Tus zapatos no *machean* con tu vestido» *(no pegan, no combinan, no hacen juego)*

En Nueva York, Los Angeles, Chicago o Miami, entre otros sitios, ésas son oraciones que se emplean comúnmente y que toda persona bilingüe entiende; pero en un país hispano monolingüe lo más normal será que casi nadie comprenda el sentido completo del mensaje que se trata de trasmitir. Ocurriría, por lo tanto, una falta de comunicación entre las personas.

Los ejercicios a continuación no están encaminados a «eliminar» los anglicismos, sino a aprender (si no se saben) y a practicar las palabras «oficiales» que el español tiene en cada caso.

EJERCICIOS

I. *Conteste brevemente estas preguntas.*

1. ¿Qué sucede frecuentemente en un medio bilingüe?
2. ¿Cuáles son los tres casos en que se refleja la influencia del inglés en el español de Estados Unidos?
3. ¿Puede Ud. definir los términos *anglicismo, hispanismo, galicismo, italianismo* y *germanismo*?
4. ¿Cuáles son las tres advertencias que se dan en esta lección al estudiante bilingüe en cuanto al uso de anglicismos?
5. ¿Cuál es el mayor «problema» que puede surgir entre una persona bilingüe que emplea numerosos anglicismos en el habla y una monolingüe que los desconoce cuando ambas tratan de mantener una conversación en español?

II. *Señale los anglicismos y préstamos lingüísticos y escriba paralelamente la palabra «normativa» para cada uno.*

MODELO: Hay tres <u>troces</u> en la esquina.
          (camiones)

1. En la marqueta venden productos latinos.
2. Estoy frisada porque no me abrigué bien.
3. Mi compadre tiene una tienda de fornitura.
4. Dividan sus composiciones en tres paragrafos.
5. Hoy es día de registración en mi universidad.
6. Voy a lonchar a la una.
7. A mi amiga le dieron un jolop.
8. Ese hombre es un blofero.
9. La populación hispana en Estados Unidos va en aumento.
10. Si se me presenta una chanza, lo compraré.
11. La maestra empezó a correctar los exámenes después de clase.
12. Tengo que taipiar la composición para el viernes.
13. Mi primo es champión de natación.
14. Debo mapiar la cocina, que está sucísima.
15. El arquitecto traza líneas con su rula.
16. Si no vienes a clase, te van a dropiar.
17. ¡Me flonquiaron en matemáticas!
18. Vino un hombre a inspectar la fábrica.
19. Ayúdame a puchar la camioneta.
20. Me voy a hacer un chequeo con mi médico.

III. *En cada par de oraciones aparece la misma palabra señalada; en una oración está usada como anglicismo y en la otra, como palabra «normativa». Señale el anglicismo con una flecha y escriba paralelamente la forma «oficial».*

MODELO: Mi abuelita murió de una *condición* del corazón.
          (enfermedad)   ↑
          Puedes salir, con la *condición* de que vuelvas antes de
          medianoche.

1. Mis primos son *tenientes* en el ejército americano.
    La asociación de *tenientes* de mi edificio organizó una cena.
2. Mi casa no tiene *yarda*.
    Compramos una *yarda* de tela.
3. Llené una *aplicación* para trabajar en esa tienda.
    Si estudias con *aplicación*, sacarás A.
4. Terminé en la escuela *alta* el pasado junio.
    La niña está muy *alta* para su edad.

5. El *caucho* se emplea en varias industrias.
   El *caucho* de mi sala ya está viejo.
6. Este juguete funciona por medio de un *resorte*.
   Pasé mis vacaciones en un *resorte* en las montañas.
7. Guardo mi ropa en la *laca*.
   Compré *laca* para barnizar los muebles.
8. Ese vestido por diez pesos es una verdadera *ganga*.
   Una *ganga* de Brooklyn asaltó un banco ayer.
9. Compraron una *carpeta* nueva para el dormitorio.
   Puse los documentos en la *carpeta* negra.
10. La nariz me está *corriendo*, del frío que hace.
    Tico estaba *corriendo* en el parque cuando se cayó.
11. Tengo que escribir un *papel* para la clase de literatura inglesa.
    Se me perdió el *papel* donde había anotado su número de teléfono.
12. Recibí los mejores *grados* en todos mis cursos.
    La temperatura bajó diez *grados* de ayer a hoy.
13. El *sujeto* que más me gusta este semestre es la sociología.
    Ese *sujeto* me parece algo sospechoso.
14. Ella es una señorita con muy buenas *maneras*.
    Hay varias *maneras* de escribir esa palabra.
15. ¿Ya compraste las *cartas* de Navidad?
    ¿Ya aprendiste a escribir *cartas* comerciales?

IV. *Las palabras inglesas que aparecen señaladas en estas oraciones son de uso común entre bilingües. ¿Puede Ud. escribir la traducción española de cada una?*

MODELO: Ella siempre me está dando **complaints.**
          (*quejas*)

1. Nos mudamos a un **building** nuevo.
2. Ella usa la **size** diez.
3. Tenemos un buen **stock** de mercancías.
4. Le pasé la **vacuum cleaner** a toda la casa.
5. El **cake** que hiciste estaba riquísimo.
6. Por medio de los **surveys** se averiguan muchas cosas.
7. Siempre voy en **subway** a la universidad.
8. ¿Cuál es tu **major**?
9. La **baby sitter** llegó a tiempo.
10. Me encanta el helado de **strawberry.**
11. Tengo un **appointment** con mi profesora.
12. Ya compré los **tickets** para el **show.**
13. Me comí un **sandwich** de pavo.
14. Vi un vestido precioso en este **magazine** de modas.

15. ¿Pagaste el **bill** de la electricidad?
16. Ellos dieron un **party** de primera.
17. Estaba vestido de **cowboy.**
18. A mí me encantan todos los **sports.**
19. El pobre **referee** también recibió los golpes.
20. ¿Quieres hacer este **puzzle** conmigo?

> **V.** *Las frases y palabras que aparecen señaladas en estas oraciones están tra-*
> *ducidas literalmente del inglés. Muchos bilingües las emplean frecuente-*
> *mente. ¿Puede Ud. sustituirlas por otras con estructura española*
> *«normativa»?*

MODELO: *Estoy supuesto a escribir el ensayo para mañana.*
   (Debo)

1. Tú *no realizas* lo que está pasando.
2. Quiero *aplicar por una posición* en esas oficinas.
3. No te preocupes que yo *estoy mirando por* el anillo que se te perdió.
4. *Tuve un buen tiempo* en casa de Juani.
5. Yo *te llamo «patrás»* a las cinco.
6. Por favor, tráigame esos zapatos que quiero *tratarlos.*
7. El libro que me prestaste, voy a *dártelo «patrás»* pronto.
8. La conferencia estuvo *bien atendida.*
9. Hay un hispano que va a *correr para mayor* en las próximas elecciones.
10. Tengo *muy buenas memorias* de cuando vivía en el Ecuador.
11. Se fue ayer para Venezuela y *vuelve «patrás»* dentro de un mes.
12. Ayer *llamé enferma* al trabajo.
13. La víctima *llamó por ayuda* y nadie acudió.
14. Debiera continuar mis estudios pero, *¿cuál es el uso?*
15. Empuja la palanca *todo el camino.*

Sección de ortografía
La confusión entre cc, sc, x y xc

Escuche con cuidado la lectura de estas palabras:
   acción, consciente, éxito, excelente
Fíjese que todas se parecen bastante en la pronunciación de las letras *cc, sc, x* y
xc. Es muy fácil, por lo tanto, confundirse al escribirlas. También se dan casos
curiosos: *conciencia,* como se puede comprobar, no se escribe igual que *cons-*
ciente (note la combinación *sc*), a pesar de que ambas tienen la misma raíz. Será
necesario practicar la escritura de palabras con estas letras para evitar los errores
de ortografía.

EJERCICIOS _____

I. *Traduzca estas palabras al español, empleando el diccionario si lo necesita.*

1. exception	6. to react	11. to exceed	16. accident
2. examination	7. to descend	12. eccentric	17. diction
3. unconscious	8. excellency	13. boxer	18. to decipher
4. ascension	9. taxidermist	14. taxi driver	19. elevator (no
5. to excite	10. excessive	15. instruction	*elevador*)
			20. attraction

II. *Escoja 10 de las palabras del ejercicio I y escriba una oración completa con cada una.*

MODELO: éxito

Hemos tenido mucho éxito en nuestros exámenes finales.

El árbol de la vida

Tomás Herrera Porras

El árbol de la vida fue un milagro, pero sólo un milagro podría haber consolado a la asustada tribu de los indios cunas que con aspecto lastimoso se acurrucaban como animales en el monte que en un tiempo había sido un jardín.

Olocupinele estaba enojado con sus hijos. Los cunas temían ir solos a los huertos y las siembras. La tierra, abandonada a sí misma, se había vuelto desaliñada y enmarañada. La alegría de vivir se había extinguido. Nadie reía ya.

Todo empezó así: una mañana temprano, un joven cuna oyó cantar a un ave extraña. La canción era tan linda, que se olvidó de sí mismo, se disiparon sus temores y se alejó de los demás en busca del pájaro cantor. Estuvo desaparecido todo el día y a su vuelta, los cunas se sorprendieron de oírlo cantar y reír solo.

—¿Dónde has estado?—le preguntaron—. ¡Sólo por arte de magia se nos podría hacer reír en estos tiempos!

El joven se echó a reír, contestó que tenía un secreto y se acostó a dormir apartado de los demás. Toda la noche sonrió en sueños.

A la mañana siguiente la gente lo vio alejarse solo de nuevo y al volver estaba tan contento y amistoso como antes.

—¿Qué has estado comiendo o bebiendo?—le preguntaron los que le seguían —. ¿Es que la felicidad crece en los árboles?

Se sonrió mirándoles las caras largas y les dijo:

—¡Es que no me creerían!

Después de varios días, los cunas decidieron seguirle. Se despertaron antes que él y se escondieron por el sendero. Cuando pasó el joven, le siguieron. La caminata fue muy larga. La luz del sol que daba en el sendero parecía mágica porque las espinas y las zarzas retrocedían al acercarse los cunas.

El joven, que iba cantando solo, se detuvo de pronto al llegar al borde de un claro. Los cunas se acercaron sigilosamente.

La hierba del claro era como de oro empañado moteada de puntos de bella luz tamizada. El aire era fresco y olía a cesto de frutas.

Cuando los ojos de los cunas se acostumbraron a las luces y sombras movedizas, vieron que en el centro del claro crecía un gran árbol.

¡El árbol más alto y corpulento que habían visto en su vida!

¡Qué maravilla! Las ramas del árbol se extendían tan lejos y tan alto que las nubes del cielo parecían enredarse en ellas. El árbol estaba coronado de sol y cielo y nubes.

Los cunas se esforzaban por ver la copa del árbol, pero era gigantesco, parecía haber traspasado el cielo y se perdía de vista.

La gente atónita se puso de cuclillas a mirar al joven cuna que subía por el enorme árbol; ¡sin miedo alguno! Subía y subía. Se impulsó hacia las nubes y desapareció.

Se quedó todo tan tranquilo, el claro nebuloso y el inmenso árbol. Los cunas se acercaron y se agacharon a vigilar y esperar. No sentían miedo.

En el silencio se oyeron susurros, canturreos y por último el canto de muchos pájaros. Todos los animales extraños y bellos de la tierra se reunieron junto al árbol: los colibríes, palomas, papagayos y pericos de todos los colores, garzas blancas, flamencos rosados y tucanes engalanados, lustrosos como el ébano bajo sus plumas gayas, lagartijas verdes y muchísimas majestuosas mariposas moradas.

El cuna permaneció perdido en el árbol el día entero y los suyos esperaron abajo, descubriendo de nuevo el encanto de las criaturas.

Cuando al fin el cuna bajó, los suyos lo rodearon. —¿Qué clase de árbol es éste?—¿Qué hay en el árbol?—¿Trepaste hacia el cielo?—Preguntas y más preguntas.

—Todo lo bueno está en ese árbol—dijo—. Vengan conmigo. No tengan miedo. Trepen detrás de mí.

—Créanme—insistía—en lo alto del árbol hay una gran olla de barro. Siempre está rebosando de jugos de fruta fermentados. Es como nuestra chicha, nuestro jugo de fruta de los cunas, sólo que más dulce, ¡mejor que la miel! Cuando lo bebo, se me vuela el espíritu. Me siento liviano y lleno de júbilo. ¡Bailo de alegría!

—Vengan—dijo. Y volvió a treparse al árbol con todos los cunas tras sí. —No teman—dijo—.

—Miren cómo las ramas están hechas para acomodar los pies y las manos. Este árbol es como una isla en el cielo, y en lo más alto de él . . . Bueno, ya lo verán ustedes mismos.

Entonces fácilmente y sin miedo los cunas treparon a través de las nubes hacia arriba hasta el cielo. Se quedaron de pie juntos en las ramas anchas de más arriba y tuvieron que cerrar los ojos momentáneamente ante los raudales de luz.

Al abrir los ojos vieron que sí estaban en una isla en el cielo. Una isla de árboles frutales. Y toda ella apoyada y entretejida en las ramas de este inmenso árbol. Había jícaras para sacar el jugo de la gran olla de barro. No importaba cuántos bebieran, la olla siempre estaba llena.

Bebieron hasta que se echaron a reír. Bebieron hasta que se pusieron a bailar. Bebieron hasta estar henchidos de felicidad, de amor y de admiración mutua. Entonces se ayudaron unos a otros a bajar del árbol.

—Tenemos que cortar este árbol mañana—dijeron—. Tenemos que recoger sus muchas frutas y hacer acopio de las semillas. Hay mucha sabiduría de cultivos en este árbol. Tenemos que aprender a hacer la chicha de la alegría.

Al amanecer de la mañana siguiente los cunas volvieron al árbol con sus hachas de piedra y sus cuchillos de hueso. Se pusieron a trabajar arremetiendo con fuerza contra el tronco.

Pero el árbol no cedía. Los más fuertes se turnaban, pero apenas le hacían caer ni una hoja. A veces le saltaban pedazones de corteza y la savia le manaba. Savia tan roja como la sangre de los cunas. Uno de los hombres lamió la savia de su cuchillo y se relamió. Dijo que sabía a carne buena.

Todo el día se turnaron para darle hachazos al árbol. Y siguieron arremetiendo contra el árbol hasta que no pudieron más y se volvieron exhaustos a sus chozas.

A la mañana siguiente al despertarse, se sentían descansados y se dijeron unos a otros: —No es más que un árbol después de todo. ¡Hoy lo cortaremos!

Cuando llegaron al claro se sorprendieron. Habían dejado el árbol marcado y sangrando y ahora el tronco estaba completamente sano. Hasta la corteza le había vuelto a crecer. No tenía ni huellas de lo que habían hecho los cunas el día anterior.

Los cunas, hombres, mujeres y niños, arremetieron contra el árbol. Igual que el día anterior, no cayó ni una hoja. Pasaron cuatro días. Los cunas eran persistentes. Hacía tiempo que no trabajaban tanto. Se fueron haciendo fuertes y se hicieron amigos otra vez al trabajar todos juntos hacia un mismo fin.

Pero el gran árbol no se inmutaba, no cedía y durante la noche sanaba de las heridas.

Al quinto día una cuna sugirió que durmiesen todos junto al árbol.

—Tal vez un espíritu mora en él—dijo—. Y tal vez salga de noche y repare el daño que le hemos hecho a su morada.

Esa noche, en lo que vigilaban y esperaban, los cunas oyeron un silbidito y canto extraños, tan leves como una gota de agua que cae. Contuvieron la respiración y aguzaron la vista en la oscuridad plateada. Una ranita minúscula dio una vuelta alrededor del árbol examinándolo con cuidado. Entonces brincó y agarrándose al tronco con sus afiladas uñas fue de hachazo en cuchillada lamiéndolos con la lengua. Los cunas vieron que era la saliva o la lengua de la rana la que curaba las heridas.

—Pronto—dijo alguien—. Maten la rana.

Y los cunas se abalanzaron contra la ranita dorada. La golpearon una y otra vez hasta que quedó su cadáver como una brillante hoja amarilla en la hierba húmeda. Se volvieron hacia el árbol; pero se dieron cuenta de que el árbol les rehuía. Temblaba con los azotes de las hachas.

Cayeron hojas y frutas pequeñas.

Súbitamente el árbol se quejó. Hubo un sonido espantoso de algo que se quiebra, se escinde, se desgarra. Los cunas se retiraron. ¿Gritó el árbol antes de caer? Los pájaros, las hojas, las lianas y el musgo dejaban el árbol a medida que se tambaleaba hasta dar en tierra como una gigantesca torre que se derrumba.

Los cunas gritaban con entusiasmo, bailaban de júbilo. Se inclinaron sobre el tronco caído, agachados con sus cestos preparados para recoger las frutas de las ramas, pero se dieron cuenta de que sólo le quedaban las ramas bajas. La parte más alta de la copa estaba sin nada.

Los cunas miraron al cielo y allí, tendidas como puentes de una nube a otra, estaban las ramas con frutas en las que se apoyaba la isla mágica en el cielo. De ellas colgaban lianas que parecían gruesas cuerdas verdes.

—¿Quién se va a atrever a trepar tan arriba?—se decían los cunas unos a otros.

—Yo—dijo uno de ellos—. Yo soy tan ligero como un conejo.

Tomó el hacha entre los dientes, asió una liana gruesa y tomó impulso. Los cunas desde abajo lo miraban.

Arriba, arriba, más alto, más alto, con la ligereza de un conejo. Pero entonces vaciló. Resbaló, soltó la liana y cayó. Al dar en tierra el hacha se volvió y le hizo una herida honda en la espalda a la altura de la cintura.

—Yo subiré—dijo otro cuna—. Ese hombre-conejo tonto va a quedar marcado para siempre como un conejo. Pero yo soy como una ardilla. Me siento más a gusto en las copas de los árboles que en el suelo.

Con su cuchillo de hueso entre sus agudos dientes, el cuna que era como una ardilla, tomó impulso para trepar por la liana. Pronto se perdió de vista entre las nubes. Sus compañeros esperaron.

Oyeron un ruido como de tala y entonces como una madera que se quiebra y un estrépito de ramas que caen.

Era un trueno. El cielo entero estaba hendiéndose, desgarrándose. Los cunas se taparon los ojos. Y ¿si las ramas arrastraban consigo el sol, la luna y las estrellas?

Cuando se atrevieron a abrir los ojos, miraron hacia arriba para asegurarse que aún el cielo estaba en su lugar. Y allí estaba en lo alto, apacible y muy azul. Había caído la isla y a los pies de los cunas se amontonaban grandes ramas desgajadas y frutas de todos los colores, formas y olores.

Y ¡maravilla de las maravillas! La olla de barro de la chicha se había venido al suelo con la suavidad de una mariposa sin derramar ni una sola gota.

¿Dónde estaba el hombre que había trepado como una ardilla? ¿Había caído como un conejo tonto?

—Aquí estoy—dijo detrás de ellos—. Yo les dije que me sentía seguro en los árboles y éste me mecía en sus ramas como una madre mece a su hijo. Las ramas de este árbol sujetan con gentileza a los hombres.

Los cunas bebieron juntos de la olla de chicha.

Un indio cuna los detuvo con las manos.

—Esperen—dijo—. ¿Dónde está el hermano nuestro que descubrió este árbol maravilloso? Él merece beber primero y tomar las mejores frutas.

El cuna que había hallado el árbol le echó el brazo por los hombros al que lo había llamado.

—Nadie es mejor que otros—dijo—. Debemos compartir nuestra buena suerte.

Los cunas recogieron las frutas despacio, disfrutando de la mutua compañía. Hablaban, trabajaban y se maravillaban, porque mientras más frutas recogían, más aparecían en el suelo.

—De ahora en adelante—dijo una cuna a otra—no podemos hacer daño a las ranas doradas. Tienen el poder de curar.

Las frutas estaban tibias y jugosas.

—Debemos trabajar al sol, hacernos fuertes y altos como este árbol—dijo el cuna que era como una ardilla.

—¡Ah, qué gran milagro!—exclamó el indio cuna más viejo y más sabio—. Olocupinele nos dio este árbol. Todos sus frutos son nuestros otra vez.

EJERCICIOS _____

I. *Complete las oraciones siguientes con las frases que faltan, de acuerdo con el cuento «El árbol de la vida». No se conforme con escribir dos o tres palabras sino parrafitos completos.*

MODELO: El árbol de la vida fue un milagro necesario para *consolar a la asustada tribu de los indios cunas*.

1. El milagro empezó cuando una mañana _____.
2. Cuando el joven cuna regresó a la tribu, los demás se asombraron de su risa porque _____.
3. Él no quería contar «el milagro» por temor a que _____.
4. Un día los cunas lo siguieron a un claro de la selva donde había _____.
5. El joven trepó al árbol y pasó allí _____.
6. Cuando sus compañeros lo interrogaron, él respondió _____.
7. En la copa del árbol había _____.
8. Después de beber, llenos de alegría, los cunas decidieron _____.
9. Al día siguiente _____.
10. Pero a pesar de los golpes, _____.
11. A la mañana siguiente se sorprendieron al ver que _____ .
12. Durante la noche del quinto día vieron una ranita dorada que _____.
13. Al matarla, el árbol _____.
14. Los cunas se dieron cuenta de que la isla sobre la copa del árbol _____.
15. Dos cunas se atrevieron a trepar por las lianas: _____.
16. El que parecía un conejo tuvo un accidente; así, el que por fin subió resultó ser _____.
17. La olla de la chicha _____.
18. El milagro que más los maravillaba era _____.

II. *Conteste brevemente estas preguntas.*

1. ¿Qué es *una tribu*?
2. ¿Quién es *Olocupinele* para los indios cunas?
3. ¿Qué es *un huerto*? Dé tres derivados de esa palabra.
4. Aquí hay una lista de 10 palabras; 8 corresponden a una misma serie (plantas y partes de plantas). Subraye las 2 que *no* corresponden.
   a. espinas   **b.** zarzas   **c.** musgo   **d.** lianas   **e.** garzas   **f.** corteza   **g.** savia   **h.** tucanes   **i.** frutas   **j.** semillas
5. Escriba 10 nombres de animales que se mencionan en este cuento.
6. ¿Qué quiere decir la frase «plumas *gayas*» ?
7. ¿Sabe Ud. lo que es *una jícara*?
8. ¿Qué son *la corteza y la savia?*
9. *Un hachazo* es un golpe dado con *un hacha* y *una cuchillada* es una herida proporcionada con *un cuchillo*. Escriba la palabra correspondiente a un golpe o a una herida dados con:
   a. una mano   **b.** una puerta   **c.** una pata   **d.** una porra   **e.** un codo   **f.** un puño   **g.** un látigo   **h.** un pico   **i.** un martillo   **j.** un puñal
10. Casi todas las palabras derivadas que aparecen en el ejercicio anterior terminan

en **-azo.** ¿Cree Ud. que *pedazo, papelazo, regazo, ojazo y brazo* tienen el mismo significado: *golpe dado con* . . .? Defina estas palabras.

11. ¿Qué es *la chicha*?
12. ¿Qué es *una mariposa,* un animal o una flor?

III. *Sustituya las palabras señaladas por otras sinónimas.*

MODELO: *Iba, sigilosamente, hacia un claro en el bosque.*
   Se dirigía, en silencio, hacia un espacio abierto en la selva.

A.

1. Con *aspecto lastimoso, se acurrucaban* como animales.
2. La tierra se había vuelto *desaliñada y enmarañada.*
3. Se olvidó de todo y *se disiparon sus temores.*
4. Se acostó a dormir *apartado de los demás.*
5. Los indios *se escondieron por el sendero.*
6. La *bella* luz *tamizada* moteaba de puntos *la hierba.*
7. El árbol era alto y *corpulento,* sobre todo en *la copa.*
8. La gente *atónita se puso de cuclillas.*
9. En el silencio se oyeron *susurros y canturreos.*
10. *¿Trepaste* por el árbol hasta *el cielo?*
11. *En lo alto* hay una gran *olla de barro.*
12. Cuando lo *bebo,* me siente *liviano y lleno de júbilo.*
13. Tuvieron que cerrar los ojos ante *los raudales* de luz.
14. Estaban *henchidos* de admiración.
15. Tenemos que *hacer acopio* de las semillas.

B.

1. *Arremetieron* contra el tronco, pere éste no *cedía.*
2. *Se volvieron exhaustos* a sus *chozas.*
3. El árbol no tenía ni *huellas* de lo que le habían hecho.
4. Los cunas eran *persistentes* y no *se inmutaban.*
5. *Tal vez un espíritu mora* en el árbol.
6. De noche *repara* el daño que le hemos hecho a *su morada.*
7. Temblaba con *los azotes* de las hachas.
8. *Súbitamente* el árbol se quejó y *se escindió.*
9. Oyeron un ruido como de *tala* de árboles.
10. El cielo estaba *apacible* y muy azul.
11. Allí había grandes ramas *desgajadas* del árbol.
12. El árbol me *mecía* en sus ramas, me sujetaba con *gentileza.*
13. *Se maravillaban* al ver tantas frutas en *el suelo.*
14. *Se abalanzaron* contra la ranita *dorada.*
15. *Asió* una rama *gruesa.*

IV. *Composición.*

El cuento «El árbol de la vida» está basado en una leyenda de los indios cunas de Panamá, América Central. Escoja Ud. uno de estos grupos de indios:

a. los mayas (México y Centroamérica)
b. los incas o quechuas (Suramérica)
c. los siboneyes y los taínos (las Antillas)
d. los aztecas (México)

Haga un poco de investigación sobre su grupo preferido y escriba una composición de unas 275 a 300 palabras sobre algún aspecto de su cultura: la música, la arquitectura, las comidas, sus ocupaciones, etc.

V. *Dictado (en el manual del profesor).*

Repaso General V

A. *Dictado (en el manual del profesor).*

B. *Su profesor va a leer en voz alta estas oraciones. Escuche atentamente y coloque las tildes que se necesitan.*

1. Sali, limpio y trajo son formas del preterito.
2. ¿Sabes si las palabras dio, vio, fue y fui se acentuan?
3. Ya se que estas estudiando arabe pero me gustaria que estudiaras persa.
4. La raiz del verbo apretar tambien sufre cambios.
5. El liquido se derramo ayer y no quiero que se derrame hoy.
6. Ayer converse con tu tia y su ahijado.
7. Mañana estudiaras mas el imperfecto, ¿no es asi?
8. Servi, servia, servire, ¡que facil me resulta esto!
9. Oiga, ¿Ud. oyo el ruido de la moneda cuando cayo en el hoyo?
10. Hoy yo oi el disco que tu oias anoche cuando fui a verte.
11. Destruimos los papeles que el fuego no destruyo.
12. La etimologia de condiscipulo no es dificil de aprender.
13. Resultan mas complicados los vocablos coterraneo y trasatlantico.
14. Biologia y biologo tienen igual origen.
15. Hacia dias que habian salido hacia la Republica Dominicana.
16. Se repuso rapidamente de la gastroenteritis.
17. Habra varios porteros para que abran el portico.
18. Si vinieramos en tren, ahorrariamos veintitres dolares.
19. Nos exigieron que mantuvieramos una discusion desagradabilisima.
20. Si redujeras las calorias, reducirias los riesgos de enfermedad.

C. *Conteste brevemente las siguientes preguntas.*

1. ¿Qué irregularidad común contienen los verbos *ser* y *estar* en la persona *yo* del *presente de indicativo*?
2. ¿Qué irregularidad común contienen los verbos *conocer* y *producir* en la persona *yo* del *presente de indicativo*?
3. ¿Cuáles son las partes invariables de la oración que se estudiaron en la lección 22? Dé ejemplos de cada una.
4. ¿Por qué debe escribirse «aguja *e* hilo», «coyotes *u* osos»?

5. ¿Puede Ud. resumir las irregularidades de ciertos verbos en el pretérito de indicativo?

6. ¿Qué puede Ud. comentar acerca de la frase «*Habían* más de diez mil personas en la manifestación»?

7. ¿Puede Ud. decir rápidamente qué significan los sufijos **-algia, -itis, -cida, -fobia** y después dar un ejemplo de cada uno dentro de una palabra?

8. En español hay *arabismos* como las palabras *alcalde, almacén* y *almohada.* ¿Qué cree Ud. que significa el término *arabismo*?

9. ¿Cómo se puede traducir la palabra *challenge* en esta oración? El estudio de las lenguas extranjeras es un *challenge* para muchas personas.

10. ¿Por qué es una buena idea conocer las formas «oficiales» paralelas de los anglicismos que se emplean frecuentemente en el español de Estados Unidos?

D. *Conjugue cada infinitivo en todas las personas gramaticales del **presente de indicativo y de subjuntivo**, del **pretérito de indicativo** y del **imperfecto de subjuntivo**.*

1. ser   2. saber   3. convertir   4. hacer   5. introducir

E. *Copie este párrafo en su cuaderno. Subraye las formas verbales irregulares que aparecen en el mismo (veinte en total) y diga si se trata de **presente de indicativo, presente de subjuntivo, presente de imperativo, pretérito de indicativo, imperfecto de subjuntivo**.*

Manuel, ten la bondad y sal del baño pues quiero el champú. Si no puedes, entonces ponlo aquí en esta bandejita. Ya fui a la tienda y traje los artículos para tu viaje. Me dijiste que te consiguiera una maleta nueva, ¿verdad? Ricardo también me pidió que le hiciera unas compras. Te ofrezco un vaso de jugo de toronja, ¿te conviene? ¿Te lo cuelo o lo prefieres al natural? Tienes que salir enseguida para que no pierdas el avión. Ven, haz tu maleta. ¡Ojalá que Uds. se diviertan mucho!

F. *Escriba el infinitivo de cada forma verbal subrayada en el párrafo anterior.*

G. *Haga una lista de las preposiciones las conjunciones y los adverbios que aparecen en este párrafo así como las frases conjuntivas y adverbiales. Hay veinte en total.*

Ayer se celebró la competencia de natación en el club deportivo. Los dos equipos competidores quedaron empatados ya que, según los jueces, todos los atletas nadaron igualmente bien. Verdaderamente, el equipo azul lo hizo mejor, pero aquellos señores no pensaron eso. Obraron a tontas y a locas porque el triunfo de los azules fue obvio para el público: los asistentes gritaron a todo pulmón. Todos salieron en orden por la puerta; sin embargo, protestaban en voz baja.

H. *Haga una lista de los anglicismos que aparecen en este párrafo (diez en total) y escriba la forma paralela del español «oficial» para cada uno.*

Tengo que llevar mi automóvil a la gasolinera porque las brecas todavía no le funcionan bien. Le contaré, amigo, lo que pasó: el otro día me detuve en medio de la carretera y el cherife vino a preguntarme qué me ocurría. Le expliqué mi problema y él me aconsejó que allí mismo buscara un daime y llamara al mecánico. También me dijo que limpiara el maletero de todo el yonque acumulado allí. Mientras esperaba, me comí el lonche y después fui a la marqueta a comprar algunas grocerías que necesitaba. Por fin llegó el mecánico en su troca, examinó el vehículo y me dio un tiquete para que lo recogiera a los tres días. Yo quise ir con él a su tienda para guachar todo lo que hacía. Total, que lo tengo descompuesto de nuevo.

I. *Copie estas oraciones en su cuaderno. En cada oración hay dos palabras entre paréntesis: un calco del inglés y un vocablo del español «oficial». Señale la forma española «oficial» con una flecha.*

1. Los campesinos (recogen, levantan) las lechugas de los surcos.
2. El dentista me (durmió, anestesió) toda la boca.
3. Nos vamos a (mover, mudar) para otro barrio.
4. Debes (envolverte, participar) más en las actividades de la comunidad.
5. Espérate a que (figure, calcule) cuánto te debo.
6. Ayer asistí a una (conferencia, lectura) sobre pintura contemporánea.
7. La nota final se basará en (un papel, una monografía) que tenemos que escribir.
8. Me pasé el fin de semana estudiando en la (biblioteca, librería).
9. Vamos a (pedir, ordenar) un helado de postre.
10. La (apuntaron, nombraron) jefa del departamento de español.
11. Van a (hacer, tomar) una decisión definitiva.
12. He (aumentado, ganado) de peso desde que empezaron las vacaciones.
13. Quiero (presentarte, introducirte) a mi mejor amiga.
14. (Ese filme, esa película) se me hace demasiado deprimente.
15. Yo nunca (asistí, atendí) a la escuela en Panamá.
16. Todos los meses tengo que (estrechar, estirar) el dinero para que me alcance.
17. Conseguí (las piezas de repuesto, las partes) que necesitaba para mi automóvil.
18. Llenó (una forma, una planilla) para conseguir su tarjeta de residencia permanente.
19. Los padres de Martita son muy (conservadores, conservativos).
20. Yo no tengo problemas (financieros, financiales).

Descripciones de los autores

1. Pedro Henríquez Ureña
Nació en la República Dominicana y fue siempre una figura destacadísima en la vida cultural de Hispanoamérica. Su prosa es un modelo de precisión estructural.

2. Tomás Rivera
Uno de los precursores de la nueva generación de novelistas chicanos, famoso educador de Estados Unidos, Tomás Rivera recibió el Premio Quinto Sol en 1970 por su interesante obra *. . . y no se lo tragó la tierra* (1971).

3. José Luis González
A los cuatro años de edad se mudó de Santo Domingo, su país de nacimiento, a Puerto Rico donde se crio. Se le tiene como un verdadero renovador del cuento puertorriqueño.

4. Hernando Téllez
Ensayista y cuentista colombiano de singular mérito, se mostró más interesado en escribir acerca del ser humano en la ciudad que del paisaje campestre.

5. Pedro Juan Soto
De su nativa isla de Puerto Rico se trasladó a Nueva York donde vivió muchos años. Además de excelentes cuentos, ha escrito novelas y obras de teatro; su producción literaria refleja, con frecuencia, las vicisitudes del neorriqueño.

6. Dora Alonso
Escritora cubana de numerosos libros de cuentos y novelas, se le conoce igualmente por sus aportes a la literatura infantil. Ganó el Premio Casa de las Américas en 1961 por su novela *Tierra inerme*.

7. María Teresa Babín
Una de las más altas representantes de la cultura hispana, y puertorriqueña en particular, de estos tiempos, la profesora Babín refleja su versatilidad en todo lo que escribe: historia, ensayos, memorias, teatro, poesía.

8. Rolando R. Hinojosa Smith
Uno de los escritores chicanos más sobresalientes de nuestros días, Hinojosa Smith es también profesor universitario en Estados Unidos. Ganó el Premio Casa de las Américas en 1976 por su novela *Klail City y sus alrededores*.

9. Bruce-Novoa
Distinguido profesor y poeta chicano, ha escrito un libro titulado *Chicano Authors: Inquiry by Interview*. Colabora en diversas publicaciones de México y Estados Unidos.

10. Lino Novás Calvo
Aunque nació en España, fue a vivir a Cuba desde la niñez. Su talento y originalidad lo colocan entre los primeros cuentistas hispanoamericanos contemporáneos.

11. Louisa Reynoso
Nacida en Estados Unidos, reside actualmente en México donde trabaja desde hace años en el Fondo Nacional para el Fomento de las Artesanías. Es una destacada estudiosa del folklore mexicano.

12. Carmen Lyra

Maestra y luchadora política, fue autora de una novela y varios libros de narraciones cortas, entre ellos *Los cuentos de mi tía Panchita* (1920), que alcanzó justa fama.

13. Miguel Delibes

Es uno de los escritores contemporáneos de España que más se conoce fuera de su país. Autor de novelas, cuentos y ensayos, ha ganado varios premios importantes por su labor literaria.

14. Vicente Cabrera

Profesor ecuatoriano residente en Estados Unidos que ha escrito interesantes libros y artículos sobre diversos aspectos de la historia y la cultura de la América Hispana.

15. Tomás Herrera Porras

Cuna de la Reserva de San Blas, se ha dedicado al estudio de la cosmología de su tribu, de la que ha recogido numerosas leyendas. Es una figura destacada en el campo de la Educación en Panamá.

INDEX ᒣᒧᒣᒧᒣᒧᒣᒧᒣᒧᒣᒧᒣᒧᒣᒧᒣᒧᒣᒧᒣᒧᒣᒧᒣᒧᒣᒧ

PERMISSIONS ⌦⌦⌦⌦⌦⌦⌦